L'AGE D'OR DU VOYAGE 1880~1939

ALEXIS GREGORY

L'AGE D'OR DU VOYAGE 1880-1939

CHENE

L'éditeur tient à remercier les personnes et sociétés qui lui ont permis d'enrichir l'iconographie de ce livre, et tout particulièrement : la Compagnie Internationale des Wagons-Lits - Mme Colette Constantin ; Vuitton Malletier - Mme Dominique Clémenceau ; Thomas Cook, Londres - Edmund Swinglehurst et Mme Helen Grigsby ; P & O, Londres - Mr Stephen Rabson ; Hapag-Lloyd, Hambourg - Mme Eva Gjersvik ; Asprey, Londres - Mlle Lisa Kaye ; ainsi que Michel Doerr, Lise Grenier et la Owen Edgar Gallery pour leur gracieuse collaboration.

Sommaire

74

SOUS LE SIGNE DE L'ANGLETERRE

By Water (Waiting at dockside.) *1881.*

James Tissot. Owen Edgar Gallery, Londres.

Arrivée du

Prince de Galles à Cowes,

le 30 juillet 1898,

à bord du Osborne.

Instruction, profession, santé, idylle, hédonisme, aventure, échange relationnel ou simple curiosité, innombrables sont les raisons qui pourraient inciter à quitter temporairement le confort familier du foyer pour affronter l'insécurité et l'angoisse qui accompagnent toujours les joies d'un voyage à l'étranger. Jusque vers le milieu du XIXe siècle, l'insuffisance des routes et des hôtels, les brigands de grand chemin, ainsi que les frontières aussi abondantes que les monnaies nationales, tout concourait à limiter drastiquement le voyage. On ne voyageait que par nécessité, ou bien, en ce qui concerne l'aristocratie britannique, oisive et fortunée, s'il n'y avait rien de mieux à faire que d'aller se promener au petit bonheur, dans l'espoir de dégrossir son esprit de clocher et, par conséquent, de devenir un gentleman plus raffiné, d'autant plus apte à servir utilement la société.

La vapeur a bouleversé toutes ces données, propulsant ces machines qui contribuèrent à la naissance d'une bourgeoisie industrielle et parvenue, désireuse de faire connaître au monde entier l'évangile du mercantilisme. La vapeur tractait ces trains dont les premiers passagers craignaient de ne pas survivre à la vitesse. Elle se ruait dans les turbines qui poussaient des navires toujours plus colossaux sur tous les océans ; elle courait dans les radiateurs des nouveaux et vastes palaces où poussaient désormais des palmiers durant la saison même où le givre rendait opaques leurs fenêtres panoramiques donnant sur les récents grands boulevards ; elle faisait tourner les turbines électriques qui alimentaient les lustres scintillants des grands hôtels et des casinos. Et la vapeur naissait du charbon enfourné nuit et jour à la pelle par des chauffeurs noirs de poussière et ruisselants de sueur, rendus fous par une longue exposition à la chaleur insoutenable. Sur les modernes et luxueux transatlantiques, les passagers étaient dorlotés dans le plus grand luxe, alors que l'équipe de chambre de chauffe, perdue dans les entrailles du navire, ne voyait jamais la lumière. Ces malheureux, qui trimaient dans les pires conditions, perdaient vite toute humanité et leurs violentes disputes se soldaient souvent par des cadavres jetés dans la fournaise des brûleurs. Cette époque était symbolisée par les *Niebelungen* de Wagner, ces êtres qui rampaient sous les coups de fouet d'un avide Alberich, dont l'or n'apportait que malheur et tragédie.

Cet ouvrage traite d'une période qui s'est étendue sur moins d'un siècle, de la révolution industrielle jusqu'au cataclysme inévitable de la Seconde Guerre mondiale qui donna le coup de grâce à une aristocratie en décomposition ainsi qu'à une ploutocratie indifférente. Impôt sur le revenu et droits de succession firent le reste, fondés sur la théorie qu'il fallait encourager les revenus du travail tout en confisquant ceux des rentes ou des héritages. L'âge d'or du voyage était goûté par des hommes d'envergure et fortunés, ainsi que par des dames aussi frivoles que bien nées. Cette ère de l'optimisme connut des personnalités titanesques, assises sur des fortunes colossales : Henry Ford dont la Ford T contraignit les gouvernements à faire construire routes et autoroutes ; J.P. Morgan et Otto Kahn qui finançaient chemins de fer et navires à l'échelle mondiale ; Henri Deutsch de La Meurthe qui, d'une pompe à essence, bâtit la première compagnie pétrolière française. Thomas Edison qui éclaira la planète et Graham Bell qui mit en communication tous ses habitants. Nous devons les voyages Cook à Thomas Cook, la vie de palace à César Ritz et les wagons Pullman à George Pullman. Cet ouvrage est dédié aux grands voyageurs ainsi qu'aux pionniers qui en satisfirent les exigences. Rudes et souvent cruels, résolus dans leur recherche, ils avaient du style, et le style, après tout, c'est la trame de la légende.

SOUS LE RÈGNE D'ÉDOUARD VII

Quand D'Oyle Carte offrit un pont d'or à César Ritz pour qu'il vienne à Londres diriger l'hôtel Savoy, le palace qu'il

La révolution industrielle donna naissance à de nombreuses inventions qui bouleversèrent profondément l'esprit des voyages. Le luxe de cette époque, qui ne profitait qu'à quelques happy few, dépendait également d'une main-d'œuvre aussi nombreuse que sous-payée. A gauche. *Henry Ford, en 1924, à côté de ses premier et dernier modèle T, fêtant la 10 000 000 ème automobile à sortir de ses chaînes de montage.*
A droite, mécanicien photographié par Kollar dans les années 30 à Bordeaux.

avait commencé à édifier à la fin des années 1880 sur l'un des quais de la Tamise, le rusé Ritz savait très précisément ce que souhaitait l'imprésario et en fit part à son épouse, Marie-Louise, alors que tous deux travaillaient à faire de Baden-Baden l'élégante villégiature qu'elle allait devenir : «Il veut la clientèle que je peux lui apporter, ceux qui viennent ici, à Baden, mes anciens clients de Lucerne et de Monte-Carlo : les Marlborough – lord Rosebery, lord et lady Elche, lord et lady Gosford, lord et lady de Grey et les Sasson ; les princes romains, Rudini, les Crespi, les Rospigliosi ; les Radziwill et les autres ; le gratin du théâtre et de l'opéra – la Patti, les Reské, Coquelin aîné et Sarah Bernhardt ; les grands-ducs et le Tout-Paris, les Castellane, les Breteuil et les Sagan ; il veut les Vanderbilt et les Morgan, et aussi les Rothschild.»

Cette pensée plongea Ritz dans un épuisement extrême, que seul l'*Ave Maria* de Gounod interprété par sa femme au piano pouvait rasséréner.

A sa liste, Ritz aurait pu ajouter d'autres personnalités, et en tout premier lieu celle qui dominait la bonne société internationale avec un inhabituel mélange de bonhomie, de grandeur et de sensualité, en la personne d'un Hanovrien barbu, le prince de Galles, futur Édouard VII, qui renouvelait l'atmosphère confinée de l'Angleterre victorienne. Tandis que «Mama» poursuivait son hypocrite relation sentimentale avec John Brown, portant sans discontinuer le deuil de feu le prince Albert, le prince de Galles faisait la tournée des lieux de plaisir européens, engloutissait des repas gargantuesques chez Maxim's ou chez Voisin, avant de se retirer à l'étage, dans les salons privés, en compagnie de l'une de ces légendaires cocottes parisiennes, surnommées à juste titre «les grandes horizontales». Un merveilleux dessin d'arrière-salle de l'époque montre de jeunes garçons de chez Voisin surpris à percer des trous dans les portes de ces nids d'amour, désireux de satisfaire leur légitime curiosité, celle de savoir si les princes faisaient l'amour comme le commun des mortels. Ils eussent pu découvrir la Païva, dont l'hôtel particulier sur les Champs-Élysées (aujourd'hui le très collet monté Travellers' Club) s'enorgueillissait d'une baignoire en or, enlaçant avantageusement un grand-duc russe, Liane de Pougy tirant de sa somnolence un chef d'État en visite officielle, ou bien Émilienne d'Alençon calmant les nerfs d'un magnat américain. Liane de Pougy, l'une de ces merveilleuses et faciles beautés, complimenta Ritz à la fin de sa vie, en ces termes : «Dorénavant, vous faites la loi car vous avez, dans votre profession, atteint l'apogée de votre carrière, comme je l'ai atteinte dans la mienne.»

«Hélas, lui répondit Ritz, je crains, Mademoiselle, que cela fut avec bien moins de plaisir et bien plus de soucis que vous n'en ayez connus.»

Dans sa liste, Ritz aurait également pu mentionner les maharajahs indiens, aussi effroyablement riches qu'ils étaient sybarites, qui, grâce aux bons soins de la compagnie maritime P. & O. Line, pouvaient désormais déployer toute leur splendeur sous les yeux éblouis des Européens. Quand Bikaner se rendit à Londres, s'il occupa tout un étage de l'hôtel Ritz à Piccadilly, c'est parce qu'il ne pouvait faire autrement ! Les maharajahs voyageaient accompagnés de leurs aides de camp, secrétaires particuliers et porteurs,

César Ritz et Thomas Cook furent parmi les principaux inventeurs des voyages modernes. Ritz institua à l'intention du beau monde un niveau de confort resté depuis sans équivalent et, avec l'aide du légendaire Escoffier, introduisit la gastronomie dans ses établissements. Ensemble, ils s'employèrent à réduire les menus gargantuesques en un choix pratique de plats, comme on peut le voir. Thomas Cook se mit auservice de la classe moyenne montante, offrant ainsi le monde entier à des gens qui ne s'étaient jamais aventurés loin de chez eux.

WHITSUNTIDE NUMBER.

Established 1851. Vol. LII. No. 4.—MAY 3, 1902. Price 2d. By Post 4d.

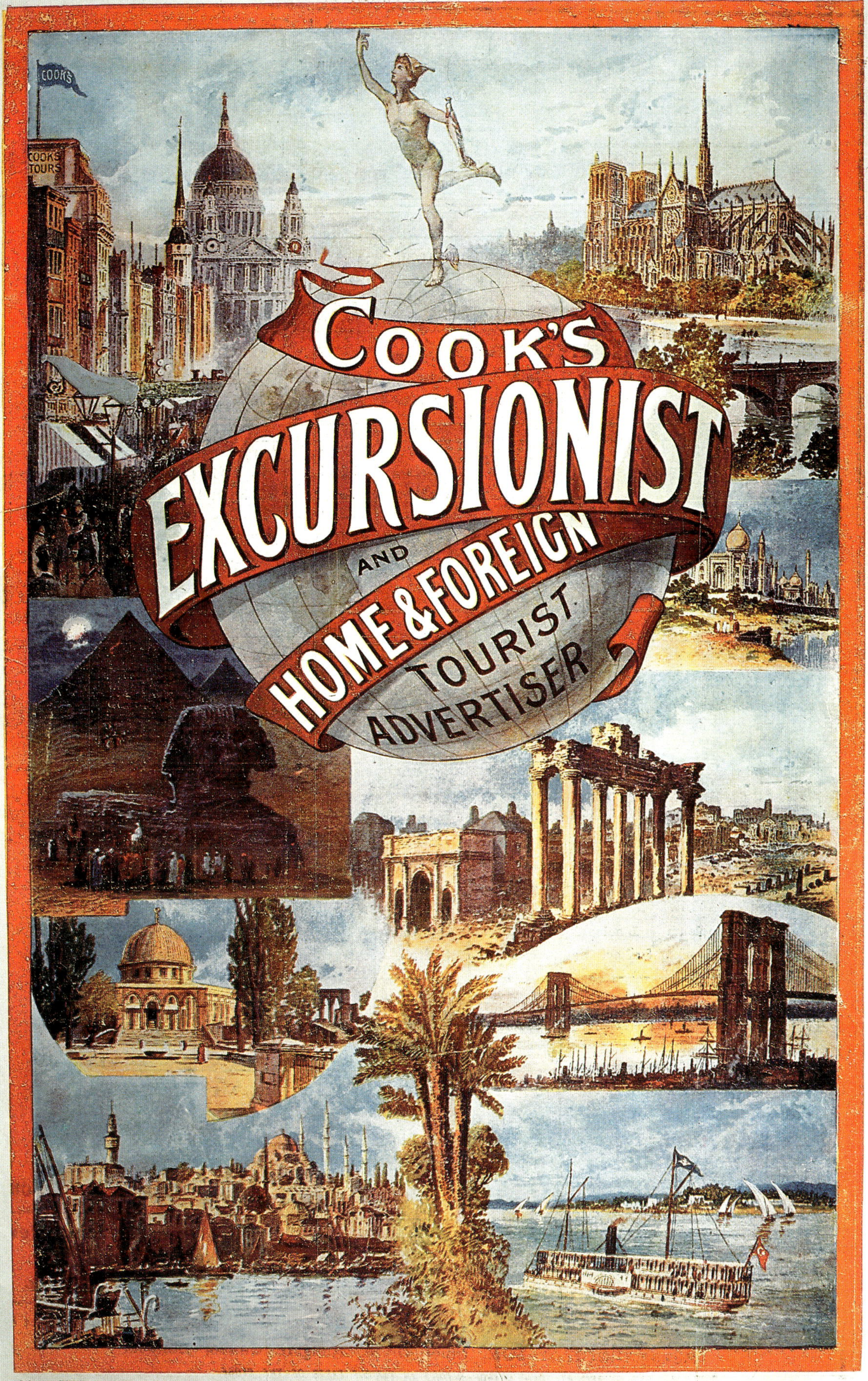

Johnson, Riddle, Couchman & Co., Southwark Bridge Road, S.E.

THOS. COOK & SON, Chief Office, LUDGATE CIRCUS, LONDON.

ainsi que de leur premier ministre et sa suite, de plusieurs épouses avec leurs servantes, cuisinières et enfants, ceux-ci suivis par leurs nounous allemandes et anglaises, sans parler des gouvernantes, gardes du corps et autres porteurs chargés des coffres contenant leurs précieux bijoux. Le maharajah de Jaipur emportait avec lui à l'étranger des cargaisons de gigantesques urnes en argent, remplies d'eau du Gange en quantités suffisantes pour une année d'ablutions ; son fils, plus tard, ne se déplaçait pas sans ses écuries de poneys de polo. Les princes indiens se rendaient en visite officielle présenter leurs hommages à la reine Victoria, impératrice des Indes, ce qui n'allait pas sans difficulté, car, étant veuve, ils la considéraient comme intouchable : une reine digne de ce nom se serait fait *Sati* sur le bûcher funéraire de son époux. Mais les maharajahs venaient également en Europe faire du shopping. Ils dévalisaient les vitrines de Cartier et celles de Asprey's, achetaient des étages entiers de mobilier chez Maple's, pour en remplir leurs nouveaux palais et leur donner l'élégance du style occidental. Ils commandaient à Baccarat d'énormes lustres en cristal, ainsi que toute la verrerie d'ameublement. Le maharajah de Kapurthala, vieil habitué du Tout-Paris, achetait des copies des plus beaux exemples de mobilier français du XVIIIe, destinées à une folie qu'il avait bâtie sur le modèle du château de Versailles. Pour ne pas être de reste, le maharajah d'Indore demanda à Ruhlman de construire un pavillon et d'en dessiner le mobilier inestimable.

Ritz avait également oublié de citer les Russes, grands-ducs et princes négociants, qui constituaient la clientèle habituelle des trains de nuit reliant Saint-Pétersbourg et Moscou à Paris et à Nice, où ils possédaient des villas, entretenaient des maîtresses et perdaient des fortunes au jeu. Dans la liste de ses clients russes, il eût pu faire appel à la troupe des légendaires Ballets russes, Serge de Diaghilev, Vaslav Nijinski et Léon Bakst. Ou bien, essentielles à la réputation de ses hôtels, aux hordes de représentants des familles royales, prises dans un mouvement perpétuel les conduisant de sacres en funérailles, et de baptêmes en bals de fiançailles.

Tous formaient une population de voyageurs dorés ; magnats nouveaux riches, monarques de vieille lignée ou récemment créée, aristocrates oisifs, aventuriers, artistes, comédiens, chanteurs d'opéra et danseurs, réunis dans la même agitation, pour divertir ou être divertis. Colossales étaient les sommes dépensées dans les hôtels somptueux, les superbes transatlantiques et les trains de luxe qui les emportaient dans le tourbillon sans fin du plaisir.

Durant la saison froide, on se rendait sur les bords de la Méditerranée, que ce soit au sud de l'Italie ou sur la Côte d'Azur. La reine Victoria séjournait fréquemment à Menton,

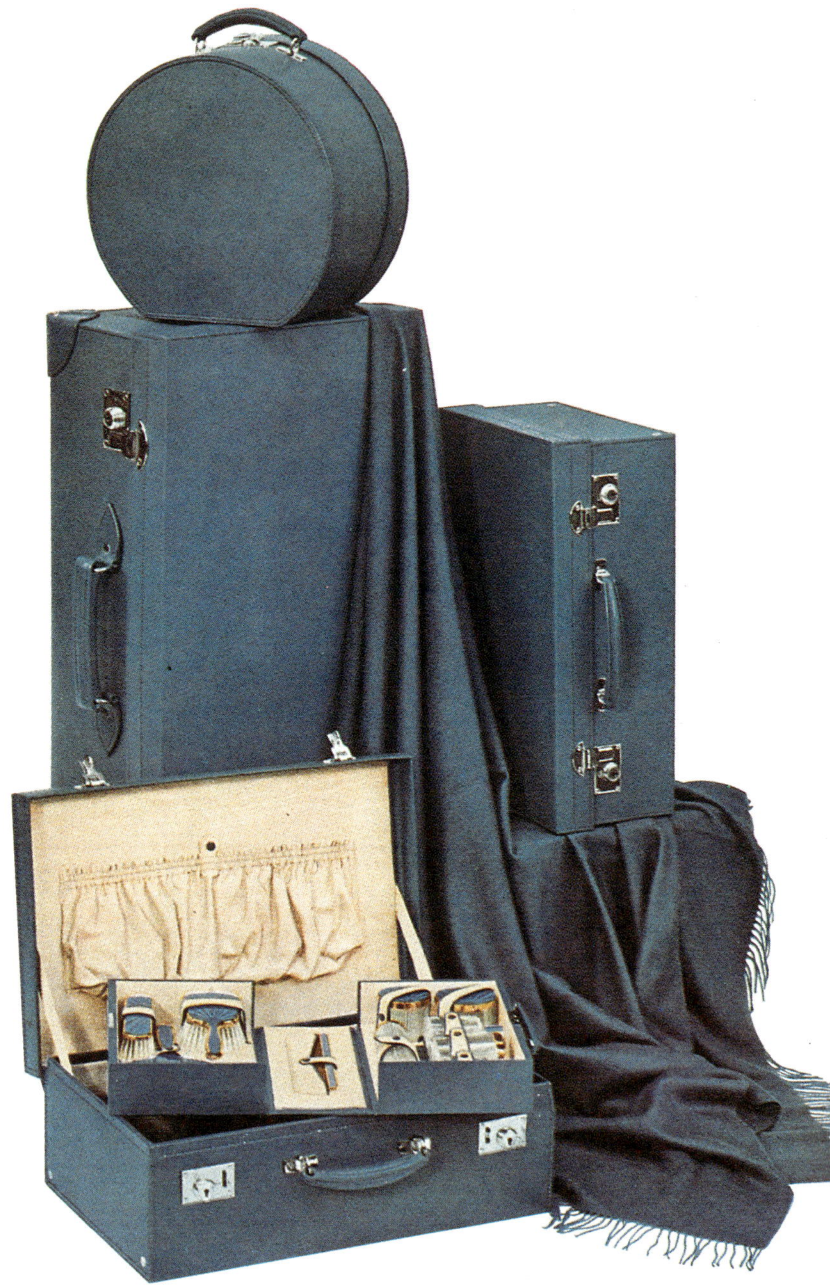

Ci-dessus, *un choix de bagages de chez Asprey's, dont une trousse de toilette pour homme et un carton à chapeau de dame. Ce n'était là qu'une infime partie de l'équipement nécessaire à un couple à la mode en séjour dans une villégiature élégante.*

et les grands d'Angleterre déambulaient sur la Promenade des Anglais, à Nice. Il arrivait que les plus aventureux hivernassent en Égypte, profitant du soleil abrités sous les tentes de la terrasse de l'hôtel Cataracte à Assouan, ou s'adonnant aux délices du Shepeard's au Caire, qui constituait le centre d'attraction d'une vie mondaine stupéfiante d'opulence, où beys et pachas remplissaient de bijoux souvenirs les serviettes de leurs invités européens. Du printemps au début de l'été, la saison battait son plein à Paris, Londres et Vienne. Vers le milieu de l'été, on se rendait dans les villes d'eau – Baden-Baden, Carlsbad, Bad Homburg, Montecatini ou Vichy – ou bien dans les villégiatures montagnardes de Suisse et du Haut-Adige. En Automne, des chasseurs se tenaient dans les grandes propriétés d'Angleterre, de France et d'Autriche-Hongrie. «Ma vie entière n'est qu'une saison», se plaignait un élégant gentleman de l'époque du roi Édouard VII. De fait, on pourrait caractériser l'existence des *happy few* en disant qu'il s'agissait là d'un programme d'échange perpétuel destiné aux nantis de toutes nations.

Du début du siècle, affiche vantant les lignes des deux plus grandes compagnies maritimes françaises. Les pays desservis flottent sur chacun des mats respectifs. Pourtant, jusqu'à l'ouverture du canal de Panama, en aout 1914, un tour du monde nécessitait le train pour traverser le continent américain.

LA SAISON LONDONIENNE DU VOYAGEUR IDÉAL

Si les Anglais ouvraient le bal, ce n'était pas uniquement dû à leur cosmopolite de prince. La Grande-Bretagne se trouvait à la tête de la révolution industrielle ; de ses colonies naissaient d'immenses fortunes et son système bancaire constituait la chambre de compensation du commerce mondial. L'acheteur de biens d'équipement au Japon ouvrait une lettre de crédit en livres sterling sur le vendeur de Silésie dans une banque anglaise. Tout autre arrangement n'eût pas rassuré les deux contractants. Des prêts considérables étaient provisionnés par les Baring et la branche anglaise des Rothschild, les dettes publiques s'évaluaient en livres sterling ; les puissants Romanov même conservaient leur pécule à Londres. Les banquiers anglais se caractérisaient par la discrétion et l'efficacité de leurs confrères de la Banhofstrasse à Zurich, associées au vaste rayon d'action du Wall Street contemporain. Le dollar n'était à l'époque qu'une devise ésotérique, et la Suisse n'était recherchée que pour ses cures de repos.

La première escale des nouveaux riches américains était presque toujours l'Angleterre : ils pouvaient en parler la langue et maintes grandes familles anglaises ne refusaient pas une opportune injection de *cash*. Le prince de Galles en personne se faisait un point d'honneur à cultiver ses relations avec les nantis : il comptait parmi ses plus proches amis et conseillers des magnats de la finance ou de l'industrie, Américains, Sud-Africains ou Juifs. Les Astor se virent attribuer le titre de lord ; Consuelo Vanderbilt devint la neuvième duchesse de Marlborough, par l'entremise d'une dot s'élevant à deux millions de livres sterling, à une époque où un bel hôtel particulier se louait pour soixante livres par an. Les atours des Roxburghe Grace furent acquis pour un peu moins, mais Jay Gould battit tous les records en vendant sa fille au comte Boni de Castellane pour trois millions de livres sterling. Il se pourrait que l'aristocratie française, bien plus province, se fût mise d'accord pour une somme supérieure.

Maints gentlemen, qui représentaient des partis acceptables et survivaient de modestes revenus, souhaitaient de tout coeur rencontrer l'héritière qui venait de quitter l'Aquitaine ou la Mauritanie pour aller remplir une fiche au Carlton ou au Ritz. La grande migration des riches Américains commençait à la fin de la floraison de Central Park, et quand les premières chaleurs de l'été traversaient les murs de leurs simili châteaux et *palazzi* édifiés sur la Cinquième Avenue. Le mouvement se faisait en sens inverse (c'est toujours le cas aujourd'hui) quand écoles et collèges de la Nouvelle-Angleterre rouvraient leurs portes début septembre. Néanmoins, nombreuses étaient les jeunes filles destinées à s'inscrire dans des institutions privées, dirigées par de vieilles aristocrates appauvries, plus particulièrement à Florence et à Dresde (la Suisse, encore une fois, n'entrera en scène que bien plus tard), et maints garçons séjournaient à Londres ou à Francfort pour affiner leur sens des affaires internationales et développer le carnet d'adresses indispensable à la bonne marche des empires fondés par leurs pères. Les parents, qui accompagnaient en général leur progéniture, guidaient leur épanouissement mondain et intellectuel, toujours prêts à les épauler.

Quant au voyageur américain fortuné, son périple vers l'Europe commençait quand le chauffeur amenait la voiture devant la porte de sa demeure. A côté de lui se tenait le valet de pied qui aidait la famille. Les bagages étaient envoyés à l'avance, par camion, au quai d'embarquement ;

Le prince de Galles, (ci-dessus), à l'arrivée d'un de ses nombreux voyages aux Etats-Unis.
Tout droit sorti d'une revue de mode, Son Altesse Royale voyageait en compagnie du beau monde, avec Lady Cunard et ses semblables
(posant, ci-contre, à côté du maharajah d'Alwar, lors d'un bal donné l'hôtel Savoy à Londres.) La résidence d'Emerald Cunard,
à Grovesnor Square, était un lieu de rendez-vous de la vie mondaine londonienne, mais son appui explicite de l'idylle qu'entretenait le
prince avec Wallis Simpson — sans parler des petits dîners intimes qu'elle organisait pour von Ribbentrop,
*l'ambassadeur de Hitler — la firent mal voir de l'*establishment *britannique.*

gigantesques malles de transatlantique, pleines des vêtements nécessaires aux innombrables changements de toilette qu'exigeaient bals, week-ends à la campagne, éventuelle réception à la Cour et séjour à Ascott, Henley ou dans les villégiatures européennes. Un simple week-end à la campagne impliquait des montagnes de bagages. Lady Cynthia Asquith se souvenait revêtir sa «plus belle robe», le plus souvent de velours, pour le petit déjeuner, puis optait pour le tweed après l'église, et pour une autre séduisante toilette à l'heure du thé, avant de monter à l'étage se préparer, et redescendre en robe de soirée. Ainsi une invitation du vendredi au lundi sous-entendait les «habits du dimanche», deux ensembles manteaux et jupes en tweed, trois robes pour le thé ainsi que deux robes du soir, sans mentionner jupons, manteaux, étoles, chapeaux, foulards, sac à main de jour et réticule du soir, ainsi que boas en plumes. Quant aux hommes, il leur fallait des tenues d'intérieur en velours, aux couleurs éclatantes, pour le thé, des tweeds pour la chasse, une tenue sombre pour l'église, des habits du soir avec queues-de-pie, des couvre-chefs en nombre infini, et souvent une livrée de chasse. On ne s'étonnera pas qu'un homme aisé voyageât avec son valet, et que son épouse fût suivie par sa chambrière.

Les bagages suspendus dans de grands filets étaient descendus dans les cales du navire, après qu'on eût mis de côté une malle ou deux contenant les habits nécessaires à la traversée. Les grandes malles Louis Vuitton, acquises à New York ou à Paris, s'ouvraient verticalement par le milieu : costumes et robes y étaient suspendus à l'intérieur, et la lingerie bien rangée dans des tiroirs. A l'arrivée de Southampton ou de Cherbourg, un porteur du Claridge ou du Ritz réceptionnait les bagages sur le quai de débarquement et devançait le train pour arriver à l'hôtel avant les voyageurs. Les malles de Londres étaient ouvertes par le valet et la femme de chambre de l'hôtel, alors que les autres portant l'étiquette «Paris», «Carlsbad» ou «Venise» étaient rangées dans le couloir. Durant la saison, quand les grands hôtels étaient pleins (ainsi que leurs penderies), se déplacer dans les couloirs ressemblait à une course d'obstacles, même si ces couloirs avaient été conçus larges, en prévision du rangement. Par parenthèse, on n'avait pas prévu les serviteurs indiens qui campaient invariablement, en habit, devant la porte de leur maître quand celui-ci s'était retiré pour la nuit en ses appartements.

De nos jours, la clientèle internationale des grands

Se changer relevait, à la Belle Epoque, de l'obsession la plus absolue : nulle dame ni gentleman ne concevait de voyager sans sa femme de chambre ou son valet, pour déballer, repasser et préparer les diverses tenues vestimentaires requises aux différentes heures de la journée. Une femme de chambre, ci-dessus, range des vêtements légers dans l'une des malles de transatlantique qu'elle et sa patronne emporteront à Palm Beach ou St. Augustine. A Londres, (à droite) même un simple dîner en tête-à-tête à l'hôtel impliquait qu'un gentleman s'y rende en habit, et sa petite amie en robe longue et bijoux.

Les traversées en mer, où l'on n'avait que peu d'occupations, encourageaient les changements continuels de tenues vestimentaires. Le matin, c'étaient des tweeds pour les gentlemen et des jupes de flanelle pour ces dames, au déjeuner des complets et des robes de soie, de diaphanes robes de velours pour le thé en fin d'après-midi, puis la tenue de soirée complète, à l'exception des première et dernière nuits à bord que l'on passait à déballer et remballer les grandes malles de transatlantique de chez Vuitton.. La vie à bord de La Provence, *armé par la C.G.T., se conformait à la lettre à ces rituels, comme on peut le voir dans ces aquarelles de E. Louis Lessieux.*

hôtels se précipite dès son arrivée sur le clavier du téléphone, afin de mettre au point son emploi du temps. Ce n'était pas le cas dans l'Angleterre du temps d'Édouard VII. Soit on rendait visite à ses amis, généralement entre 15 et 18 heures, soit on laissait sa carte à la porte. Si la maîtresse de maison «n'y était pas», la visiteuse laissait au domestique une ou deux de ses cartes dont elle avait corné un coin, signifiant ainsi qu'elle avait «déposé sa carte» en personne. La maîtresse de maison lui faisait alors parvenir un bel attelage, conduit par un cocher en livrée accompagné d'un valet de pied, qui lui remettait une invitation gravée à l'une des innombrables réceptions qui constituaient la saison londonienne. Et pour gagner du temps en évitant des visites inutiles, on interrogeait le portier de l'hôtel qui, avec ce snobisme invétéré caractérisant tout bon domestique, gardait l'oeil sur les déplacements de l'aristocratie. «Le duc et la duchesse de Marlborough sont partis hier pour Paris, Madame. Ils seront de retour mercredi.» «Lord Rothschild est à Francfort, Monsieur, nul ne sait quand il reviendra.» «Le prince de Hesse est parti précipitamment hier pour les obsèques de Son Altesse Royale.»

Mais les visiteurs, même jouissant d'une fortune considérable, ne possédaient pas tous les clés de la vie mondaine londonienne. Seuls certains étrangers étaient admis dans les cercles les plus fermés, les autres ne désirant souvent pas y participer. Londres offrait du reste à ces derniers des plaisirs sans fin : somptueux théâtres, Opéra, cafés, shopping et musées. N'oublions pas naturellement tous ceux qui voyageaient pour affaires, contraints de gagner leur vie, et pour qui Henley ou le Royal Ascott rappelaient quelque cérémonie tribale, à l'instar de la régate annuelle de Cowes qui clôturait la saison.

Après les régates de Cowes, la Cour se retirait à Balmoral, l'aristocratie se prenait à penser au gibier à plume, et les voyageurs fortunés s'en allaient au loin avec leurs malles de transatlantique.

C O W E S

«La dernière année de règne du roi Édouard, une vaste flottille de yachts se rassembla pour les régates de Cowes. Le *Victoria and Albert* , avec son escorte de guerre, dominait la rade. Le Tsar arriva à bord du *Standart*, le Kaiser avec le *Hohenzollern*, et le roi d'Espagne avec son yacht de régate *Hispania*. Tous les trois offrirent des récompenses. Le roi invita à dîner, à bord du *Victoria and Albert*, vingt membres de la marine royale pour les présenter au tsar. Réceptions et bals étaient donnés à terre ou sur l'eau. Canots à vapeur, aux luisantes cheminées de cuivre, cotres et youyous gracieux, dont les équipages faisaient force de rames blanches, voguaient entre les yachts et le marchepied du "Squadron". Durant la journée, les voiles des yachts de course s'éparpillaient sur les eaux bleues du chenal de Solent comme des ailes de papillons géants. La nuit, les feux de navigation et les lanternes brillaient comme des vers luisants sur des eaux d'onyx, alors qu'explosaient les feux d'artifice qui illuminaient le ciel nocturne. Ce magnifique spectacle était présidé par le roi, personnalité dont l'affabilité et la corpulence n'enlevaient rien à sa majesté.»

A la fin du siècle dernier, nulle régate ne pouvait prétendre au prestige acquis par celle de Cowes, en particulier grâce au prince de Galles. «Bertie», élu commodore du Royal Yacht Squadron en 1882, était omniprésent, visitant un yacht après l'autre, arborant sur les pelouses de l'escadrille son grand uniforme de marine, réglementaire, exception faite de la belle qui s'accrochait à son bras et de son imposant havane. Quelles que fussent les mers sur lesquelles cinglaient toute l'année les riches plaisanciers, ceux-ci se retrouvaient invariablement tous à Cowes, chaque mois d'août. Il en était également ainsi pour de nombreuses têtes couronnées, le Kaiser, l'empereur d'Autri-

Le Claridge, sur Upper Brook Street, dont le restaurant était l'un des nombreux établissements à la mode où aller dîner à Londres, a toujours été l'hôtel favori des têtes couronnées d'Angleterre et du continent.

Ci-contre, *une malle Vuitton conçue spécialement pour transporter des chapeaux de dame dans des cages de protection.*

che, le tsar de toutes les Russies ou l'impératrice Eugénie. Et même le Vatican s'était senti obligé d'y participer avec l'*Immacolota Concezione*, un navire d'un blanc éclatant, comme son nom l'indiquait, armé par le pape Léon XIII. L'aristocratie anglaise s'y rendait en navires à vapeur ou en voiliers, de même que les magnats américains dont les yachts n'avaient rien à envier aux transatlantiques.

Le prétexte, c'était la navigation à voile. Les mâts dansaient sur les eaux du Solent envahies par les pavillons des innombrables et gracieux sloops. On comptait parmi les favoris sir Thomas Lipton à bord du *Shamrock*, le premier de ses cinq challengers de l'America's Cup (s'ils furent tous malchanceux, ils lui firent néanmoins une excellente publicité), ainsi que Bertie à bord du *Britannia*, navire suffisamment rapide pour gagner et suffisamment spacieux, avec ses 37 mètres, pour offrir tout le confort nécessaire à ce sybarite parmi les princes. Quant à la reine, elle préférait

De magnifiques yachts étaient des biens essentiels aux familles royales, palaces flottants dans lesquels ils recherchaient une intimité mais qui reflétaient aussi la fierté et la grandeur nationale. Les familles régnantes se recevaient entre elles avec l'apparat auquel elles étaient habituées. Ci-dessus, officiers dinant à bord du Hohenzollern, *yacht du Kaiser. Le plus colossal de tous les yachts royaux, le* Brittania, *en route pour passer la revue de la flotte à Spithead en 1911. Ci-contre, le* Surprise, *plus petit , yacht du duc d'Edimbourg à Barcelone en 1888. Pages suivantes .* The Ball on Shipboard, *par James Tissot, vers 1874, Tate Gallery, Londres.*

la pondération du *Victoria and Albert II*, construit en 1855. Ses 91 mètres renfermaient douze cabines destinées aux dix-huit membres de la famille royale, servis par 240 membres d'équipage. S'y trouvaient également deux salons de thé, une chapelle, une nursery, de somptueux appartements réservés à la reine et au prince Albert, ainsi que des salons, petits et grands, réservés à la conduite des affaires de l'État. Mais malgré tout cela, Victoria partait très rarement en mer. Après la mort du prince Albert, en 1860, ce merveilleux yacht fut mis à la disposition de son fils.

Le Kaiser Wilhelm fut invité à se joindre au Royal Squadron en 1889, ce dont Bertie se plaignit plus tard : «La régate était ma distraction favorite, mais depuis que l'empereur la commande, ce n'est rien d'autre qu'un embêtement.» L'arrogant monarque se sentant obligé de surpasser ses cousins anglais, ceux-ci ne virent plus en lui qu'un redoutable malotru. Il avait fait armer le *Hohenzollern*, un destroyer de 116 mètres peint en blanc et paré de l'aigle impérial en or. Définitivement dépourvu de classe, le *Hohenzollern* était comme un mufle égaré au milieu de yachts aux lignes pures et gracieuses. Le Kaiser avait même tenté de ravir le prestige de Cowes en organisant sa propre régate à Kiel, mais au début, comme seuls les riches Américains s'y rendaient, c'était un événement sans cachet aucun, jusqu'à ce que Bertie, alors devenu le roi Édouard VII, demandât en 1904 à ses collègues plaisanciers de l'accompagner à Kiel.

Mais de tous les yachts royaux, le plus somptueux était le *Standart* du tsar, dont les 128 mètres et les 4 500 tonneaux constituaient la retraite privilégiée de la famille impériale. Chaque année, en juin, ils passaient deux semaines à croiser au large des côtes rocailleuses de la Finlande, mouillant dans les criques désertes et allant pique-niquer ou se promener sur le rivage. (On ne comptait plus les propriétaires terriens sidérés de trouver le tsar frapper à la porte et leur demander poliment l'autorisation, pour lui et sa famille, d'utiliser leurs courts de tennis). En dépit de l'ambiance décontractée, le *Standart* était généralement accompagné à Cowes par plusieurs vedettes lance-torpilles et par des navires estafettes transportant les dossiers d'Etat depuis Saint-Pétersbourg.

LA SPLENDEUR YANKEE

A Cowes comme ailleurs, les membres influents du New York Yacht Club croisaient sur un pied d'égalité les navires les plus prestigieux. Les titans de l'industrie comme les rois de la finance et du commerce rêvaient de se mesurer au coude à coude avec le gratin européen, et le gratin de monter dans leurs yachts. Le Kaiser, visitant l'*Ingomar*, la goélette de Morton F. Plank relâchant à Kiel, ne put s'empêcher de murmurer, en signant le livre d'or : «Mein Gott, un livre d'or en argent massif. Vous, les Américains, vous êtes si riches !» Il n'existe aucune trace de son éventuel passage à bord de l'*Alva* de William Vanderbilt, de la *Margarita* d'Anthony Drexel, ou des *Jeannette*, *Namouna* et *Lysistrata* de James Gordon Bennett, ou bien encore du plus sublime des sublimes, le *Corsair* de J.P. Morgan, yachts qui tous auraient relégué l'*Ingomar* au simple rang de

George, duc d'York, plus tard roi Georges V,
pose à bord du yacht royal Osborne *en 1877. Ci-contre, Félix faure,*
président de la République française
avec l'empereur de Russie Nicolas II sur le yacht impérial Standart
lors d'un voyage présidentiel
en 1899 à l'occasion de l'alliance franco-russe.

chaloupe et auraient constitué un *casus belli* idéal pour le Kaiser rongé de jalousie.

Le premier de ces super-yachts américains fut le célèbre *North Star* du commodore Cornelius Vanderbilt, un bateau à aubes de 82 mètres qui traversa l'Atlantique pour la première fois en 1853.

Sa première escale fut l'île de Wight, où les milliers d'enthousiastes qui l'acclamèrent furent invités à bord de cette merveille des mers, qui inspira à un journaliste cette phrase : «Il est temps de donner au mot "parvenu" son sens honorifique.» Puis le *North Star* fit route de toute la puissance de ses aubes vers Saint-Pétersbourg où, peu de temps après, un tsar Alexandre III envieux fit mettre en chantier son bateau à aubes personnel.

James Gordon Bennett fut le premier à surpasser en mer le commodore. Patron de presse qui avait, entre autres coups d'éclat, envoyé Stanley à la recherche de Livingston, il était propriétaire de trois yachts dont le dernier, le *Lysistrata*, un navire de 95 mètres, était si spacieux que Bennett pouvait choisir à sa guise l'une des suites d'appartements aménagées sur chacun de ses trois ponts. Un équipage de cent membres le servait, et il possédait un bain turc, de même qu'une vache parquée dans une cabine capitonnée, pour l'approvisionnement en lait frais. Bennett mourut ruiné (ce qui ne surprendra personne), après avoir dilapidé 40 millions de dollars.

Vers la fin du siècle dernier, le yacht de luxe était devenu un objet quelque peu stéréotypé : longue coque inclinée, élégante proue de clipper, grande et gracieuse cheminée solitaire, poupe magnifiquement dessinée, deux mâts pour les voiles auxiliaires, et un ameublement intérieur de gentilhommière : mobilier d'époque, riches lambris, tapis épais, cheminées en marbre et chambres à coucher tout droit sorties d'un hôtel Ritz. Sensualité, lignes pures, prestige et faste, ces navires constituaient la prolongation en mer de la résidence principale des nantis.

Le siècle s'acheva sur le *Victoria and Albert III*, avec ses 367 membres d'équipage, augmentés de 40 domestiques de Buckingham Palace quand Édouard VII et la reine Victoria étaient à bord. Durant la Première Guerre mondiale, nombreux furent les grands yachts à être mobilisés dans la lutte contre les sous-marins allemands ; certains furent coulés, d'autres, usés jusqu'aux derniers rivets, envoyés à la casse. Mais dans l'euphorie des années 20, les millionnaires américains firent armer des navires encore plus fabuleux, dotés de salles de gymnastique, de piscines, de salles de cinéma ainsi que de bars – irrésistible attraction durant la sécheresse de la prohibition – où propriétaire et clients buvaient en paix au large de la limite des trois miles.

Le plus majestueux des yachts d'après-guerre fut le *Hussar* de Marjorie Merriwether Post, un trois-mâts qui cinglait de toute la puissance de ses 35 822 pieds carrés de voilure. Construit en 1931, durant les années de marasme économique qui succédèrent au krach de 1929, le *Hussar* était inévitablement meublé d'inestimables antiquités et de baignoires en marbre. Après son mariage avec Joseph Davis, en 1935, madame Post rebaptisa son yacht en *Sea Cloud* et le fit relâcher à Leningrad où son mari avait été nommé ambassadeur des États-Unis en Union soviétique. En plein cœur des purges staliniennes, des déportations en masse vers la Sibérie et de la famine, madame Post acheta pour une bouchée de pain des trésors impé-riaux qui s'accumulèrent comme par enchantement dans son palais flottant. La fortune, comme celle de ma-dame Post – née d'une marque de céréales pour le petit-déjeuner, Post-Toasties –, conservait ses privilèges même en Russie soviétique.

Ci-dessus. *Le* Corsair, *le gigantesque yacht appartenant à J. P. Morgan.* Ci-dessous. *Cornelius Vanderbilt, à Newport, en compagnie de ses nièces Szcecchni. Plaisancier passionné, Vanderbilt prit par aux courses de Newport et de Cowes à bord de son* North Star. *Incontestable équivalent américain de Cowes, Newport attirait par ses régates les navigateurs de plaisance du monde entier.* Ci-contre, *baron et baronne James de Rothschild en croisière, surnommés Dolly et Jimmy ; grands collectionneurs, ils voyageaient autour du monde à la recherche de nouveaux objets.*

GASTRONOMIE ET THERMALISME

Intérieur

de la buvette Cachat à Evian.

Dessin de 1914.

Pour le beau monde du temps d'Édouard VII, la gastronomie tenait un rôle d'une extrême importance. La gloutonnerie du corpulent prince de Galles avait inspiré à ses pairs les repas les plus stupéfiants. Alors que de nos jours on se contente de trois plats choisis dans la carte plantureuse d'un grand restaurant, jusqu'à la Première Guerre mondiale, lors d'un dîner privé ou d'une réception dans un hôtel ou un restaurant de luxe, le convive avalait en titubant le menu *complet*, déterminé dans des règles aussi strictes que l'étiquette mondaine. Que le repas fût servi à Buckingham Palace, au Shepeard's du Caire, au Taj de Bombay ou à l'Astoria de Saint-Pétersbourg, son scénario était invariablement écrit en français. Si les transactions commerciales portaient toutes l'estampille de l'Empire britannique, c'est la France qui gouvernait les cuisines du monde civilisé. Le grand Carême avait jadis donné le ton, arrivant de la cour de Russie pour devenir, à Paris, chef de bouche du baron James de Rothschild, le fondateur zozotant de la branche française de cette famille de banquiers, qui comptait parmi ses intimes Napoléon III et l'impératrice Eugénie, avait convié Chopin à jouer dans son salon et Ingres à faire le portrait de sa ravissante épouse, la baronne Betty. Carême ne s'était pas contenté de créer de splendides menus et des plats superbes, il les avait littéralement édifiés. Ses desserts prenaient la forme d'énormes «Temples d'Amour», de pyramides glacées et autres folies qui ornaient le buffet. Sa succession fut bien vite prise par le grand Auguste Escoffier qui, engagé par Ritz, fut la clé du succès de ses hôtels.

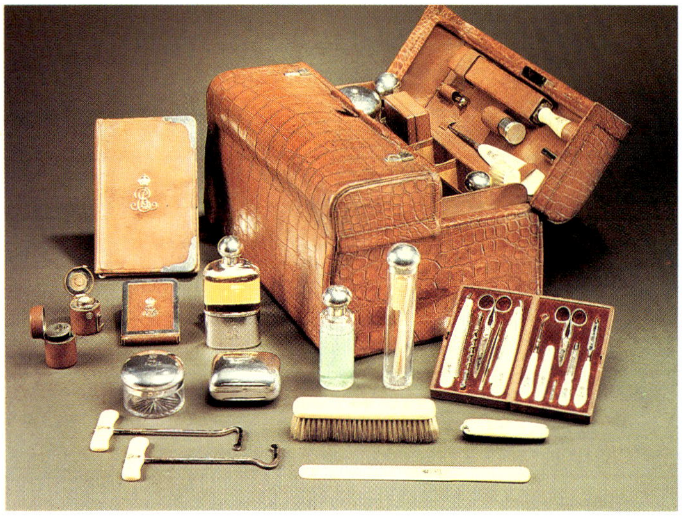

Le menu suivant, celui d'un banquet d'avant sacre à Buckingham Palace, daté du 23 juin 1902, est bien représentatif de l'époque :

MENU

Consommé printanier à l'impériale
Consommé froid à l'indienne

Blanchailles au naturel et à la diable
Filets de truites à la russe

Côtelettes de cailles à la Clamart
Poulardes à la norvégienne

Selles de pré-salé à la niçoise
Jambon d'Espagne à la basque

Ortolans rôtis sur canapés
Salade des quatre saisons

Asperges froides à la vinaigrette

Gâteau Punch granité au champagne
Gratin de pâtisserie

Canapés d'anchois à la provençale

Petits soufflés glacés princesse
Gaufrettes

Les asperges présentes dans ce menu rappellent un incident diplomatique ayant eu lieu à Windsor, et qui fut brillamment résolu par la reine Victoria. Lors d'un banquet en l'honneur du shah d'Iran, on servit des asperges à Sa Majesté. Se conformant à la coutume de son empire, il ne croqua que les pointes et jeta les tiges délaissées derrière lui, par-dessus l'épaule. Pour ne pas embarrasser son hôte, la reine en fit autant, et son comportement audacieux, immédiatement

Edouard VII incarnait parfaitement le voyageur nanti de la Belle Epoque, gâté et aimant se divertir. Durant ce qui semblait avoir été l'attente interminable de la mort de la reine Victoria, il flânait d'une villégiature à l'autre, de capitale en capitale, avalant l'un après l'autre des plats gargantuesques et inépuisables comme ceux indiqués ci-dessus, *pour ensuite se remettre de ses excès dans des stations thermales telles que Marienbad, où on peut le voir* ci-contre *boire ses eaux et faire profiter de sa bonhomie ses compagnons de cure.* Ci-dessus. *le nécessaire de toilette en crocodile et argent du prince, qu'il emportait lors de ses nombreux voyages, fut vendu en 1990 par Christie's, à New York.*

valets de pied en livrée à tenter d'esquiver ces légumes volants.

A la lecture du menu qui devait précéder son couronnement, on ne s'étonnera pas de ce que Édouard VII tomba malade, se fit opérer de l'appendicite et manqua son propre sacre prévu trois jours plus tard ! Petits déjeuners, déjeuners et thés, sans parler des collations et autres friandises avalées entre-temps, satisfaisaient également les appétits goulus. Le buffet du *breakfast*, lors d'un week-end passé dans un manoir campagnard, regorgeait souvent, présentés dans des poêlons de table en argent, d'oeufs pochés, à la coque ou sur le plat, de bacon, de pilaf de poisson, de côtelettes d'agneau, de saucisses, de rognons, de porridge, de ma-quereaux et de turbots grillés, de soles au beurre, de harengs saurs et de roll-mops, accompagnés bien sûr de toasts, de *scones* et de fruits de saison. A

Un menu datant de 1897, commémorant les courses hippiques qui ont toujours lieu annuellement à Baden-Baden.
La nourriture, plutôt modeste pour l'époque, illustrant probablement la réduction du nombre de calories consommées par les curistes.
La course hippique, qui représentait l'un des points culminants de la saison de Baden-Baden,
attirait de toute l'Allemagne et d'Europe des visiteurs fortunés. On pouvait facilement perdre l'argent gagné aux
courses en se rendant au casino, magnifique imitation rococo créée par Jacques Benazet.
D'autre part, on passait la journée à se promener dans les parcs charmants de la ville ou en Forêt-Noire, ou bien à prendre ses eaux.

Waddesdon Manor, les plus européanisés des Rothschild servaient à leurs hôtes le breakfast dans leurs somptueuses chambres à coucher. «Thé ou café, Madame ?» «Du thé, s'il vous plaît.» «De Chine, au jasmin ou noir, Madame ? Citron, crème ou lait ?» «Bien, Madame. De la crème du Hertfordshire ou du Staffordshire ?»

Le menu du petit déjeuner des paquebots de la Cunard s'inspira de ces breakfasts du temps d'Édouard VII, jusqu'à la fin des traversées transatlantiques dans les années 60, et les repas légendaires que faisait servir la Compagnie Générale Transatlantique aux passagers des sublimes *Ile-de-France, Normandie, Liberté* et *France* portèrent sans discontinuer le flambeau des Carême et des Escoffier. A dire vrai, l'aventurier gastronomique trouverait de nos jours bien plus de satisfaction, car la *lingua franca* culinaire de la Belle Époque variait peu de Londres à Bombay, et la cuisine locale trop souvent méprisée n'était tenue que bonne pour les paysans, inadaptée au palais des voyageurs fortunés.

LES EAUX

Après la saison d'hiver passée à festoyer à Monte-Carlo et dans les manoirs de campagne, et le printemps de gloutonnerie assidue lors des innombrables événements mondains de toutes les capitales d'Europe, il n'était pas étonnant que les nantis et les privilégiés eussent ressenti quelques nausées. La pression sanguine avait augmenté, les foies cessaient de fonctionner convenablement, les dames avaient leurs vapeurs et les gentlemen ne pouvaient plus rentrer dans leurs costumes. On se rendait donc, début

Buveurs d'eau à Wiesbaden à la fin du siècle. Boire lentement de l'eau de source tout en se reposant, se promenant ou écoutant un orchestre était aussi profitable qu'un médicament miracle.Médaillon : le légendaire Escoffier (1847-1935) dont les superbes réalisations culinaires furent à l'origine de nombreuses crises de foie.

août, dans les villes d'eaux d'Autriche, d'Allemagne, de France et de Tchécoslovaquie. On croyait aux vertus curatives des eaux minérales, bues, absorbées par les pores de la peau ou poussées dans l'organisme par des arrosages sous haute pression. Chaque station thermale prétendait soigner des affections bien particulières : Vichy était excellent pour le foie, Évian pour les reins, Bath pour la peau, Bad-Gastein pour le système hormonal car ses eaux riches en radium réveillaient les fonctions sexuelles épuisées, Karlsbad pour les désordres gastro-intestinaux, et ainsi de suite. Bien vite, on tombait sous la coupe du tout-puissant médecin-chef de l'établissement thermal qui vous prescrivait un dosage adéquat d'eau, un régime et, quelquefois, toutes sortes d'exercices physiques. Aux accents de la musique jouée par des orchestres, les curistes buvaient lentement, l'un après l'autre, de nauséabonds verres d'eau minérale, des infirmiers musclés ensevelissaient leurs victimes sous des boues radioactives, avant de les battre comme plâtre et de les étriller avec des gants de crin.

Les Britanniques pouvaient se contenter d'aller de Londres à Brighton, où seules eau de mer et baignades étaient prescrites. Le prince régent George IV doit être tenu pour responsable de la transformation de ce modeste village de pêcheurs en une sublime ville de style Régence, dont le pavillon royal, achevé en 1822 par John Nash, représentait la plus éblouissante folie de son temps, ornée de minarets et de dômes. Le Pavillon contient toujours des dragons, serpents et autres merveilles exemplaires inspirées du style chinois, mais malheureusement presque tout son splendide mobilier fut déménagé à Buckingham Palace. La reine Victoria se rendit à Brighton en inaugurant, le 5 décembre 1881, le trajet de 82 kilomètres dans un train Pullman stupéfiant de splendeur, le premier train de luxe européen. Celui-ci se composait de quatre wagons Pullman, appelés Louise, Maud, Victoria et Béatrice, tous bénéficiant de l'éclairage à incandescence, accompagnés d'un wagon-salon pour ces dames et d'un wagon-fumoir pour ces messieurs. S'il resta 91 années en service, Brighton fut toutefois abandonné par la reine Victoria et jamais adopté par ses descendants. Quoi qu'il en soit, le parrainage d'un monarque assurait de manière certaine le succès d'une ville d'eaux, loin devant l'efficacité de ses eaux.

Édouard VII, qu'il fût prince ou monarque, resta toujours fidèle à ses origines du Hanovre et se rendait chaque année à Bad Homburg. Mais il appréciait également Marienbad, et avait installé sa résidence d'été à Biarritz où régnait l'impératrice Eugénie du haut de son palais rouge et blanc, aujourd'hui l'hôtel du Palais. A Bad Homburg, le prince de Galles suivait méticuleusement sa cure, et perdait jusqu'à vingt kilos à chaque séjour. Il s'y rendait accompagné de ses innombrables amis, qui prenaient leur petit déjeuner au champagne au café Brahe, piqueniquaient dans les forêts environnantes et terminaient leurs nuits au restaurant du casino. Le prince de Galles, qui avait adopté et adapté le couvre-chef de la milice locale, en fit un accessoire essentiel de la garde-robe de tout gentleman qui se respecte. Distante de seulement seize kilomètres de

Séance de massage

à l'établissement thermal d'Aix les Bains.

L'eau à haute pression

était supposée compléter l'action curative

de l'eau minérale.

Francfort-sur-le-Main, Bad Homburg était aussi un faubourg résidentiel pour les riches banquiers de cette cité marchande. Son merveilleux Kurpark et sa splendide Kurhaus, de même que son grand casino baroque, furent édifiés par François Blanc. Ce dernier était aux casinos ce qu'était Ritz aux grands hôtels et, à l'instar de celui-ci, était suivi par toutes sortes de célébrités mondaines. Le roi Chulalongkorn du Siam, le tsar Nicolas II de Russie, le prince Lucien Bonaparte, le Kaiser Guillaume II, ainsi que les rois de Suède, de Grèce et de Bulgarie, tous fréquentaient Bad Homburg, en compagnie des industriels allemands et des millionnaires américains. François Blanc mettait le couteau sous la gorge des rois et des roturiers, mais ceux-ci, toutes classes sociales confondues, revenaient année après année.

BADEN-BADEN

La seconde station thermale allemande lancée à la fin du siècle dernier, très à la mode encore de nos jours, fut Baden-Baden, petite ville nichée au cœur de la magnifique et romantique Forêt-Noire. S'il existe également un Baden près de Vienne et un autre près de Zurich, ils n'ont de loin pas l'éclat et la renommée de cette villégiature outre-Rhin. Ce furent les Romains qui en découvrirent, voici deux mille ans, les sources thermales, et l'empereur Caracalla qui en fit édifier les premiers bains. Les sources qui montent de plus de 2 000 mètres de profondeur sont les plus chaudes d'Europe. Le Friedrichsbad, où affluent les curistes, ressemble à un parlement d'Europe centrale ; ses eaux sont présumées soigner arthroses, névralgies et troubles respiratoires. La véritable cure consiste toutefois en ce sentiment de repos qui naît des promenades le long des méandres de l'Oos, petite rivière peu profonde, ou dans la Lichtentaler Allée, méticuleusement entretenue, où poussent de vénérables et exotiques essences. C'est à Baden-Baden que Brahms écrivit sa seconde symphonie, la *Symphonie Lichtental*, ou que Dostoïevski et Tourgueniev passaient l'été. «Allez à Baden-Baden, écrivit plus tard Flaubert, on y trouve des arbres que je n'ai jamais vus ailleurs.»

Cependant, les arbres n'étaient pas un divertissement suffisant pour le beau monde. Il lui fallait grands hôtels, casinos, vie mondaine et somptueux restaurants. La reine Victoria résidant dans une modeste pension, le Kaiser Guillaume I et la Kaiserin Augusta à la Maison Messmer, Napoléon III à la Villa Stéphanie, ainsi que Pierre II, l'empereur du Brésil, Bismarck et le roi Alphonse XIII répartis dans les autres hôtels de la station, attirer une clientèle aisée ne posait aucun problème. Quant aux Russes, nombreux s'entichèrent d'y posséder une villa : ces magnifiques palais accueillent aujourd'hui des pensionnaires plus modestes.

Baden-Baden s'enorgueillit d'un casino, certainement le plus agréable d'Europe, qui damait le pion à celui de Monte-Carlo, jusqu'à ce que la prohibition des jeux fut décrétée en Allemagne en 1870. Rouvert durant la Seconde Guerre mondiale, le casino est une création de Jacques Bénazet et de son fils Édouard, qui commanda un jardin

La piscine thermale de Friedrichsbad s'inspirait des ruines antiques telles que les bains de Caracalla et donnait une grandeur romaine aux immersions dans l'eau minérale tiède.

d'hiver, des châteaux dans le style de ceux des rois et des empereurs de France, ainsi qu'un merveilleux petit théâtre pour lequel il fit venir les meilleurs acteurs et chanteurs de l'époque. La Comédie-Française elle-même s'y produisit pour divertir l'élégant public de la station. Les Bénazet créèrent également non loin de là le champ de courses d'Iffenzheim, où se tiennent encore aujourd'hui, en août, les plus importantes courses d'Allemagne. Les résidents actuels de Baden-Baden se répartissent à parts égales entre joueurs invétérés et curistes consciencieux, les premiers commençant leur journée à l'heure où les seconds vont se coucher.

Toute cette agitation n'avait pas laissé Ritz insensible ; en 1887, il reprit le restaurant de la Conversation, qu'il fit éclairer à l'électricité, grande nouveauté pour l'époque, les ampoules étant cachées dans le feuillage de grandes plantes tropicales. Musique douce et gastronomie irréprochable eurent vite fait la réputation de la Conversation qui devint le restaurant à la mode, au grand dam des aubergistes locaux. En l'honneur du prince Radziwill, Ritz transforma les lieux en un décor bucolique, couvrant les sols de gazon, tapissant les murs de rosiers, creusant un bassin de poissons rouges et submergeant les tables d'orchidées. Le Brenner était l'hôtel chic de l'époque ; il l'est resté de nos jours, considérablement agrandi et dirigé de main de maître par Rudolf Oetger, le roi de l'industrie alimentaire allemande. Princes russes, empe-reurs et rois ont disparu, mais le parc est toujours soigneuse-ment entretenu, la galerie marchande propose les produits les plus onéreux en provenance de la Via Condotti ou de la rue de la Paix, et les calèches ont été remplacées par des flottes de Rolls Royce et de Ferrari.

B A D I S C H L

Avant d'aller plus loin, il nous reste une dernière station thermale à visiter, qui porte encore l'estampille d'un monarque peut-être plus majestueux encore qu'Édouard VII, celle de François-Joseph Ier (1830-1913), empereur d'Autriche, dont les possessions s'étendaient des frontières de l'Autriche à la Hongrie ainsi qu'à diverses poudrières des Balkans, jusqu'au lac de Garde, en Italie du Nord. A Vienne, ses grands palais, le Hofburg et le château de Schönbrunn, constituaient le centre d'une cour éblouissante régie par une étiquette étouffante. L'empereur s'en échappait tous les étés et se rendait à Bad Ischl, une villégiature enchanteresse blottie dans les montagnes du Salzkammergut. Homme d'habitudes, l'empereur y passa soixante-six étés de son long règne, dans la Kaiservilla, un palais plutôt modeste comparé aux normes des Habsbourg, et dont la caractéristique principale sont les interminables rangées de trophées de chasse qui ornent la quasi-totalité des murs. Les archives impériales indiquent un total de 50 556 animaux tués par l'empereur. Aujourd'hui, la demeure, toujours propriété de la famille, croule sous les photographies représentant Son Altesse Royale et Impériale traquant le gibier en *lederhosen* et chaussettes montantes. Avant son retour à Vienne invariablement le 18 août, il recevait la visite de tous les chefs d'État en exercice et dirigeait son empire, à partir de Ischl, d'une main aimable mais ferme. Katherina Schratt, sa maîtresse adorée, le rejoignait quelque temps, et Franz Lehar, qui possédait une résidence dans les environs, leur donnait la sérénade, ainsi que Johann Strauss qui aimait l'air frais de la montagne. Lehar a composé *La Veuve joyeuse* et d'autres opérettes à Ischl, et Richard Tauber, ténor génial doublé d'un grand *Kammermeister*, apprit ici ses rôles sous la tutelle du compositeur.

Les bains consistaient en un cocktail de saumure issue des mines de sel et d'eau sulfureuse qui jaillissait de la source. Cette décoction salée était adoucie en fin d'après-midi par le *Cafe und Kuchen* servi au café Walter, de nos jours le Zauner, où l'on trouve encore de sublimes pâtisseries, tartes au fromage, roulades ou déjeuners légers. La *Kurhaus* est une bâtisse des plus modestes, illustration parfaite de ce que les séjours dans les stations thermales, durant la Belle Epoque, n'étaient consacrés qu'au divertissement ainsi qu'à l'ascension sociale, et non point à la santé.

L'empereur François-Joseph Ier (1830-1916) conduisant un break de chasse, en compagnie du roi George V, à Bad Ischl, en 1910. La Kaiservilla *de Ischl, où l'empereur passait religieusement tous les étés, était le centre à partir duquel le puissant Kaiser dirigeait son vaste empire, entre deux chasses dans les forêts voisines, où il tirait sur tout ce qui bougeait. Visiteurs réguliers, les monarques régnants et les chefs d'Etat se promenaient dans les rues de cette petite station thermale au charme vieillot, à la grande joie des curistes et de la population locale. Le palais Biedemeier, bien modeste comparé aux normes royales de l'époque, toujours propriété de la maison Habsbourg, croule sous les trophées de chasse.*

Ci-dessus. *Un client de Carlsbad vérifie sa note en quittant son hôtel de luxe, tandis que le personnel attend les pourboires avec impatience. La cure était une entreprise plutôt longue et onéreuses, que l'on passait dans un confort remarquable. Descendant de la voiture de l'hôtel, un riche voyageur est accueilli au Vittel-Palace.*

LE RÈGNE DU CHEMIN DE FER

Lady waiting in a station,
par James Tissot, 1871-73,
Dunedin Art Gallery, Nouvelle-Zélande.

Lors de la révolution industrielle, de nouvelles richesses décuplèrent le commerce, et la doctrine du laisser-faire brisa les frontières nationales, créant et accroissant les flux des biens et des services, ainsi que le besoin des peuples de se rapprocher les uns des autres. En Europe, les grands banquiers, les Rothschild, Baring, Baron de Hirsch, l'anglo-américain J.P. Morgan, les Warburg en Allemagne et les Gunzburg en Russie, tous concevaient les relations commerciales au niveau international. Ils financèrent les grands chemins de fer qui relièrent en réseau les États et se servirent du rail pour le transport des matières premières, des produits finis comme des voyageurs.

Aux États-Unis, Abraham Lincoln signa le 1er juillet 1862 le *Pacific Railroad Act* qui obligea les deux compagnies de chemin de fer rivales, l'*Union Pacific* et la *Central Pacific*, à collaborer ensemble afin de relier la côte ouest à la côte est par la plus longue voie ferrée du monde. Des milliers de coolies chinois, portant leur chapeau de paille, furent engagés pour des salaires de misère, un dollar par jour, sans aucune protection contre les arcs et les flèches des tribus indiennes en colère, dont le territoire paradisiaque était ravagé par les pionniers du chemin de fer. Le 10 mai 1869, les deux côtes étaient reliées au *Promontory Point*, près du Grand Lac Salé. Le souvenir en est conservé par une célèbre photographie montrant les ouvriers debout devant les chasse-pierres des locomotives tandis que des tire-fonds en or étaient vissés dans le dernier rail. En Europe, les grands banquiers déployaient tous leurs efforts pour que les États adoptent enfin un même écartement des voies ; les écartements différents d'un pays à l'autre qui prévalaient auparavant résultaient de considérations touchant à la sécurité nationale, afin d'éviter qu'une nation puisse utiliser les voies ferrées d'un autre pays. Ayant eu à la longue gain de cause, les banquiers s'attaquèrent ensuite aux Alpes.

Ci-dessus. *L'est rencontre l'ouest au* Promontory Point, *réunissant les Etats-Unis, en ce 10 mai 1869. La construction d'une ligne américaine transcontinentale, à travers les déserts et les montagnes de l'Ouest, fut une réalisation extraordinaire pour l'époque.* Ci-contre. *Viaduc en construction à Villedôme en Indre-et-Loire. Cet ouvrage d'art, construit par l'ingénieur Salacroup après la guerre de 1870, illustre les difficultés rencontrées par la construction d'une voie ferrée sur un terrain accidenté, surtout quand à la fin du siècle dernier on ne disposait que de moyens techniques limités. La beauté de cet ouvrage, inspiré de modèles aussi anciens que le pont du Gard, exprime l'élévation des ambitions esthétiques des ingénieurs de l'époque.*

LES TUNNELS

L'unique façon de relier économiquement le nord et le sud de l'Europe était de creuser à travers ce formidable obstacle naturel que constituent les Alpes. La première tentative fut le Semmering, un chemin de fer transalpin reliant Vienne à Trieste, que créa Carl von Ghega, un brillant ingénieur né en 1802 à Venise. Von Ghega traça le *Kaiser Ferdinand Nordbahn*, le premier chemin de fer autrichien de Vienne à Brno et propriété personnelle de l'empereur, puis continua à poser des rails dans le Tyrol et le Vorarlberg. On lui demanda de créer une voie à travers les Alpes sans employer de traction, à une époque où la pente d'un chemin de fer ne pouvait pas excéder 2% en Europe et 3% aux États-Unis. La ligne du Semmering commençait au nord à Glognitz, à 437 mètres, pour s'achever à Munzauschlag, à 680 mètres d'altitude. Ce projet titanesque dura quatre ans, coûta la vie à 750 personnes et fut terminé en octobre 1853. Les trains devaient emprunter 109 courbes en pente, 16 viaducs et 15 tunnels, le plus long mesurant 1 434 mètres à une altitude de 898 mètres au-dessus du niveau de la mer, point culminant de la ligne. Le jeune empereur François-Joseph, accompagné par von Ghega, fit le voyage en wagon ouvert, le 12 avril 1854. Avant l'existence du Semmering, Son Altesse royale eût été contrainte de quitter son train sur un versant des Alpes, de gravir les pentes enneigées à dos de mulet et de descendre en traîneau l'autre versant pour rejoindre un second train et continuer son voyage.

Dans l'imagination populaire, la construction du Semmering pourrait se comparer à l'actuel percement du tunnel sous la Manche. On pouvait en dire autant du tunnel du Mont-Cenis qui devait relier la Savoie au Piémont. Il était possible d'emprunter la route Napoléon, mais le trajet en diligence durait treize heures et se trouvait fermé en hiver car il fallait passer un col à 2 000 mètres d'altitude. M. Médal, un officier des douanes de Bardonnèche, avait proposé de creuser en ligne droite sous le col de Fréjus, dix-huit kilomètres au sud-ouest du Mont-Cenis, ce qui représentait le trajet le plus court à travers la barrière des Alpes. Il avait soumis en 1839 son projet au roi du Piémont, mais il fallut attendre 1845 pour que Sa Majesté fasse appel à un ingénieur belge, Henri Maus, qui mit en oeuvre le projet. Maus était persuadé que la clé du problème résidait dans une méthode efficace de minage de la roche, mais le climat politique et la guerre avec l'Autriche repoussèrent d'une décennie ce projet ambitieux. En définitive, le 1er septembre 1857, la première mine sauta en présence du roi Victor-Emmanuel II de Savoie. La guerre d'indépendance contre l'Autriche en 1859 se termina par l'unification de l'Italie (sous Garibaldi) et la cession de la Savoie à la France. Brusquement, le projet du Mont-Cenis devint une affaire franco-italienne, chaque pays ergotant respectivement sur la question du financement. Les Français, qui estimaient que cette entreprise n'était que pure folie, se résignèrent à la créditer d'un budget bien moins élevé que celui des Italiens, plus optimistes. Le chantier progressa avec une lenteur remarquable. Une équipe commença le percement à Modane, à une altitude de 1 057 mètres, alors que l'autre s'attaqua à la roche à Bardonnèche, à 1 260 mètres d'altitude, l'idée de base étant d'aller se serrer la main à six kilomètres des deux extrémités, à une altitude de 1 298 mètres. Tout retarda les travaux, les engins à tir de mines tombèrent en panne et les malheureux ouvriers en furent réduits aux pioches, prenant des risques considérables, au regard des éboulements et des ruissellements d'eau glacée. En résumé, durant le mois de janvier 1861, on mit en service des trépans pneumatiques du côté italien, et d'autres l'année suivante sur le versant français. Enfin le chantier avançait rapidement, du moins selon les normes des années 1860 ! Le jour de Noël de l'année 1870, les

La première locomotive à traverser le tunnel du Mont-Cenis, le 17 septembre 1871, reliant la France et l'Italie sous le col de Fréjus. Il aura fallu trente ans de la conception à l'inauguration du tunnel, qui inspira d'autres projets de liaisons européennes pour assurer toute l'année un passage à travers la formidable barrière des Alpes. Le transport du fret et des passagers connut une croissance géométrique, et les voyages pour de lointaines destinations, ralliées en trains de luxe, ne furent pas les moindres de ces bouleversements radicaux à intervenir dans l'histoire des voyages, rendus possibles par ces prouesses techniques herculéennes.

taupes humaines, trempées de boue et de crasse, se rejoignirent quand explosa la dernière roche qui les séparait, trente et un ans après qu'avait été lancée l'idée de ce tunnel. Si nous ne savons pas en quoi consista le réveillon que se partagea la population, les archives nous indiquent que les personnalités françaises et italiennes célébrèrent l'ouverture du tunnel, le 17 septembre 1871, par un dîner composé de pas moins de vingt plats, du potage aux mignardises, en passant par les hors-d'œuvre, les rôtis, le gibier et plusieurs desserts.

L'inquiétude se lisait dans les regards des corpulents bureaucrates qui pénétrèrent à 10 h 40 précises dans le long et sombre tunnel. Un journaliste en fit le compte rendu en ces termes : «Nous avions si souvent entendu parler des dangers que représentait ce voyage, de ce que chaleur et fumée seraient intolérables, que nous étions malgré nous saisis d'une angoisse mortelle. Durant le trajet, je baissai la fenêtre brumeuse et fus étonné par l'air pur et frais qui me frappait le visage. Presque aucune fumée et une température de 23 ou 24 degrés. A 11 h 23, exactement 43 minutes après notre entrée dans le tunnel, nous débouchions hors de cet immense souterrain et arrivâmes à Bardonnèche.» Tant fret que passagers pouvaient désormais emprunter cette voie avec une facilité et une régularité telles que les échanges commerciaux et les voyages eux-mêmes en furent métamorphosés. Le percement du tunnel du Mont-Cenis fut suivi

Un viaduc à Giornica, sur la ligne du Saint-Gothard qui relie l'Allemagne à l'Italie par la Suisse. Achevée en 1882, cette voie ferrée franchit 520 ponts et viaducs, emprunte 71 tunnels et traverse l'un des plus beaux paysages d'Europe.

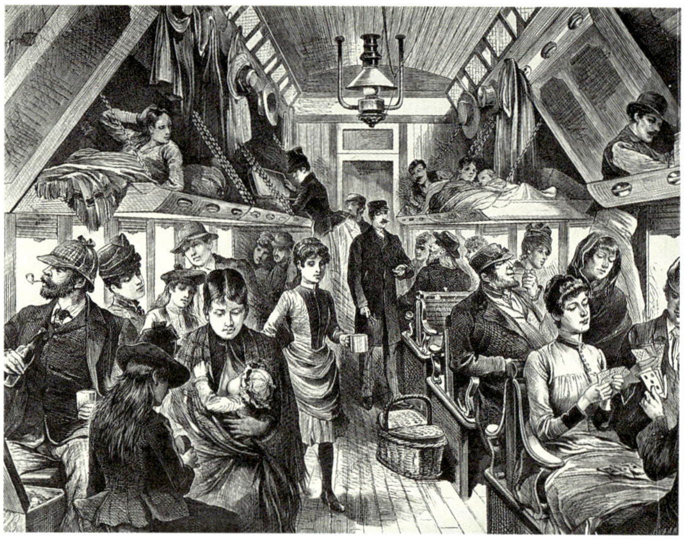

par celui du Saint-Gothard reliant l'Allemagne à l'Italie par la Suisse. Le Gothard coûta deux cents millions de francs, tua 177 personnes, en blessa 403, et son promoteur Louis Favre décéda d'une crise cardiaque durant sa visite au chantier le 19 juillet 1879. Pour accéder au tunnel principal, il fallait emprunter 71 tunnels ainsi que 520 ponts et viaducs. Le 23 mai 1882, on inaugura cette ligne directe entre Lucerne et Chiasso. Durant sa première année de service, elle transporta un million de personnes et 450 000 tonnes de marchandises ; dix ans après, ces chiffres avaient plus que doublé et depuis, ils connurent une progression géométrique.

D'autres tunnels seront construits jusqu'à la fin du XIXe siècle. Les ingénieurs tireront les meilleurs enseignements des sacrifices des pionniers, des von Ghega pour le Semmering, des Henri Maus et Germain Sommeiller dans le Mont-Cenis et des Louis Favre avec le Saint-Gothard. Dès lors, les chantiers progresseront à un rythme plus rapide. Le tunnel de l'Arlberg, long de 10 250 mètres, ouvert en 1883, relia Vienne à la frontière helvétique, celui de Giovi combla le chaînon manquant de la ligne Milan-Gênes très fréquentée, et les vingt kilomètres du tunnel du Simplon en firent le tunnel ferroviaire le plus long du monde, emprunté par le célèbre Simplon-Orient Express sur son trajet de Paris à Istanbul. Au cours du XXe siècle, neuf autres tunnels ferroviaires furent creusés, ainsi que de spectaculaires voies routières à travers défilés et tunnels.

GEORGE PULLMAN

Aux États-Unis et dans la vieille Europe, le rapide développement des liaisons ferroviaires autorisant des voyages directs sur de longues distances, les voyageurs fortunés ne désiraient plus être assis en rang d'oignons durant plusieurs nuits de suite, le temps que duraient les plus longs trajets. Il fallait que le chemin de fer proposât les conditions de voyage les plus luxueuses : nul ne le comprit mieux que George Pullman à Chicago et Georges Nagelmackers en Belgique.

«Pullman» est devenu un mot du vocabulaire courant. Mais si aux États-Unis il a conservé le sens de compartiment individuel dans un train de luxe, en Europe, il évoque hélas désormais la vision d'autocars bondés de touristes, affrétés par des agents de voyages qui ont tenté de faire rejaillir la gloire acquise par les somptueux wagons sur leurs bus climatisés où s'écrasent des foules de passagers. Il fut une époque où de véritables wagons Pullman, du nom de leur inventeur, étaient attachés aux grands trains qui parcouraient les États-Unis, l'Angleterre ainsi que l'Europe, et qu'on pouvait trouver aussi loin qu'en Chine ou en Egypte.

On disait de George Mortimer Pullman qu'il était 1% inventeur, 9% perfectionniste et 90% homme d'affaires. Il incarnait une nouvelle génération de *self-made men* qui prenaient plaisir à rappeler leurs humbles origines en parlant de leurs réalisations. Né à Brockton, dans l'État de New York, le 3 mars 1831, troisième garçon d'une famille

Ci-dessus. *Ce dessin représentant le wagon-lit du* Colonist, *de la Canadian Pacific Railway, semble illustrer simultanément le jour et la nuit, afin de mettre en valeur le confort des places couchées ou assises tel qu'on le concevait à l'époque.* A droite. *Une voiture de la C.I.W.L., en service entre 1905 et 1914 sur l'Express Paris-Trouville-Deauville.* Médaillon. *George Pullman (1831-1897), dont les confortables sleepings transformèrent radicalement l'idée même des voyages lointains.*Ci-contre. *Une mère coiffe son enfant, en 1905, dans l'un des trois wagons-lits Pullman appartenant à la California Limited. de Santa Fe Railroad.*

n Compa

de dix enfants, il était très proche de son frère Albert, un menuisier très doué. En 1848, George parcourait les États-Unis pour vendre les meubles fabriqués par son frère. Il est probable qu'une certaine inclination pour l'ébénisterie inspira George quand il commença à construire ses magnifiques wagons.

En 1853, il fit en train le petit trajet de Buffalo à Westfield. Assis toute la nuit, il ne put fermer l'œil, tant les wagons tanguaient violemment. Les passagers en sortirent couverts de suie et épuisés par les heures passées à rester immobiles sur d'inconfortables bancs de bois. Il n'y avait pas de chauffage, on pouvait s'estimer heureux si l'on avait déniché une bougie pour lire, les toilettes brillaient par leur inexistence et la nourriture était emportée avec soi, ou achetée au buffet de la gare. Rien ne pourra mieux décrire ces conditions de voyage que le chef-d'œuvre de Daumier, *Le Wagon de troisième classe*, où un groupe disparate de voyageurs entassés les uns sur les autres baigne dans une obscurité brunâtre. C'est alors que Pullman décida qu'il fallait en finir avec l'ère des voyages en train passés assis toute la nuit, et qu'il n'y avait de toute façon aucun avenir dans le colportage du mobilier d'Albert. Il déménagea à Chicago, à cette époque en plein essor, où il se spécialisa dans le déplacement d'immeubles entiers d'un endroit à l'autre de la ville. L'un de ses plus grands exploits fut de déménager l'hôtel Tremont House et ses trois étages sans même casser une vitre et, pour donner encore plus d'impact à ce coup publicitaire, contenant encore son personnel et ses clients, comme purent les voir les badauds ébahis par cette bâtisse en déplacement.

Pullman, désormais célèbre, put emprunter deux wagons de la *Chicago, Alton et Saint-Louis Railroad* et les meubler de fauteuils convertibles en lits. Les lambris et les fauteuils tapissés de peluche constituaient déjà la marque distinctive des futurs et bien plus extravagants wagons que construira Pullman. Dans ces deux wagons qui roulaient entre Chicago et Bloomington, accessibles avec un supplément de 50 *cents*, officiait leur porteur attribué, M. Jonathan L. Barnes, qui prenait soin des passagers, préparait leurs lits et distribuait les lampes à huile. Barnes, qui était blanc, fut le précurseur de plusieurs générations d'affables valets noirs qui passèrent leur vie à traverser en tous sens le pays, cirant les chaussures, servant les boissons à toute heure du jour et de la nuit, chargeant et déchargeant les bagages, préparant enfin les couchettes pour la nuit. Il fut également l'ancêtre des garçons de la Compagnie des Wagons-Lits qui traversaient l'Europe avec un porte-documents contenant les passeports et les déclarations de douane de leur passagers et qui, pendant que ceux-ci s'abandonnaient aux délices du sommeil dans des draps frais, traitaient en plusieurs langues avec des fonctionnaires tatillons.

La guerre de Sécession mit temporairement fin aux affaires de Pullman, les Nordistes ayant réquisitionné tout le matériel roulant pour mener à bien leur combat héroïque. Mais Pullman n'avait rien d'un héros : il se hâta d'aller dans l'Ouest pour y faire fortune en vendant outillage, aliments et autres objets de première nécessité à Gregory Gulch, dans le Colorado, aux orpailleurs dont les pépites leur brûlaient les doigts. A la fin des hostilités, Pullman revint à Chicago et investit toute sa fortune, 20 000 dollars, une somme colossale pour l'époque, dans la construction du plus luxueux wagon, le plus extravagant et le plus inutile qui ait jamais été conçu pour rouler sur des rails. Ses lambris de noyer, ses miroirs encadrés, ses cuivres omniprésents ainsi que ses épais tapis donnèrent le ton des wagons Pullman ultérieurs. S'il existait au monde un objet superflu, c'était bien «Pioneer», monté sur des boggies à quatre essieux au lieu de deux, si large et si haut qu'il ne pouvait rouler sans heurter sur sa voie, ponts, quais de gare ou tout autre obstacle. Afin d'amortir les frictions des routes sur les rails et le bruit

Ci-dessus. *La suite réservée aux jeunes mariés de la voiture Pullman* Republic, *utilisée par une célèbre compagnie de chemin de fer de Pennsylvanie, la «Broadway Limited», vers 1900 entre New York et Chicago.* Ci-contre, *la voiture panoramique du* Golden Gage, *l'un des wagons personnels de Pullman, construit en 1889. Ces somptueuses voitures symbolisèrent jusqu'à la Seconde Guerre mondiale le statut social des plus grandes fortunes. Comparables à nos jets d'affaire contemporains, elles étaient construites selon les spécifications de leurs propriétaires et constituaient pour Pullman une branche d'activité hautement lucrative. On comptait les propriétaires des compagnies de chemin de fer américaines parmi la clientèle des wagons privés.*

inévitable, on avait si lourdement renforcé ses structures que, posées sur une voie ferrée, les 27 tonnes de «Pioneer» refusèrent de bouger. Relégué dans un hangar, le wagon fut très vite surnommé «la folie de Pullman».

Le 15 avril 1865, Abraham Lincoln fut assassiné par Henry Wilkes Booth, alors qu'il se trouvait à Washington, au théâtre Ford. En état de choc, la nation entière voulut rendre un dernier hommage au président dont le corps fut transporté de Washington à sa ville natale, Springfield, dans l'Illinois. Quant au trajet entre Springfield et Chicago, tout fut arrangé par le colonel Bowen, président de la *Third National Bank* de Chicago où Pullman avait un compte. Ce dernier, qui vit là sans aucun doute une chance à saisir, parvint à convaincre Bowen de ce que rien ne ferait plus honneur à la dépouille du grand homme que le plus luxueux wagon existant au monde. «Pioneer» fut sorti de son hangar et rapidement modifié pendant que les employés de la *Chicago and Alton Railroad* travaillèrent jour et nuit pour enlever le long des voies tout ce que le wagon aurait pu heurter. Le 2 mai 1865, des milliers de personnes s'étaient rassemblées le long du trajet ; les journaux nationaux publièrent des dessins représentant l'intérieur du wagon géant ; la carrière historique de Pullman, ce titan du rail, était définitivement lancée. Puis Pullman offrit «Pioneer» au nouveau président, le général Ulysses S. Grant, pour son usage personnel sur les lignes de la *Michigan Central Railroad* qui dut modifier ses voies pour qu'elles puissent supporter ce monstre de luxe.

Si à l'époque d'autres entrepreneurs fabriquaient également des wagons-lits, Pullman devenu fournisseur officiel des présidents, morts ou vifs, avait pris une avance sur tous ses concurrents. En 1867, il possédait 48 sleepings roulant pour différentes compagnies de chemin de fer, et avait fondé la *Pullman Co.*, dont les succursales comptaient la *Pullman Standard Car Co.* qui fabriquait les wagons , et la *Pullman Palace Car Co., Inc.*, qui les exploitait. Cette année-là fut aussi celle de la naissance du premier wagon-restaurant que Pullman baptisa «Delmonico», du nom d'un restaurant new-yorkais célèbre à l'époque. Si ces menus étaient relativement modestes, ce wagon fit des émules ; bientôt, pour les nombreux trains qui sillonnèrent le pays, le wagon-restaurant devint le centre de la vie mondaine ferroviaire. Il faudrait ici faire état du caractère quelque peu osé que présentait l'aménagement des wagons-lits conçus par Pullman, les couchettes étant alignées sur deux niveaux, à peine séparées du couloir par une lourde tenture. Ces dames et ces messieurs dormaient tête-bêche à une époque où une lady, cliente de ces nouveaux grands hôtels qui se construisaient aux États-Unis, se retirait encore dans les salons ou salles à manger réservés aux dames. Cette inconvenance disparut quand on lança des wagons à compartiments séparés, mais certaines de ces impudentes voitures continuèrent jusque dans les années 60 à faire la navette sur les lignes les moins fréquentées des États-Unis.

La demande de wagon était telle que George Pullman construisit une gigantesque usine à Lake Calumet, à 22 kilomètres au sud de Chicago, et qui fut en réalité la première ville industrielle planifiée des États-Unis. Elle prit le nom de Pullman et, quand elle fut achevée en 1881, elle occupait une superficie de 1 200 hectares. George Pullman

A droite. *Gravure de l'époque représentant l'excursion en wagon Pullman, de Chicago au Pacifique, organisée en 1877 par Frank Leslie. Les couchettes, que ne fermait qu'un simple rideau, étaient considérées en ce temps-là comme quelque peu licencieuses.* A gauche. *La motrice qui tracta en 1865 le train funéraire du président Lincoln.* Ci-contre. *Des passagers montent dans des wagons Pullman, en 1905. Les vestibules à soufflet que l'on voit ici reliaient par des ressorts les wagons entre eux, assurant ainsi une plus grande stabilité que l'attelage central et permettaient aux passagers de se déplacer plus facilement d'une voiture à l'autre, quelles qu'aient été les conditions atmosphériques.*

y régnait en dictateur : il voulait tout contrôler du travail et de la vie privée de ses employés, et faisait appel aux forces de police pour trancher les désaccords qui naissaient entre les ouvriers et les cadres de son entreprise.

GEORGES NAGELMACKERS ET LA CIWL

En 1868, un jeune banquier belge, Georges Nagelmackers arriva aux États-Unis. Ce descendant d'une honorable famille européenne n'aurait pu être plus différent de l'ancien colporteur qu'était Pullman. Son père, un banquier fortuné, était un ami distingué du roi Léopold II ; le jeune Georges ne se trouvait nullement dans l'obligation de travailler pour gagner sa vie. Mais lui et Pullman partageaient la même fascination pour les potentiels qu'offrait l'amélioration des conditions de transport des personnes, à une époque où des fortunes considérables se bâtissaient sur le fret. Adolescent, il avait déjà envisagé divers moyens d'étendre le trafic ferroviaire au-delà des frontières belges, mais s'étant épris d'une femme plus âgée que lui, et leur liaison ayant eu une fin malheureuse, il sombra dans la dépression. Pour l'aider à se rétablir, ses parents décidèrent de l'envoyer en Amérique.

Comme aujourd'hui, les États-Unis avaient un grand pouvoir de séduction sur les jeunes Européens, captivés et fascinés par l'énergie et les capacités d'innovation du Nouveau Monde. Le nom de Nagelmackers lui ouvrant toutes les portes, le jeune Georges mit le cap sur les bureaux de grandes compagnies de chemin de fer. Bien vite, il comprit que la conception des routes était essentielle au roulement sans secousses des plus lourds wagons, et que les ingénieurs américains avaient résolu les problèmes que posaient leurs voies ferrées encore archaïques en équipant de boggies le matériel roulant. Il étudia également le nouveau système de frein à air comprimé développé par George Westinghouse, et parvint à décrocher un rendez-vous avec George Pullman ainsi qu'une promenade dans son «Pioneer» désormais célèbre. Pullman, qui ne se doutait de rien, fit visiter son atelier au jeune Belge, lui expliqua la teneur des contrats qui le liait aux compagnies de chemin de fer, et en fait donna de précieuses idées à celui qui deviendra son plus redoutable concurrent. De retour chez lui, le jeune Georges rédigea un texte intitulé

Ci-dessus. *Georges Nagelmackers, le légendaire fondateur de la C.I.W.L., photographié à Bruxelles, le 4 janvier 1898, à l'apogée de sa carrière. L'empire qu'il fonda en 1872 est encore florissant de nos jours.* Ci-contre. *Vue intérieure de voitures de la ligne Odessa-Kiev,en 1864. La Russie impériale, bien avant que le grand Nagelmackers ne fonde son entreprise, avait déjà une haute idée du confort ferroviaire ; ces wagons furent les premiers d'une longue série de sleepings et de wagons-restaurants à sillonner l'empire.*

INTÉRIEUR DU WAGON-RESTAURANT

CUISINE DU WAGON-RESTAURANT

COUPÉ D'UNE VOITURE DE 2me CLASSE

CABINET DE TOILETTE DE 2me CLASSE

COUPÉ DE 1re CLASSE, DE JOUR

COUPÉ DE 1re CLASSE, DE NUIT

«Projet d'installation de wagons-lits sur les chemins de fer du continent», qui fut publié le 20 avril 1870. Ses parents l'eussent-ils envoyé en Russie, il eût également voyagé de Kiev à Odessa dans un wagon équipé de fauteuils convertibles et d'une salle de bain, mais la Russie tsariste, si elle était en avance sur l'Europe en ce qui concerne les trains de luxe, était largement dépassée par les États-Unis.

Nagelmackers avait écrit : « Quel que serait le touriste ou l'homme d'affaires qui voyagerait entre Berlin et Cologne, par exemple, ou de Paris à Marseille, qui ne serait heureux de monter dans un wagon dans lequel il pourrait passer la nuit sur un lit, allongé dans des draps frais, sous une couverture, s'abandonner aux délices du sommeil sans crainte d'être dérangé, et se réveiller le matin à quelques kilomètres de sa destination.»

Son projet était pensé dans les moindres détails. Les illustrations présentaient trois types de voitures, dont l'une équipée de compartiments séparés donnant sur un couloir. C'est à Pullman qu'il devait l'idée des lits convertibles et du personnel d'accompagnement, mais il avait prévu des compartiments individuels appelés «chambrettes» réservées aux dames ; le projet présentait également des compartiments pour deux personnes ou plus. Mais plus important, il précisait que ce service devait être pris en charge, non par

La reine Marie de Roumanie accueillie à la gare de Belgrade en 1934 lors d'un voyage à Paris. Marcel Proust avait remarqué sa beauté et son élégance.

les compagnies de chemin de fer elles-mêmes, mais par une entreprise complètement distincte de ces dernières, qui fournirait contractuellement voitures et personnel aux différentes lignes. Celle-ci percevrait de chaque voyageur un supplément pour train de luxe, facturerait repas, boissons et tout autre service, la compagnie de chemin de fer percevant ,elle, le prix du billet de première classe. Le projet était si complet qu'il ne lui manquait qu'une illustration en couleur représentant le wagon en acier, peint en bleu de nuit, orné du sigle des wagons-lits, et fièrement entouré du personnel en livrée brune, arborant le képi de la Compagnie des Wagons-Lits.

Agé de vingt-cinq ans, Nagelmackers envoya son projet à plusieurs compagnies de chemin de fer ainsi qu'à des banques qui furent suffisamment impressionnées pour lui donner la possibilité de mettre en pratique sa théorie sur la ligne Paris-Vienne. Malheureusement, moins d'un mois plus tard, le 19 juillet 1870, la guerre franco-prussienne fut déclarée et le projet abandonné. A la fin des hostilités, en 1871, Nagelmackers père gagna la sympathie de Léopold II, le roi des Belges (un voyageur véritablement fortuné et aimant les plaisirs), et en 1872 Sa Majesté accorda au jeune entrepreneur une concession l'autorisant à exploiter une voiture sur la ligne Ostende-Brindisi qu'empruntait la poste des Indes, qui était le lien entre l'Angleterre et le joyau de la couronne de son empire.

Le roi, en homme d'affaires avisé, accepta également de figurer en tête de la liste des investisseurs potentiels, ce qui aida d'autant le jeune Nagelmackers à trouver l'argent dont il avait besoin. En langage moderne, il créa pour lui-même un droit de souscription, et avec le temps le titre de C.I.W.L. se révéla l'un de ses meilleurs investissements (occulté seulement par ceux que détenait le roi au Congo belge). Cet été-là, Nagelmackers recouvra la concession de la ligne Paris-Vienne qui empruntait désormais la nouvelle ligne du Semmering et fonda en octobre la fameuse Compagnie Internationale des Wagons-Lits, dotée de voitures équipées de boggies à quatre roues, construites à Semmering pour 20 000 francs pièce. La nouvelle entreprise connut un succès immédiat et révolutionna en Europe la conception du voyage. Comme par magie, les sleepings avaient volatilisé les frontières, du moins en ce qui concernait les voyageurs suffisamment fortunés pour payer le supplément, et la

Le roi Léopold de Belgique descendant de sa voiture C.I.W.L., et posant pied sur un tapis d'apparat déroulé en gare de Beaulieu, dans le Midi, en 1908. Surnommé «le roi Cléopold», en raison de sa liaison avec la courtisane Cléo de Mérode, le roi Léopold lui avait fait construire à Beaulieu une magnifique villa dominant la Méditerranée, où il pouvait se comporter avec plus d'abandon que dans sa capitale très collet monté. Elle appartient aujourd'hui à Edmond Saffra, un banquier international.Fabuleusement riche, grâce à des investissements bien placés au Congo belge, le roi Léopold fut l'un des premiers à soutenir Georges Nagelmackers.

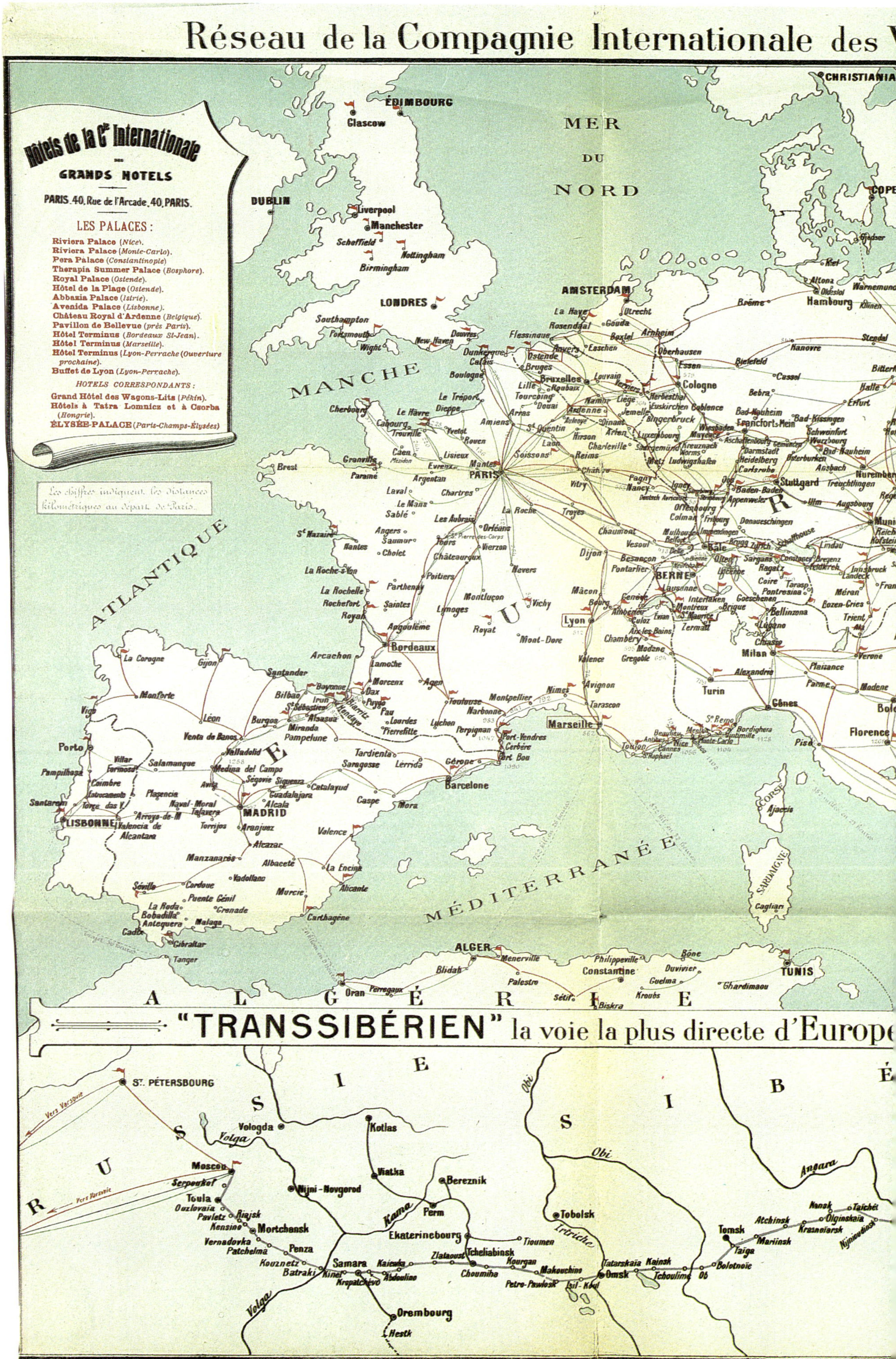

Réseau de la Compagnie Internationale des V
Hôtels de la Cie Internationale des
GRANDS HOTELS
PARIS. 40, Rue de l'Arcade. 40, PARIS.
LES PALACES :
Riviera Palace (Nice).
Riviera Palace (Monte-Carlo).
Pera Palace (Constantinople).
Therapia Summer Palace (Bosphore).
Royal Palace (Ostende).
Hôtel de la Plage (Ostende).
Abbazia Palace (Istrie).
Avenida Palace (Lisbonne).
Château Royal d'Ardenne (Belgique).
Pavillon de Bellevue (près Paris).
Hôtel Terminus (Bordeaux St-Jean).
Hôtel Terminus (Marseille).
Hôtel Terminus (Lyon-Perrache (Ouverture prochaine).
Buffet de Lyon (Lyon-Perrache).
HOTELS CORRESPONDANTS :
Grand Hôtel des Wagons-Lits (Pékin).
Hôtels à Tatra Lomnicz et à Csorba (Hongrie).
ÉLYSÉE-PALACE (Paris-Champs-Élysées)
Les chiffres indiquent les distances kilométriques au départ de Paris.
MER DU NORD
MANCHE
ATLANTIQUE
MÉDITERRANÉE
ALGÉRIE
ÉDIMBOURG
Glascow
DUBLIN
Liverpool
Manchester
Birmingham
LONDRES
CHRISTIANIA
AMSTERDAM
Hambourg
Bruxelles
Cologne
PARIS
Lyon
Bordeaux
Marseille
BERNE
Milan
Turin
Gênes
Florence
MADRID
LISBONNE
Barcelone
ALGER
Constantine
TUNIS
"TRANSSIBÉRIEN" la voie la plus directe d'Europe
RUSSIE
SIBÉ
St. PÉTERSBOURG
Moscou
Vologda
Kotlas
Nijni-Novgorod
Viatka
Bereznik
Perm
Ekaterinebourg
Tobolsk
Samara
Orembourg
Tcheliabinsk
Omsk
Tomsk
Volga
Obi
Angara

AGONS-LITS et des GRANDS EXPRESS

Imprimerie Centrale de la Bourse, ALCAN LÉVY, 117, Rue Réaumur, PARIS

première conférence pour un horaire européen fut convoquée afin de réguler le trafic international.Le projet était-il trop ambitieux, Nagelmackers trop audacieux ou trop visionnaire, dès que la grande aventure commença pour de bon et qu'il fallut véritablement de l'argent, les banquiers coupèrent l'herbe sous les pieds du jeune entrepreneur. Heureusement pour celui-ci, un Américain, spéculateur et aventurier, le colonel William d'Alton Mann, ayant entendu parler de lui, l'invita à le rejoindre à Londres, au Langham Hotel où il menait grand train de vie grâce aux bénéfices plus ou moins louches qu'il avait retirés de la prospection pétrolière en Pennsylvanie, de la perception d'impôts à Mobile, Alabama, et de la vente de biens d'équipement durant la guerre de Sécession. Quiconque s'associait avec Mann, dont les investissements frisaient l'illégalité, devait s'attendre à payer les pots cassés. Il avait déjà eu l'occasion, aux États-Unis, de s'occuper de trains de luxe et même de fabriquer une voiture pour Lily Langtry, la célèbre artiste de music-hall. Il avait affirmé qu'il s'agissait d'une copie exacte du navire de Cléopâtre, quoique la reine d'Égypte n'eût jamais utilisé une robinetterie de salle de bain en argent massif, une chambre à coucher capitonnée de soieries lyonnaises ni une cuisine moderne.

Mais Mann fut incapable de libérer cette nouvelle industrie de l'emprise de Pullman, même s'il possédait des projets très originaux concernant des voitures équipées de boudoirs, de salons et de salles de bain, ressemblant assez aux idées de Nagelmackers. Il embarqua donc pour l'Angleterre avec deux de ses voitures boudoirs, et fonda la *Mann Boudoir Sleeping Company*, avant d'ouvrir une usine inspirée de celle de Pullman, dans le Lancashire, employant 150 personnes. Mann et Nagelmackers se trouvaient sur la même longueur d'onde ; l'entreprise du premier, dont les finances étaient saines, absorba l'entreprise exsangue du second. La C.I.W.L. disparut momentanément, au profit de la *Mann's Railway Carriage Co. Ltd*, enregistrée à Londres. Les concessions de Nagelmackers, associées aux voitures et à l'argent de Mann, c'était véritablement une fusion vouée aux plus fabuleux résultats, bien que les deux hommes d'affaires aient eu des personnalités radicalement différentes. Il n'existe qu'une seule photographie les représentant ensemble. L'entreprise, administrée par Nagelmackers, tandis que Mann était chargé de sa promotion, dégagea

La seule photographie jamais prise de Georges Nagelmackers (debout) en compagnie de son associé William d'Alton Mann, promoteur américain. Les deux hommes posent en 1873 devant l'un des wagons de Mann.

A droite: en 1910, le prince Umberto d'Italie descend d'un wagon de la C.I.W.L. en gare de Milan pour visiter l'Exposition internationale. Pages précédentes*:*

Carte de l'Europe et de l'Extrême-Orient montrant l'étendue des lignes exploitées par la C.I.W.L.

rapidement des bénéfices, ce qui permit à Mann de distancer Pullman en mettant l'une de ses meilleures voitures à la disposition du prince de Galles, qui devait se rendre à Saint-Pétersbourg *via* Berlin, pour assister au mariage de son frère Alfred, le duc d'Édimbourg, avec la princesse Marie Romanov, la fille de l'empereur Alexandre II.

Mais tout cela était trop beau pour durer. Vers la fin de l'année 1873, George Pullman arriva en Angleterre, amené par sir James Allport, le directeur général de la puissante compagnie ferroviaire des *Midland Railway*. Il en résulta une guerre totale pour la suprématie commerciale, lutte acharnée dont les ramifications n'intéresseront que les historiens du rail. En résumé, si Pullman parvint seulement à faire quelques incursions en France et en Italie, il acquit une position dominante en Angleterre. Nagelmackers, soutenu par un groupe de financiers, racheta les parts de Mann pour cinq millions de dollars, et ce dernier retourna à New York. Le roi Léopold prit la tête d'une nouvelle souscription de capital, et une C.I.W.L. revitalisée regagna le monopole des trains de luxe en Europe continentale, et plus tard sur les grandes steppes de Russie. En 1908, lord Dalziel acheta le capital de la *British Pullman Car Company*. Puis René, le fils de Nagelmackers, épousa la fille de Dalziel, créant ainsi un lien incestueux entre la C.I.W.L. et Pullman. Pendant ce

L'heure du thé, vers 1926, dans le wagon Pullman de la «Flèche d'Or» *entre Calais et Paris.*
Son pendant britannique, «The Golden Arrow» *desservait la ligne de Londres à Douvres.*
Cette ligne merveilleuse resta en service quelques années après la Seconde Guerre mondiale :
l'espace imparti aux voyageurs, le service et la nourriture impeccables, ainsi que la chaleur
et l'élégance de la décoration Art déco faisaient de ce voyage un pur enchantement, à moins qu'une
traversée houleuse de la Manche ne gâchât la journée.

temps-là, des ministres étaient soudoyés, des rois appâtés et des banquiers embobinés. Spéculateurs boursiers et petites gens gagnaient des fortunes sur les titres des compagnies de chemin de fer, tandis que la concurrence mortelle à laquelle se livraient ces dernières, pour ouvrir de nouvelles lignes, fabriquer de meilleures voitures et améliorer sans cesse le service proposé, favorisa la création d'un art de vivre le plus somptueux qu'aient jamais connu les voyageurs adeptes du chemin de fer.

LES VERNIS

Si en Europe les trains privés étaient essentiellement le privilège des chefs d'États ou des familles royales, aux États-Unis, ils représentaient fondamentalement le statut social des parvenus. Les grandes fortunes ne se mêlaient jamais aux voyageurs ordinaires ; soit les nantis possédaient ou louaient leurs voitures personnelles, soit ils voyageaient comme invités dans celles de leurs pairs. On rapporte que Mrs. Edward T. Stotesbury, l'une des doyennes du Tout-New York et du Tout-Palm Beach, expliqua une fois à un journaliste que, dans son wagon privé, «la seule chose qui soit véritablement économique, c'est la plomberie en or massif. Vous savez, ça évite de l'astiquer.» Elle avait sans doute raison, car posséder un matériel roulant personnel (que l'on appelait «vernis» en raison de leur ébénisterie cirée à outrance) impliquait l'entretien d'une domesticité spécialement formée, de mécaniciens personnels, et au moins deux cuisiniers français pour garnir leur vaisselle d'or à monogramme.

George Pullman, qui était devenu le principal fournisseur de voitures de luxe des grandes compagnies de chemin de fer du pays, recevait la plupart des commandes. Son seul concurrent véritable fut la *Wagner Palace Car Company*, dont Vanderbilt était l'actionnaire principal,

Ci-dessus. «Alexander», *splendide vernis privé, construit en 1890 par la Pullman Palace Car Co., pour A.A. McLeod, le P. D. G. de la Philadelphia and Reading Railroad. Les rois du rail qui se faisaient mutuellement la politesse de leurs voies ferrées, prêtaient souvent leurs vernis à leurs amis ou relations d'affaire.* Ci-contre. *L'une des nombreuses voitures construites par Pullman en 1898 pour le train privé de Porfirio Diaz, le dictateur mexicain. Ce train présidentiel, était jusque dans les moindres détails aussi fastueux et opulent que les récents palaces européens. A l'époque, le Mexique tirait de ses mines des fortunes considérables, dont une grande part, tombait directement dans l'escarcelle de ses chefs d'Etat.*

jusqu'à ce que les deux sociétés fusionnent en 1899. On comptait parmi les autres fabricants l'infâme colonel William d'Alton Mann (qui s'associera avec Georges Nagelmackers et jouera un rôle déterminant dans le développement de la C.I.W.L.), *Barney & Smith, American Car & Foundry*, ainsi que *Union & Risden Iron Works* sur la côte ouest. Le premier wagon privé avait été commandé durant la guerre de Sécession par l'état-major nordiste pour le président Lincoln, et cette voiture fut accrochée au «Pioneer» de Pullman lors des funérailles du même président. De fait, jusque dans les années 60, les candidats aux élections présidentielles faisaient campagne en sillonnant le pays à bord de trains privés, haranguant leur électorat accoudés à la balustrade de laiton de la plate-forme panoramique du wagon de queue. Celle-ci, protégée par un baldaquin, constituait un élément caractéristique des voitures privées, servant en temps normal de véranda de laquelle on pouvait s'absorber dans la contemplation du paysage.

Les trains privés des richissimes américains représentaient véritablement la prolongation de la Cinquième Avenue ou de Nob Hill. Pour tous ceux qui acquirent des wagons privés dès la fin de la guerre de Sécession, durant la période de forte croissance économique engendrée par la reconstruction du pays, deux accessoires étaient essentiels : le coffre-fort encastré et le maître d'hôtel anglais. Le premier, nul besoin de le préciser, contenait les bijoux de la maîtresse de maison et ceux de ses invitées, qu'elles arboraient au dîner avec leurs derniers ensembles Poiret ou Worth, pour faire honneur aux gentlemen en habits. Les domestiques portaient la livrée maison, les placards regorgeaient d'argenterie et de vaisselle d'or réalisées spécialement pour la voiture et gravées à son nom, les cuisiniers français préparaient ces plantureux repas tant appréciés à la fin du siècle dernier, et l'anonyme maître d'hôtel anglais, aussi guindé que l'on pouvait s'y attendre, s'assurait que toute la procédure suivait à la lettre les rites de l'aristocratie britannique que leurs parvenus d'employeurs singeaient avec application. Ceux qui ne pouvaient s'offrir qu'une seule voiture privée (dont le coût grimpa de 50 000 dollars après la guerre de Sécession à plus de 500 000 dollars entre les deux guerres mondiales) bénéficiaient d'un aménagement minimal, comprenant une salle de bain avec ses équipements habituels, dont une généreuse baignoire à rebord incurvé pour éviter les éclaboussegments intempestifs que pouvait provoquer une embardée du train, une petite cuisine, un salon lambrissé d'acajou Pullman, des fauteuils tapissés de peluche ainsi qu'une table accueillant jusqu'à huit convives, sans oublier quelques chambres à coucher munies de confortables lits à armature de laiton, et d'un éclairage au gaz qui sera plus tard remplacé par l'électricité. Les premières voitures Pullman se caractérisaient par des lits convertibles installés au niveau inférieur, au-dessus desquels des lits pliants s'encastraient dans les lambris d'acajou, et que l'on fermait la nuit avec des rideaux. Ces voitures étaient conçues sur mesure : certains clients commandaient un bureau, d'autres désiraient un plus grand espace réservé à la salle à manger ou aux cabines couchettes, et un propriétaire quelque peu lascif avait même demandé l'installation entre deux chambres à coucher d'une cloison amovible qu'il faisait disparaître en appuyant sur un bouton, au grand étonnement de sa voisine.

Une voiture privée (ou une suite de wagons particuliers) était toujours accrochée à l'arrière du convoi, afin d'éviter l'irruption intolérable d'un passager ordinaire qui traverserait le train à la recherche de connaissances. Cependant, les heureux propriétaires devaient tout de même s'accommoder de la visite occasionnelle du chef de train. Les voitures privées étaient accrochées aux trains de grande ligne comme aux trains de banlieue, privilège en contrepartie duquel elles devaient s'acquitter d'un droit perçu par les compagnies propriétaires des lignes de chemin de fer qu'elles empruntaient. Mais en fait, la plupart de ces voitures roulaient gratuitement, car elles appartenaient en majorité aux présidents des grandes compagnies de chemin de

Les têtes couronnées voyageaient très confortablement comme on peut le voir
dans le salon de jour de la reine Victoria, l'un des wagons qui composaient son train.
Ci-contre, le Loretto*, appartenant au milliardaire Schwab,*
construit par Pullmann en 1901.La cabine de luxe lambrissée d'acajou,
avec son grand lit recouvert de dentelles, est bien
représentative du confort que l'on trouvait dans les wagons privés au début du siècle.

P.6233

fer ou à leurs banquiers, qui avaient coutume de les prêter à leurs amis, à leurs associés et aux membres de leurs familles. Entre la guerre de Sécession et la Première Guerre mondiale, les grandes fortunes avaient été bâties principalement dans le domaine des transports, et précisément cette caste particulière de requins de la finance se rendait mutuellement la politesse de leurs voies ferrées.

Les Gould, Vanderbilt, Goelet et Stanford possédaient, quant à eux, inutile de le préciser, plusieurs trains privés, tractés par leurs locomotives personnelles, évitant ainsi le désagrément de devoir s'arrêter dans les gares où descendait le commun des mortels. Ces trains privés se composaient généralement d'une grande voiture accrochée immédiatement derrière la locomotive, où l'on entreposait bagages, victuailles, vins et champagne ; d'un wagon-couchettes pour les domestiques ; d'une voiture-restaurant équipée d'une cuisine complète, d'un garde-manger et de plusieurs tables ; de plusieurs sleepings à lits convertibles ou non ; et enfin, en queue du train, d'une voiture-salon équipée de sa plate-forme panoramique. Mais divers propriétaires y accrochaient également toutes sortes de voitures destinées à un usage spécifique : Pullman en possédait une pour ses chevaux, attelages, palefreniers et cochers, alors que le dyspeptique Jay Gould avait commandé une voiture-étable où était parquée une vache dont la teneur en matière grasse des produits laitiers convenait à son estomac délicat. La décoration intérieure variait au gré des caprices des propriétaires ; on y trouvait tous les genres, du gothique flamboyant au style empire façon Malmaison, avec cependant une prédilection toute particulière pour les tapis à motif fin de siècle, les rideaux damassés à passementerie, les canapés de velours, les colonnades en acajou ciré et les plafonds voûtés surchargés de fresques. J.P. Morgan ne posséda jamais de train privé, mais ce péché lui fut pardonné quand il commanda chez Pullman un long convoi, avec salon de coiffure à dôme, pour l'affréter au bénéfice d'un groupe d'évêques épiscopaliens qui se rendaient à un congrès à San Francisco.

Faire arrêter les trains de ligne tout spécialement pour les riches capitalistes, cela ne posait strictement aucun problème. Chaque soir, on accrochait le «vernis»personnel d'Otto Kahn à un train de banlieue qui quittait les canyons de Wall Street et stoppait invariablement sur une voie d'évitement spéciale, pour permettre au magnat moustachu et tiré à quatre épingles, ainsi qu'à ses invités, d'en descendre et de rejoindre la flottille de limousines qui les attendait. Tout le monde reprenait le même train le lendemain matin. A l'évidence, l'horaire n'était plus une priorité absolue quand un grand banquier s'accrochait à un train bondé d'employés pressés de rentrer dans leurs foyers après une dure journée de labeur à Manhattan. Incidemment, les collègues de Kahn qui résidaient près du Long Island Sound se rendaient le plus souvent au bureau à bord de leurs yachts transatlantiques, qu'ils laissaient au mouillage du New York Yacht Club à hauteur du centre ville. Époque magique où les nantis pouvaient aller au travail dans le plus grand luxe, se faisant servir café et cigares par des domesti-ques à la mise irréprochable, et revenant chez eux en se relaxant avec quelques cocktails pris sur le pont de leur navire.

Il n'était cependant pas nécessaire de posséder son wagon particulier pour pouvoir voyager en toute intimité. En effet, Pullman affréta jusqu'en 1941 toute une flotte de wagons privés que la compagnie déplaçait à travers le pays en fonction de la saison : la Floride en hiver, le Maine et Saratoga en été, et les grandes villes le reste de l'année. Durant les premières années de la mise en service de ces voitures, il en coûtait par voyageur 50 dollars par jour en plus du prix du billet de première classe, mais voyager dans un wagon affrété n'avait aucun cachet, c'était comme louer pour l'été la résidence de quelqu'un d'autre. La réussite sociale s'exprimait par la possession de son «vernis» personnel, servi toute l'année par les domestiques qui y étaient affectés, et sans que l'heureux propriétaire ne conçoive le moindre scrupule à ne l'utiliser que quelques

Edouard VII fit construire un nouveau train pout voyager en Grande Bretagne. Ci-dessus, la chambre à coucher très campagne qui communiquait avec la garde-robe. Ci-contre et page suivante : salle de bain et cuisine du train du vice-roi des Indes, utilisé par George V et la reine Mary lors de leur voyage en Inde. En médaillon, J. P. Morgan, l'un de piliers de la finance internationale et propriétaire de sociétés de chemins de fer.

semaines par an. Durant la «saison», les wagons privés migraient en masse vers les rivages nord et sud de l'Atlantique. On se rendait dans son «vernis» à l'hôtel *del Coronado* de Flagler, à Saint Augustine, ou au *Royal Poinciana* de Palm Beach. Les hôtels possédaient des voies de garages particulières destinées aux voitures, dans lesquelles restaient les domestiques alors que leurs maîtres s'installaient dans les vastes suites de ces hôtels qui avaient tout de la palmeraie. On ne tenait aucun compte des désagréments que subissait la valetaille, comme le soleil de Floride transformait en fournaise les wagons immobiles. Le premier système de climatisation fut réalisé dans les années 30 pour la voiture «Edgewood» que possédait Fleishmann, le roi de la levure, et vers la même époque Budweiser, le roi de la bière, fit installer dans les chambres d'amis de son wagon «Adolphus» un dispositif d'alimentation en bière fraîche à la pression. On ne sait pas si les cabines des domestiques bénéficiaient également de cet équipement, mais nul doute qu'un maître d'hôtel ou une servante ivres eussent été très mal vus. Les voies de garage privées firent partie intégrante du folklore des trains de luxe jusqu'à la Seconde Guerre mondiale ; il en existe toujours, laissées à l'abandon, sous l'entrée principale du *Waldorf Astoria* de New York, en sous-sol de Park Avenue et de la Cinquantième Rue. Lors de l'inauguration de cet hôtel, en 1932, c'est-à-dire en plein cœur de la crise économique, ses voies de garage affichaient complet, et de nombreux wagons particuliers durent être aiguillés vers la gare de Grand Central.

Mais les magnats du chemin de fer, les banquiers et les riches capitalistes n'étaient pas seuls à posséder leurs

La cuisine
du train royal des Indes.

«vernis». Les artistes à succès, acteurs, pianistes et plus particulièrement les chanteurs lyriques, sillonnaient également les États-Unis dans leurs voitures particulières, évitant ainsi l'inconfort et la solitude des hôtels des petites villes de province. L'une des doléances le plus couramment formulées par les grands musiciens après que les wagons privés aient disparu, c'était qu'au sortir d'une représentation il leur était dorénavant impossible de trouver même un croûton de pain pour dîner. A l'inverse, on raconte que Lily Langtry se faisait servir dans sa voiture «City of Worcester» des soupers composés de cailles à la broche, suivies d'un filet de bœuf aux haricots verts accompagné de pommes de terre, fromage, café, bananes et raisins, le tout préparé à la perfection par Meziar, son chef français, et servi dans les règles de l'art par Beverly, son maître d'hôtel anglais. Le second problème qui se posait aux musiciens, c'était de pouvoir travailler leur instrument ou leurs vocalises, bruit intolérable contre lequel les directeurs d'hôtel protestaient violemment. Paderwski avait installé un piano à queue dans le salon de son wagon «Général Stanley», et Adelina Patti faisait ses gammes à gorge déployée dans la voiture au luxe légendaire qui portait son nom, réalisée par la *Mann*

Boudoir-Car Company, et dont un journaliste du *Call* fit un jour la description :

«Les feuilles d'or et d'argent martelées qui recouvraient les cloisons et le plafond jetaient des reflets de matinées glorieuses. Le salon était éclairé par la lumière qui traversait les vitres épaisses et par un lustre en or. Les fenêtres étaient ornées de motifs représentant les quatre saisons. Le piano en bois naturel sculpté à la main n'avait rien à envier au travail d'ébénisterie du mobilier environnant. Un sofa recouvert de coussins de satin à passementerie se trouvait face au piano. La table carrée à chemin de peluche qui occupait le centre du salon était entourée de fauteuils moelleux à la profondeur luxueuse. La chambre à coucher de Madame Patti était essentiellement rose. Les lambris de bois de citronnier étaient marquetés d'ébène, d'or et d'amarante. Partout, des miroirs à glace biseautée ; un dessus-de-lit en peluche de soie brodée d'or à motif de boutons de rose, avec le monogramme "A.P." dans la même nuance de rose, recouvrait sa couche. Sur le tapis de velours était étendue une descente de lit en peau de léopard. Il y avait également un guéridon à montures d'argent, ainsi qu'une petite salle de bain cachée derrière des portes miroirs. Dans un placard se trouvaient rangés le service de table en argent massif, la porcelaine et les verres, portant tous le monogramme de la diva.»

Le cirque des Ringling Brother's, dernier héritier des théâtres itinérants, est le seul à utiliser encore un train transportant à travers les États-Unis toute sa troupe, du lion à l'avaleur de sabre, mais peut-on comparer les gens du cirque aux plus grands artistes qui naguère filaient sur les

A droite. *Une voie de garage pour trains privés, dans la cité de tentes de l'hôtel del Coronado en dehors de San Diego. Cette élégante station balnéaire fut la réponse de la côte ouest aux grands hôtels construits par Henry Flagler à St Augustine et Palm Beach. C'est dans leurs vernis privés que s'y rendaient les magnats, pour profiter de la saison dont les divertissements incluaient rodéos, concerts et défilés.* A gauche. *Le wagon d'été du vice-roi d'Egypte, avec lequel il se déplaçait sur les lignes récemment construites du pays. L'influence ottomane est manifeste en ce qui concerne la décoration, et le grand nombre de fenêtres permettait de rafraîchir la voiture qui traversait les chaleurs du désert.*

rails pour se faire acclamer par leur public enthousiaste ?

Curieusement, les propriétaires de «vernis» restaient très discrets sur la partie ferroviaire de leur vie privée. Le contenu du carnet de commande de Pullman faisait l'objet d'un secret jalousement préservé ; rares étaient les journalistes invités à bord de voitures particulières, et l'on tirait tous les stores quand les trains attendaient dans une gare. Très souvent, les magnats ne se résignaient pas à vendre d'occasion leurs voitures, et préféraient plutôt les faire détruire. C'est pourquoi il n'en reste que très peu malheureusement, dispersées aux États-Unis dans quelques musées du chemin de fer. Si l'on désire se faire une véritable idée de la splendeur impériale, on se rendra à Londres, au musée des Transports, où sont conservées plusieurs voitures ayant appartenu à des monarques ainsi qu'à des personnalités de la haute société. L'ensemble le plus important date du règne d'Édouard VII : ces voitures furent construites entre 1900 et 1909 et, à la demande du roi, «imitant autant que faire se peut le yacht royal». Les parois extérieures sont surchargées de dorures, les salons possèdent une serrurerie en or massif, et chaque voiture se compose d'une chambre à coucher, d'un dressing et d'un salon. On y pénétrait par une double porte d'apparat en acajou donnant sur un vestibule lambrissé du même bois, au plancher recouvert d'un épais tapis. Les finitions des cloisons sont en émail blanc, et la plus grande partie du mobilier en bois de citronnier incrusté d'ivoire et tapissé de chintz.

Mais c'est la famille impériale de Russie qui, comme d'habitude, possédait le train le plus somptueux de tous, une longue suite de voitures en bois bleu de nuit orné de l'aigle à deux têtes ; trois trains identiques roulaient sur les voies de l'empire, afin de déjouer les nombreux attentats que préparaient les terroristes contre le tsar et sa famille en route vers leurs propriétés de Pologne ou de Crimée. Ce fut à bord du train impérial que Nicolas II apprit le commencement de la révolution bolchevique et qu'il revint à Saint-Pétersbourg prisonnier du nouveau gouvernement. L'un des derniers et des plus remarquables trains privés fut celui du vice-roi des Indes, un convoi de voitures qui n'avait presque rien à envier à la somptuosité de celui de Sa Majesté le roi et empereur. Ce train, le seul autorisé à être peint en blanc de tout le sous-continent indien, transportait le vice-roi et sa cour lors de ses visites aux maharajahs. En dépit du pouvoir réfléchissant des parois extérieures, il faisait si chaud à l'intérieur des voitures à l'approche de la mousson que les robinets d'eau froide en devenaient brûlants et qu'il était même impossible de dormir sous les draps de lin. Le vice-roi parvenait néanmoins à rester sans sourciller sur la plate-forme panoramique, portant son uniforme d'apparat blanc boutonné jusqu'au plumet.

LA GARE ET L'HOTEL DE LUXE

Gare de chemin de fer et grand hôtel sont les principales innovations architecturales de la seconde moitié du XIXe siècle. C'est dans l'enceinte de la gare que la vapeur, force motrice de la révolution industrielle, affirmait le plus vigoureusement son existence physique. Le bâtiment lui-même était gouverné par le temps : d'immenses horloges s'élevaient dans ses tours, se trouvaient incluses dans ses façades et suspendues au-dessus de ses quais. Le mouvement, ce fidèle serviteur de la révolution industrielle, s'incarnait dans la hâte des voyageurs ainsi que dans l'activité incessante des arrivées et départs des trains. A de nombreux égards, la gare de chemin de fer symbolisait la tragédie des temps modernes. Des hordes de paysans indigents y débarquaient, poussés par l'espoir d'une vie meilleure dans les usines et les ateliers des cités ; en partaient des émigrant désespérés, qui fuyaient vers de

Ci-dessus. *Tableau par J.A.Neubuys, illustre l'émotion que provoquait au début du siècle l'arrivée et le départ des trains.* Ci-contre. *Le salon du train présidentiel français, photographiée en 1946, avec ses portes Lalique et son magnifique mobilier Art déco créé par Franck.*

Departure from Paddington Station, *1861, par William Frith (1819-1909).*

Collection Sir Allen Lane, Londres. Cette magnifique structure, prototype des grandes gares de chemin de fer anglaises comme de celles des autres pays industrialisés, est l'œuvre commune de l'architecte Thomas Digby Wyatt et de l'ingénieur Isambar Kingdom Brunel. Ce dernier fut également le promoteur de la Great Western Railroad ainsi que des premiers et gigantesques paquebots transatlantiques, le Great Western *et le* Great Eastern.

La gare, qui était une excroissance de l'Exposition universelle de 1851,
abrite encore aujourd'hui le confortable hôtel Great Western, l'un des tout premiers palaces de gare,
construit par Phillip Charles Hardwick. Dans cette œuvre célèbre,
Frith a su rendre l'exaltation que l'on ressentait dans la gare, nouveau centre de la vie mondaine,
ainsi que la légèreté du tracé de l'étonnant quai en verre et acier.

lointains rivages. Sur ses quais de béton, des enfants étaient séparés de leurs parents, des amants se désunissaient, des soldats partaient pour la guerre. Le temps perdu dans ses salles d'attente se comptait par millions d'heures, et les nombreuses naissances qui y avaient lieu se trouvaient partiellement compensées par les plus nombreuses âmes encore qui quittaient ce monde sous la houlette de la *London Necropolis Company* via *Cemetery Station*, à Waterloo Station.

Mais tout n'était pas aussi sombre : la gare représentait également le point de départ d'excitantes aventures ou de merveilleuses vacances. Elle offrait au riche voyageur l'évasion des trains de luxe, de ses confortables salles d'attente de première classe, sans parler de ces merveilleux menus servis au buffet de la gare.

Il est nécessaire de distinguer les deux éléments constitutifs de la gare de chemin de fer : le bâtiment à proprement parler et la verrière voûtée qui surplombe les voies. Quand furent édifiées les premières grandes gares, dans les années 1850, l'architecture du corps de bâtiment principal reflétait le passé. Les gigantesques thermes de Caracalla et la cathédrale gothique n'étaient que quelques-uns de ces thèmes éclectiques réunis pour exprimer le rôle prépondérant qu'assignait l'industrie aux transports. La voûte incarnait au contraire l'avenir : essentiellement fonctionnelle, elle abritait des intempéries les voyageurs qui

Ci-dessus. *Lithographie en couleur, parue dans l'*Illustration *représentant le buffet d'une gare en 1864.*
Avant –et même après – l'apparition du wagon-restaurant, les voyageurs
se restauraient en route dans les établissements plutôt raffinés ouverts dans les gares européennes.
Les trains s'y arrêtaient souvent plusieurs heures, et la qualité du
service et de la nourriture proposés par les restaurants de première classe était irréprochable. Ici,
un garçon épuisé semble renverser un bol de potage, au grand amusement de la clientèle.

embarquaient ou descendaient des trains. Les verrières accrochées sur leurs majestueuses armatures d'acier baignaient les quais d'une douce lumière. Ces superbes structures furent, à l'ère industrielle, ce qu'étaient en dimensions et en innovations techniques les nefs élancées des cathédrales gothiques. Mais dès lors que l'avion et l'automobile eurent supplanté le train, de nombreuses gares, tout particulièrement aux États-Unis, furent délaissées, sinon abandonnées. Cependant, certaines sont aujourd'hui redécouvertes, classées monuments historiques et transformées en magnifiques musées.

C'est en Angleterre, pays d'origine du chemin de fer, que furent édifiées les premières grandes gares. Leur

Ci-dessus. *Dessin de René Reinicke représentant la salle d'attente des deuxièmes classes de la gare centrale de Munich. A chaque classe était attribuée une salle particulière, relativement confortable, surtout quand il fallait attendre souvent longtemps le départ du train ou la correspondance. La gare de Munich était le pivot du réseau ferroviaire du sud de l'Allemagne, le maillon essentiel qui reliait l'Autriche et l'Europe du sud, ce qui explique la foule présente dans sa* «Wartesaal» *de style Biedermeier. Friedrich Burklein, l'architecte de cette gare inaugurée en 1849, s'était inspiré de la gare de l'Est à Paris.* En-dessous. *Une peinture de Guillaume montrant la bousculade aux guichets d'une gare.*

Journée d'affluence à la gare Saint-Lazare, à Paris, en 1910.
Cette gare fut immortalisé par Claude Monet dans sa célèbre série de tableaux représentant des trains partant dans un nuage de fumée. Située à mi-distance de l'Opéra et du parc Monceau, à quelques pas des grands magasins du Printemps et des Galeries Lafayette, la gare s'enorgueillit également d'un hôtel de 250 lits ainsi que d'un hall spectaculaire.
Ses nervures d'acier, dessinées par Eugène Flachat, ont inspiré l'architecture des anciennes Halles de Paris.

prototype, *Paddington Station*, fut dessiné par Isambard Kingdom Brunel et Thomas Digby Wyatt. Ingénieur visionnaire et remarquablement doué, Brunel avait acquis une grande notoriété en construisant des ponts.

Vingt ans plus tard, on inaugura une gare plus stupéfiante encore, *Saint Pancras Station*. Son corps de bâtiment principal et son hôtel, tous deux de briques rouges et traités en style néo-gothique, inspirés de la grandeur de la France et de l'Italie médiévales, composent une architecture aussi hallucinée qu'imposante de dignité. Les ingénieurs, en jetant des arcs-boutants et des piliers d'acier sur ses murs gothiques, créèrent l'une des plus grandes et plus splendides verrières jamais construites.

Avant la fin du XIXe siècle, dans les grandes villes européennes s'élevèrent d'autres gares sur le modèle de Paddington et de Saint Pancras, les plus belles se trouvant à Berlin, Francfort, Paris, Milan, Budapest et Anvers. Les voyageurs descendant du train au cœur des villes devaient souvent résoudre une première question : trouver un hôtel.

L'HOTEL DE LUXE

Contrairement à une opinion répandue, les premiers grands hôtels furent bâtis aux États-Unis, nation dont le caractère démocratique encourageait l'existence d'une société ouverte et égalitaire. En Europe, jusque dans les années 1850, les *happy-few* se fréquentaient dans le cadre immuable des palais, des hôtels particuliers ou des gentilhommières. Le peuple ne voyageait que par nécessité et se faisait héberger chez les uns ou les autres. Les riches et les puissants restaient très largement inaccessibles et toujours discrets. Mais aux États-Unis, les parvenus désiraient se faire admirer, afficher leur richesse et se vanter de leur succès. L'absence de frontières nationales encourageant également la libre circulation du citoyen américain sur des distances considérables, la nécessité de grands hôtels confortables se fit rapidement sentir, et même d'hôtels résidentiels que l'Europe ne connaîtra qu'au XXe siècle.

Il est intéressant de comparer cette photo de la gare de Paddington datant de 1910 avec la peinture de William Frith réalisée cinquante ans plus tôt (cf. p. 71). Rien n'a changé du cadre architectural mais le matériel ferroviaire a beaucoup évolué et son utilisation s'est beaucoup banalisé.

Le premier hôtel américain fut construit à New York, en 1794-1796 ; il s'agissait du *City Hotel*, qui offrait 73 chambres réparties sur quatre étages, mais ce n'était à peine plus qu'une grande auberge presque dépourvue de salles de réception. C'est au Tremont House de Isaiah Roger, à Boston, que revient le titre de premier hôtel de luxe jamais édifié. Avec ses 170 chambres, sa salle à manger pouvant accueillir 200 couverts, ses cuisiniers français ainsi que ses salons réservés exclusivement aux dames, son inauguration en 1829 fut un événement des plus attendus.

La monographie que William Eliot publia en 1830, *Description de Tremont House, avec illustrations de l'architecture*, influença la conception des hôtels pendant les cinquante années qui suivirent.

Sept ans plus tard, Rogers dessina à New York le *Astor House*, qui possédait deux fois autant de chambres, avec éclairage amélioré, chauffage, eau courante froide et chaude. Ce fut le premier d'une série d'hôtels que construisirent les Astor qui seront plus tard à la tête, entre autres, de deux *Waldorf Astoria*, du gigantesque *Hotel Astor* de Broadway, avec son grand jardin suspendu, ainsi que du *St Regis*.

La bonne société américaine quittait l'été ses villes étouffantes et sales pour s'installer dans les villégiatures montagnardes des monts Adirondacks et de Saratoga Springs, ou bien encore dans les stations balnéaires de Cape May et d'Atlantic City. Les plus grandes fortunes, débarquant de leurs trains privés, allaient se montrer à Saratoga Springs, et des foules de Vanderbilt, Gould, Goelet, Diamond Jim Brady, ainsi que tout un assortiment de dames de petite vertu, descendaient dans les nouveaux grands hôtels, le *Grand Union* et le *United States*, qui offraient de vastes terrasses du haut desquelles on pouvait admirer un élégant défilé d'attelages, transportant dames en crinolines et messieurs en guêtres et panamas.

Ci-dessus. *Le jardin sur le toit de l'hôtel Astor, sur Brodway et Times Square. Ce gigantesque établissement, l'un des nombreux construits par la famille Astor ou lui appartenant, avait les faveurs des musiciens et des comédiens. Le jardin suspendu semblait être un univers en soi, en cette chaude nuit d'été où les clients dînaient et dansaient sur les terrasses fleuries et plantées d'arbres, dominant le* skyline *de New York.* En-dessous. *Le salon de l'hôtel Ponce de Leon, à St. Augustine, en Floride, bâti par Henry Flagler en 1888. Ce roi du pétrole qui fit fortune comme associé de John D. Rockefeller, fut l'un des principaux promoteurs à transformer la Floride en région balnéaire, édifiant des hôtels aussi excentriques que prodigues à Palm Beach et Miami.*

Toutes sortes d'arrivistes et de businessmen obsédés par l'argent se rendaient à Saratoga Springs pour y rencontrer les *happy-few*, mais ces derniers émigrèrent rapidement vers Newport, et s'y firent construire des «cottages» dont la taille et le luxe n'avaient rien à envier aux châteaux européens.

Plus tard, on assista à un exode hivernal vers la Floride, et plus précisément vers Saint Augustine et Palm Beach, stations balnéaires créées par Henry Flagler, un magnat des chemins de fer qui avait fait fortune dans le pétrole avec John D. Rockefeller. Le chef-d'œuvre de Flagler, ce fut le *Royal Poinciana* inauguré à Palm Beach en 1893. Il s'agissait à l'époque du plus grand bâtiment en bois jamais construit au monde, et qui pouvait accueillir 1 750 clients, transportés d'une extrémité à l'autre de l'hôtel en «Afromobiles», des tricycles en osier propulsés par des cyclistes noirs assis à l'arrière pour ne pas gâcher le paysage. On ne s'étonnera pas qu'un voyageur anglais, George Augustus Sala, ait pu écrire : «L'hôtel américain est à l'hôtel anglais ce que l'éléphant est au bigorneau, (...) aussi vaste que Buckingham Palace et avec un équipement à peine moins complet.»

Durant la seconde moitié du XIXe siècle, l'Europe connut un gigantesque programme de construction hôtelière, boom immobilier sans précédent qui fut à l'origine de la plupart de nos grands hôtels contemporains. Chemins de fer et liners transatlantiques transportaient des masses toujours croissantes de touristes et d'hommes d'affaires; la révolution industrielle créait une nouvelle bourgeoisie, et un courant de prospérité aiguillonnait la construction hôtelière ; enfin, les Expositions universelles se faisaient vitrines de la technique, du commerce et des voyages. Le *Great Western Hotel* de P.C. Hardwick, inauguré en 1851 à Paddington Station, à l'occasion de l'Exposition universelle, peut être considéré comme le premier hôtel de luxe européen. De style Renaissance française, il possédait une salle d'attente royale, car la reine Victoria s'y reposait avant d'embarquer dans le train de Windsor. Puis furent édifiés le *Grovesnor* (1860-1861), près de Victoria Station, ainsi que le *Charing Cross* (1863-1864). Les hordes de visiteurs qui affluèrent lors de l'Exposition universelle de 1862 furent à l'origine de la construction du *Langham* (1864), véritable palace au regard des critères américains, 400 chambres, une salle d'audience pour le corps diplomatique, deux bibliothèques ainsi qu'un ascenseur occupant cet imposant édifice au style mitigé gothique italien et Renaissance française.

A Paris, Napoléon III encouragea les financiers à investir dans les grands hôtels, destinés à accueillir les visiteurs des Expositions universelles organisées dans la capitale. Le premier fut le *Grand Hôtel du Louvre*, d'architecture sobre et classique, édifié rue de Rivoli à l'occasion de l'Exposition de 1855. Il fut suivi par le plus vaste et extravagant *Grand Hôtel* (1862) construit en face de l'Opéra Garnier.

L'hôtel faisait étalage de style Napoléon III, sans lésiner sur la richesse, le mauvais goût et le pompeux, à l'instar du

Continental (aujourd'hui l'*Intercontinental*), construit pour l'Exposition de 1878, et dont le grand salon s'inspirait du foyer dessiné par Garnier pour l'Opéra. Paris possédait, comme Londres, son grand hôtel de la gare : *l'Hôtel du Palais d'Orsay*, inauguré lors de l'Exposition de 1900.

Dans les capitales Européenne, les grands hôtels poussèrent comme des champignons : le *Kaiser* (1873-1875) à Berlin, le *Frankfurterhof* (1872-1876), le *Vierjahreszeiten* (1856-1857) et le *Bayerische Hof* rénové (1841) à Munich, le *Brittania* (1873) et l'*Imperial* (1865) à Vienne, ce dernier ayant été naguère le palais du duc de Wurtemberg. Ceux des stations de villégiature s'édifièrent à la même vitesse, et plus particulièrement en Suisse. Si Lausanne-Ouchy et Lucerne se développeront plus tard en villes, leurs grands hôtels avaient été conçus tout d'abord comme résidences d'été pour les oisifs.

La liste serait interminable : il suffira de préciser que,

L'hôtel Continental, rue de Castiglione (aujourd'hui l'Intercontinental), à l'instar du Grand Hôtel et de l'hôtel du Louvre, fut construit par un consortium pour accueillir les visiteurs des expositions universelles organisées à Paris. Leur décoration aussi raffinée que théâtrale incarne à merveille l'affectation et la vulgarité qui présidaient au règne prospère de Napoléon III et de l'impératrice Eugénie. Fort heureusement, ce style a été en grande partie préservé et s'avère un cadre parfait pour les réceptions officielles et les défilés de mode des grands couturiers.

pour la Suisse seule, le nombre d'hôtels passa de 1 693 à 3 585 entre les années 1894 et 1912.

Mais plus important que de dénombrer les hôtels de luxe, il faudrait en définir précisément les caractéristiques.

La bourgeoisie parvenue souhaitait profiter d'une existence princière, c'est pourquoi il a fallu que les hôtels du XIXe siècle s'inspirent de l'apparat des palais royaux du XVIIIe siècle. A quelques rares exceptions près, les grands hôtels européens présentent une longue façade aux nobles proportions, organisée symétriquement et articulée par des éléments issus du répertoire classique. Le balcon du haut duquel la famille royale aurait salué ses fidèles sujets devint la terrasse de la suite d'honneur, les autres chambres bénéficiant de plus petites terrasses abritées sous une marquise rayée. L'aménagement intérieur se devait d'être imposant : escaliers d'honneur, successions de couloirs reliant les salles de réception, salles de bals qui concentraient toute la pompe du siècle, superbes salles à manger et, quelquefois, un théâtre particulier. Toutes ces salles, qui se devaient de présenter les proportions les plus majestueuses, possédaient de grandes fenêtres ainsi qu'un débordement de statues en stuc, de fresques et de dorures, que complétaient chandeliers en cristal, somptueux tissus d'ameublement et tapis copiés par Aubusson sur le modèle de ceux exécutés pour les familles royales. Un dôme en verre peint couronnait le plus souvent le hall principal, qui croulait sous les imitations du mobilier d'époque et des forêts de palmiers en pot. Le personnel en uniforme s'adressait en termes respectueux, sinon obséquieux, à ses employeurs temporaires, les clients de l'hôtel, du moins aussi longtemps que ces derniers payaient leur note.

On choisissait le nom des hôtels de luxe pour leur évocation d'antécédents aristocratiques : Régina, Royal, Impérial, Majestic, Excelsior, Ermitage et autre Splendide ; parmi les qualificatifs, Grand ou Palace auraient été suffisants, mais leurs propriétaires semblaient préférer l'excès et le redondant des Majestic Palace ou des Royal Savoy, sans parler, à Nice, du Grand Hôtel Excelsior-Régina. On ne comptait plus les Victoria et les Windsor qui laissaient supposer qu'on avait une chance de rencontrer dans leurs couloirs un membre de la famille royale, ni les Hôtels d'Angleterre ou de Londres, dont l'appellation impliquait une sorte de dignité cosmopolite, si ce n'était stabilité et propreté. Les Parc, Bellevue et Beau-Rivage sous-entendaient une vue magnifique et imprenable. Deauville avait son *New Golf Hotel*, Saint-Pétersbourg son *Hôtel de l'Europe*, Berlin son *Boarding Palace*, Joachimsthal en Tchécoslovaquie son *Radium Palace* et Leysin son *Sanatorium Grand*. Un nom comme *Grande Albergo* ou *Bolshoï Dvorets* eût fait affreusement déclassé.

La situation en ville des hôtels de luxe était de première importance. Ils abandonnaient les gares de chemin de fer pour se construire sur les nouveaux grands boulevards ou les charmants squares d'époque. Dans les villégiatures, on les bâtissait si possible sur une éminence, à l'instar des palais royaux, ou bien en front de lac ou de mer. S'il y eut quelques tentatives pour les intégrer dans le paysage, elles restèrent bien modestes : généralement, on les construisait là où leur propriétaire avait déniché une situation de choix. L'hôtel *Maloja Palace* (1882-1884) constituait l'exemple le plus parlant de cette indifférence à l'environnement : les trois ailes de cette construction néo-Renaissance italienne étaient posées dans un jardin à la française tracé dans le paysage accidenté de l'Engadine, au beau milieu de chalets suisses.

Le *nec plus ultra* du confort des grands hôtels impliquait les techniques les plus modernes, de l'électricité au téléphone, ainsi que tous les équipements de luxe : les draps se devaient être de lin, les nappes amidonnées, la vaisselle et l'argenterie d'excellente facture. Mais jamais hôtel n'aurait pu prétendre à l'appellation de palace sans représentants de quelque famille royale ou certain aristocrate, disséminés çà et là dans ses salons.

Des hôtels tels que l'Excelsior Regina à Nice, le Majestic ou le Meurice (ci-contre) à Paris, incarnent l'idée du palace en tant qu'invention de la Belle Epoque. La salle à manger du Meurice, sublimement illuminée et dominant la rue de Rivoli ainsi que les Tuileries, illustre les emprunts à l'apparat du Palais Royal, avec ses plafonds ornés de fresques, ses lustres imposants et ses pilastres de marbre couronnés de chapiteaux corinthiens dorés. Au grand hôtel, tout le monde pouvait être roi. Il suffisait d'y mettre le prix.

CESAR RITZ

Câliner et amadouer ces timides créatures, et parvenir à leur faire accepter d'affronter la vie publique des hôtels, ce fut le secret de César Ritz, le plus grand hôtelier de tous les temps. Il naquit en 1850 dans une modeste famille habitant un petit village de Suisse. En dépit des succès qu'il rencontra durant sa stupéfiante carrière, il restera toute sa vie hanté par ses humbles origines, qu'il ne considérait toutefois pas comme une entrave – il ne cessait d'admirer les mains raffinées de son fils Charles qui jamais ne sera contraint de pousser la charrue ou de manier la faux. Après quelques petits emplois dans des hôtels suisses sans prétention, il vint à Paris à l'occasion de l'Exposition de 1876 et fut engagé comme serveur chez Voisin, où il apprit son métier sous la direction de Bellanger, le légendaire maître d'hôtel. C'est là qu'il connut les personnalités du Tout-Paris, ainsi que les grands noms de la finance et de la littérature, qu'il servait avec distinction. Jeune homme intelligent, il fut bientôt maître d'hôtel au Splendide, où il avait pour clients les millionnaires américains en visite à Paris, les Jay Gould, John Wanamaker, et autres commodore Vanderbilt. Les plus riches, qui sont souvent plutôt solitaires, souffrent parfois d'une étonnante vulnérabilité ; Ritz savait les écouter et, le cas échéant, leur parler.

Si les conseils rebattus qu'on lui donnait – «Travaillez dur et vivez dans l'honnêteté», lui disait John Wanamaker ; «J'ouvrais les yeux quand j'étais un jeune gars. Faites comme moi et vous y arriverez aussi !» lui conseillait le commodore Vanderbilt – l'ont peut-être aidé dans sa carrière, il était certainement plus important de se souvenir des vins que préférait J.P. Morgan, de la cuisson de l'entrecôte de lady Furness, ou de pouvoir suggérer un menu qui satisfît le prince de Galles. Au fur et à mesure que le jeune César faisait son chemin dans les grands restaurants et les hôtels de luxe d'Europe, les nomades dorés apprirent à reconnaître son visage et ses excellentes manières. Sa présence les rassurait. Et brusquement, pouvoir dire : «Bonjour, mon cher Ritz» fut le comble du chic. C'est souvent sur des détails aussi insignifiants que se bâtirent les carrières des plus grands hôteliers ou des plus célèbres restaurateurs.

César Ritz fut ensuite nommé directeur de l'hôtel Victoria, à San Remo : en une saison, les bénéfices progressèrent de 17 000 à 70 000 francs. C'est à ce moment-là que le colonel Pfyffer d'Altishofen lui demanda de prendre en main la destinée du *Grand Hôtel National* de Lucerne, le plus luxueux et le plus superbement décoré de tous les palaces suisses. Les salles et les chambres gigantesques, aux plafonds couverts de fresques, qui reflétaient la vie passée du colonel à la cour, étaient aussi flamboyantes et extravagantes que celles du moindre palais napolitain, mais le service n'étant pas à la hauteur de l'architecture, l'établissement se trouvait dans une situation financière périlleuse. Le jeune Ritz sauta sur l'occasion. Il réorganisa le personnel et aménagea une superbe cuisine avant d'écrire à tous les grands de ce monde avec lesquels il avait noué naguère des relations amicales, mettant en valeur les qualités de son palace et l'intérêt personnel qu'il

Ci-dessus. *Le restaurant en terrasse, réservé principalement au thé de l'après-midi, était une oasis de calme au cœur de la capitale. La grandesalle à manger, photographiée à l'époque de Marcel Proust qu'Oliver servait fidèlement. Remarquer le style Louis XV qu'affectionnaient tant Ritz et Mewes.*

Ci-contre. *La suite royale décorée en style Empire, située à l'étage noble, avec ses portes-fenêtres donnant sur la colonne Vendôme surmontée, de manière tout à fait appropriée, par l'effigie de Napoléon.*

PARIS RITZ HOTEL

y trouvait de vouloir en faire le meilleur hôtel du moment.

Le stratagème réussit au-delà de ses espérances. La nourriture était sublime, le service impeccable et, durant les mois de juillet et août, le National devint un *must*, affichant complet, réservé par les habituelles foules de têtes couronnées, artistes lyriques, magnats américains et autres comtesses italiennes. Ritz organisait bals, parties de canotage, chasses, concerts, ainsi qu'un cotillon hebdomadaire qui semblait tout droit sorti d'un roman de Proust. (Ce dernier, l'un des plus fervents clients de Ritz, avait l'habitude de dîner en fin de soirée place Vendôme, servi par le célèbre Olivier, qui lui préparait une flambée dans la cheminée et fermait soigneusement les portes capitonnées pour éviter le moindre courant d'air.)

Le National avait fait la preuve que le beau monde européen, à l'instar des Américains, pouvait supporter une certaine vie publique. Le grand hôtel devenait dès lors un substitut tout à fait acceptable de l'hôtel particulier.

Ritz prit en charge le *Grand Hôtel* de Monte-Carlo en 1877, établissement de loin moins grandiose que le précédent, auquel il appliqua les mêmes méthodes prestigieuses. C'est ici qu'il engagea pour la première fois Escoffier, le meilleur chef de son époque. Ensemble, Ritz et Escoffier créèrent les plus prestigieux restaurants hôteliers et, à mesure qu'ils présidèrent aux destinées des palaces européens, inventèrent des plats à l'intention de leurs célèbres clients – la salade Réjane, les poires Mary Garden, la poularde Adelina Patti, les fraises Sarah Bernhardt, le poulet Tetrazzini, et naturellement la pêche Melba. Quand Ritz prit la direction du *Savoy* à Londres, avec Escoffier aux cuisines, son ami le prince de Galles honora l'inauguration de sa présence, événement absolument révolutionnaire dans cette Angleterre victorienne si rigide, à une époque où la famille royale était traitée avec la même déférence que le pape au Vatican. Si le prince était libre d'agir à sa guise à l'étranger, ici, à l'ombre de Buckingham Palace, c'était une toute autre histoire. Il y eut bien quelques hoquets d'étonnement, mais dès lors, nul duc ni duchesse ne s'inquiéta plus de l'éventuelle indignité que représentait le fait de dîner en public.

Les innovations qu'apporta Ritz furent déterminantes quant au devenir de l'hôtel de luxe en tant qu'institution. Rigoriste en matière de propreté, il mit un point final à la vogue des lourdes tentures damassées et des brocards qui tapissaient les chambres, pressentant que c'était des pièges à microbes, et les remplaça par de la mousseline et une couche de peinture sur les murs. Il fit installer des salles de bain en marbre dans toutes les chambres du *Ritz* à Paris, quand son concurrent direct, le *Bristol*, n'en comptait qu'une seule par étage. Il inventa l'éclairage indirect, utilisant l'albâtre, les moulures en stuc et le verre, et fit de la lumière rose tamisée la couleur indispensable aux

ambiances intimes. Superstar parmi les hôteliers, il fut le premier à conférer à l'hôtel son rôle majeur de pivot de la vie sociale et mondaine, jusque-là encore potentiel, et à attirer le grand restaurant dans l'orbite de l'hôtellerie. De concert avec Charles Mewès, le grand décorateur allemand, il créa un style spécifique, immédiatement identifiable comme celui du Ritz, idée aujourd'hui d'importance primordiale, quand les anciens palaces se font inexorablement absorber par les chaînes hôtelières et que les nouveaux établissements se créent avec un style préconçu. Mais plus important encore, sa société, la *Ritz Hotel Development Co.*, fut le cadre des premières associations en licence internationale du métier. C'est à elle que nous devons les nombreux grands hôtels disséminés de par le monde portant encore le nom de Ritz, bien que certains soient bien en dessous des critères de qualité établis par leur fondateur.

L'hôtel de luxe existait déjà bien avant que Ritz ne découpât son premier rôti et sa glorieuse tradition s'est prolongée jusqu'à aujourd'hui, mais c'est grâce au génie de César Ritz que cette merveilleuse institution a pu atteindre son apogée.

De toutes les créations de Ritz, la plus sublime restera le grand hôtel qu'il ouvrit place Vendôme. Avec l'aide de Charles Mewes, il aménagea un magnifique bâtiment XVIIIe siècle dessiné par Mansart, installa des salles de bain modernes dans chaque chambre, à une époque où les grands hôtels n'en offraient qu'une par étage, ouvrit des salons qui étaient autant de décors magnifiques pour les dîners officiels et les réceptions en tenue de soirée, et fit venir Auguste Escoffier qui créa ici ses menus les plus célèbres, ainsi que le non moins illustre Oliver, le maître d'hôtel, pour les servir. Henry Higgins, l'un des banquiers de Ritz, lui fit un jour cette remarque : «Les rois et les princes vont être jaloux de vous, Ritz. Puis il vous copieront. Vous êtes en train d'apprendre au monde comment vivre.»

PARIS
784
4
26
G A M

LE GRAND TOUR

Bagages Vuitton prêts pour le départ. La casquette, les gants et les lunettes de protection indiquent qu'un couple audacieux est sur le point de monter dans une de ces nouvelles automobiles. L'écharpe d'Isadora Duncan, semblable à celle enroulée autour du chapeau de dame, s'était prise dans les rayons de la roue de la voiture que conduisait sur la route de la Côte d'Azur son époux, le poète Sergei Ysenine, et l'avait étranglée.

elui qui n'a pas fait le voyage d'Italie se sentira constamment en état d'infériorité, n'ayant pas vu ce que tout homme est censé avoir vu. L'objet premier de tout voyage, c'est d'aller voir les rivages de la Méditerranée."

DR JOHNSON

Avant de prendre d'assaut les cités les plus exotiques, telles Istanbul, Le Caire, Bombay ou Port-Arthur, l'Américain ou l'Anglais moyennement fortunés, ainsi que les continentaux de fortune récente, peuvent désormais explorer des régions plus proches de leur foyer avec une facilité et un confort que ne connaissaient pas leurs grands-parents. Au XVIIIe siècle, comme plus tard, les Anglais qui souhaitaient faire leur tour d'Europe partaient de Londres pour rallier Naples *via* la France et la Suisse, et s'en revenaient par le sud de l'Allemagne, l'Autriche et les Pays-Bas.

Durant l'âge d'or des voyages, le chemin de fer avait raccourci le temps, le grand hôtel considérablement accru le confort, et le Dr Lister diminué, par l'antisepsie, les risques de maladie. Mais l'itinéraire aussi bien que l'objet véritable du voyage – la culture et l'enrichissement personnel – resteront le dénominateur commun des voyageurs des XVIIIe et XIXe siècles, qui s'infiltraient doucement du nord vers le sud, sous l'effet de la force de gravité de la tradition. Comme d'habitude, c'était l'Anglais aventureux qui ouvrait la marche en direction de l'Italie. Les jeunes aristocrates, qui tous apprenaient le latin et le grec dans leurs *Public Schools,* souhaitaient découvrir la Rome antique. Florence, le berceau de la Renaissance, avait bouleversé la pensée et l'art occidental. Les palais et les églises de la Renaissance et du baroque italien appartenaient aux monuments majeurs de la civilisation occidentale, et leurs musées renfermaient des trésors inestimables.

Mais les Américains ou les Anglais fortunés recherchaient également, lors de leur tour d'Europe, ces œuvres d'art qu'on dénichait assez facilement sur les murs des palais et qu'on achetait au propriétaire des lieux, souvent un aristocrate dépensier, appauvri par les guerres et un train de vie excessif. Au XVIIIe siècle, le consul Smith, en poste à Venise, supervisait l'embarquement pour l'Angleterre d'innombrables Canaletto, Guardi, Titien ou Tintoret ; vers la fin du XIXe siècle, c'est lord Duveen, aidé par Bernard Berenson, qui traquait sur le marché le moindre chef-d'œuvre italien, au profit de ses clients américains. Anglais et Américains pouvaient s'offrir ce qu'on trouvait de mieux et payaient le prix fort. C'est à ces touristes et à ces marchands que nous devons la richesse fabuleuse des collections de tel ou tel duc du Devonshire ou de Bedford, la plupart des chefs-d'œuvre conservés à la National Gallery de Londres et de Washington, ainsi que les merveilles qu'on trouve dans les petits musées fondés par les émules de Henry Clay Frick ou d'Isabelle Stuart Gardner. Dépister une grande peinture ou une sculpture, et les acquérir (quand il ne s'agissait pas d'un château entier, dans le cas de William Randolph Hearst), voilà qui constituait le comble du shopping.

Affiche publicitaire
pour le service du PLM vers l'Italie. Ci-contre : les touristes anglais
étaient les plus fervents visisteurs
de l'Italie. Sur ce panneau décoratif du Claridge à Londres,
une vue d'Isola Bella.

AU TEMPS DU CARROSSE

Pour le jeune aristocrate du XVIIIe siècle, le tour de l'Europe représentait une aventure de caractère pédagogique qui durait trois ou quatre ans. Il lui fallait apprendre des langues étrangères, se départir de son point de vue provincial et revenir dans ses foyers avec un esprit aux horizons élargis, nécessaire pour qu'il puisse ultérieurement assumer son rôle de maître, prédéterminé dans une société figée et hiérarchisée. Il voyageait accompagné d'un valet de pied et d'un précepteur censés l'éloigner des nombreux dangers physiques et moraux qu'il allait rencontrer sur son chemin. Comme les routes d'Europe fourmillaient de voleurs et de bandits de grand chemin, on ne voyageait jamais seul ou la nuit. Le voyageur emportait toujours avec lui de la nourriture, pour s'alimenter en route ou éloigner les chiens affamés, et se devait de vérifier s'il existait des portes secrètes dans la demeure où il passait la nuit, car elles pouvaient cacher des voleurs. Enfin, un voyageur prudent gardait son argent dans ses bas, attachait fermement ses bagages avec une sangle et gardait l'œil sur les divers douaniers qui ne se seraient pas fait prier pour chaparder ses biens. Mais le problème capital, c'était de rester en bonne santé. Paris et Venise regorgeaient de dames de petite vertu, et les maladies vénériennes étaient d'autant plus fatales qu'elles s'attrapaient facilement.

Le tour de l'Europe débutait invariablement dans un port sur le Channel – le plus souvent Douvres, mais on embarquait aussi de Southampton, Folkestone, Newhaven ou Brighton. Au XVIIIe siècle, le trajet en provenance de Londres durait un jour entier, avec cinq changements d'attelage, et une nuit à passer dans l'un de ces ports peu ragoûtants. Ce séjour pouvait durer plusieurs jours en cas de

La Côte, *par Pierre Outin, exposé au Salon de 1893. La diligence, qui était le moyen de transport le plus usité pour se déplacer avant l'apparition du chemin de fer, a souvent été représentée en peinture au XIXe siècle. Il semble que les passagers qui se reposent ici d'un long voyage affrontent les mendiants et les corniauds de la région. La menace des voleurs et des bandits de grand chemin était omniprésente, plus particulièrement sur les routes côtières entre la France et l'Italie.*

tempête. Au petit matin, un canot à rames se lançait sur les flots houleux pour rejoindre la malle qui atteignait Calais après un minimum de trois heures et un maximum de six heures de traversée en fonction des vents. Là, après une désagréable inspection de la douane, les voyageurs les plus riches montaient dans leur voiture personnelle pour rejoindre Paris en une semaine. Les autres avaient le choix entre le carrosse, qui pouvait accueillir six passagers, ou le coche, dont les plus grands et les plus lourds pouvaient contenir seize personnes et étaient équipés de deux grands paniers en osier dans lesquels on plaçait les malles, d'autres bagages et même des voyageurs supplémentaires. Des dessins de l'époque montrent également des voyageurs perchés sur le toit de la voiture. On emportait avec soi des livres qui traduisaient en plusieurs langues les phrases usuelles et permettaient, tout comme aujourd'hui, de communiquer en terre étrangère. *Le Compagnon de poche du gentleman voyageant dans les ports étrangers* contenait le dialogue suivant, entre le touriste anglais et la femme de chambre de l'auberge, qu'elle fût française, allemande ou italienne :

«Pourrions-nous loger chez vous cette nuit ?
– Oui, Monsieur, certainement.
– As-tu une bonne écurie, du bon foin, bonne avoine, bonne litière, bon vin ?
– Le meilleur.
– Mon cœur, mon lit est-il fait ? Est-il bon, propre, chaud ?
– Oui, Monsieur, c'est un bon lit de plumes. Les draps sont très propres.
– Où se trouve mon pot de chambre ? Où se trouvent les cabinets ?
– Suivez-moi, je vous montre le chemin. Montez et vous les trouverez à main droite : si vous ne les voyez pas, vous les sentirez tantôt. Monsieur, désirez-vous autre chose ?
– Oui mon cœur, souffle la bougie et approche-toi.»

La partie agréable du voyage, c'était la lente progression à travers la campagne luxuriante du nord de la France, et tout le loisir d'explorer les magnifiques abbayes de Bretagne et de Normandie, de découvrir les cathédrales gothiques de Caen et de Bayeux, d'étudier les villes médiévales et de visiter Rouen, Amiens ainsi que l'élégante ville de Reims où dom Pérignon, jadis, découvrit le secret de la fabrication du champagne. La route de poste directe pour Paris passait par Chantilly, où le touriste pouvait visiter le château et les jardins du prince de Condé et, avec de la chance, admirer *Les Très Riches Heures du duc de Berry*, le plus sublime des livres d'heures du Moyen Age. La France et l'Angleterre se partagent, dans le nord de la France, une histoire si longue que le précepteur d'un jeune gentleman faisait des heures supplémentaires à discourir sur Guillaume le Conquérant et Jeanne d'Arc.

LE VOYAGE DE PARIS EN CLASSE DE LUXE

Les clients de MM. Pullman et Nagelmackers envisageaient les choses de façon très différente, filant à toute allure dans les matinales campagnes françaises ou anglaises, buvant quelques drinks, confortablement installés dans des compartiments douillets. Mais on pouvait aussi les trouver au wagon-restaurant, servis par des garçons en *pumps*, culotte courte et livrée, où le chef préparait dans sa petite cuisine les plats les uns après les autres. Le roulement régulier et le léger balancement du wagon avaient un effet apaisant sur les passagers qui, bien vite, faisaient la connaissance de leurs voisins de table. La seule précaution prise en raison de la vitesse, c'était de remplacer les verres à pied qui auraient pu tomber en cas d'arrêt brutal par des gobelets en cristal taillé. Les passagers embarquaient dans un confortable ferry dont le quai se trouvait près de celui de la gare, et étaient accompagnés par le chef de train qui s'assurait que tout se passait bien. De l'autre côté de la Manche, ce dernier montait dans un autre train de luxe qui l'emportait à Paris en quelques heures. Ce service avait été lancé en 1889 par la C.I.W.L, afin que les Anglais puissent visiter facilement l'Exposition internationale qui se tenait cette année-là à Paris.

Mais lord Dalziel devint véritablement le roi du trajet Londres-Paris quand il racheta, en 1908, le capital de la British Pullman Car Co., qu'il dirigera avec un sens prodigieux des affaires. Dalziel fit de ce voyage un véritable délice... lorsqu'il n'était pas gâché par une mer démontée. A la différence des voitures bleues de la C.I.W.L., les Pullman étaient peintes en un brun et crème des plus affriolants, faisant penser à une splendide glace au chocolat. Durant les années 20, Dalziel mit un terme aux traditionnelles voitures-restaurants, et fit servir les repas à ses

passagers installés face à face dans des fauteuils tapissés de bleu, séparés par une table en acajou. Les porte-bagages étaient en cuivre, les tapis profonds de couleur pourpre, et les murs ornés de marqueterie Arts déco. On utilisait des deux côtés de la Manche des voitures identiques, afin que le voyageur ne se sente pas dépaysé. La plupart pensaient que le train avait été embarqué dans un autre navire ! En fait, les passagers descendaient du *Golden Arrow* à Douvres et montaient dans *La Flèche d'Or* à Calais. L'étape suivante était évidente : au lieu de commencer tôt le matin, le voyage débuterait dans un confortable compartiment de sleeping embarqué dans un ferry pour la traversée, et on serait réveillé le lendemain matin juste avant Victoria Station ou la gare du Nord.

P A R I S

Le séjour à Paris était très différent pour le touriste du XVIIIe siècle et pour le nanti de la Belle Époque. Si les meilleurs hôtels se trouvaient *extra-muros,* au faubourg Saint-Germain, la plupart des voyageurs restaient suffisamment longtemps pour prendre une chambre meublée ou pension dans une famille. Pour un gentleman du XVIIIe siècle, le premier commandement de la vie des affaires, c'était de se débarrasser de ses habits anglais et d'aller s'acheter une splendide garde-robe à la française : perruques poudrées, jabots et manchettes en dentelle, habits de velours aux couleurs éclatantes, chaussures à boucle ornée de bijoux, épée à pommeau d'or et autres parures en nombre infini. A la Belle Époque, c'était l'inverse qui était vrai : les Français élégants traversaient la Manche pour se faire habiller par les couturiers de Saville Row. Notre gentleman anglais, ainsi splendidement équipé, s'en allait alors explorer la ville. Si le touriste de la Belle Époque était stupéfait par les nouveaux grands boulevards percés par le baron Haussmann, son ancêtre du XVIIIe siècle était plutôt épouvanté par les attelages emballés qui fonçaient au milieu des rues étroites, projetant sur leur passage toute la boue des caniveaux.

Curieusement, le voyageur du XVIIIe siècle ne cessait de se plaindre de la nourriture française, dont la qualité était à l'époque bien inférieure à celle qu'on trouvait à Londres. Les plats étaient trop assaisonnés, la viande dure et mal découpée, et l'eau puisée dans la Seine donnait au touriste anglais ce qu'on appellerait aujourd'hui la *turista* mexicaine, le ventre de Delhi ou la revanche de Montezuma. A l'évidence, Carême ne fut pas seulement un grand maître queux mais aussi un révolutionnaire, car après lui, la gastronomie devint l'un des premiers objets d'un séjour à Paris.

Après la Révolution française, les gens cultivés se rencontraient dans la grande galerie du Louvre, qui venait d'ouvrir, et dont le musée s'était proclamé le plus vaste et le plus encyclopédique au monde. Les conquêtes napoléoniennes avaient ajouté aux trésors amassés par les rois de France des richesses incommensurables, et les fouilles de Champollion en Égypte apportèrent celles des pharaons, qui firent du Louvre la plus importante institution dépositaire de la sculpture égyptienne en dehors du Caire. Durant la Belle Époque, il y eut maintes autres raisons irrésistibles de venir à Paris : les Expositions universelles ainsi que les nouveaux grands magasins, à de nombreux égards conséquence directe de celles-ci. Les grandes expositions parisiennes qui eurent lieu en 1855, 1867, 1878 et 1900 furent couronnées par la fameuse Exposition des arts modernes, industriels et décoratifs, en 1925, qui lança le style Arts déco. Ces manifestations considérables furent à l'origine de nombreux hauts lieux du tourisme parisien. Le Grand Hôtel du Louvre fut édifié pour accueillir les foules venant visiter l'Exposition de 1855, l'hôtel Continental (aujourd'hui l'Intercontinental) pour celles de l'Exposition de 1878, la tour Eiffel fut édifiée à l'occasion de l'exposition du Centenaire de la Révolution française, l'hôtel du Quai d'Orsay, le Grand et le Petit Palais ainsi que le pont Alexandre-III, enfin, pour l'Exposition

Ci-dessus. *Le wagon-restaurant du Sud-Express, entre Paris et Madrid via Irun, en 1907, construit à Prague par Ringhoffer. Dans les express de luxe d'avant la Première Guerre mondiale, la livrée du personnel comprenait souvent culottes courtes et chaussures à boucle. Au tout début, les serveurs portaient même des perruques, ce dont se plaignaient les clients car la poudre tombait dans leurs plats.* Ci-contre. *Tableau de Louis Béroud représentant le dôme central de l'Exposition universelle de 1889. Le hall d'exposition, le «Pavillon des Beaux-Arts», avait été conçu par Jean-Camille Formigé (1845-1926). L'emploi extensif de grandes surfaces vitrées était inspiré du Crystal Palace dessiné par Paxton.*

L'AIR

universelle de 1900. Ces manifestations, qui présentaient les dernières innovations internationales en matière d'art et d'industrie, exposaient également les nouvelles productions des cristalleries de Baccarat et de Saint-Louis, l'orfèvrerie de Christofle, les porcelaines de Haviland et de Sèvres, la joaillerie de Froment-Meurice, de Fannières et plus tard de Lalique ou de Cartier, les textiles de Lyon et des Gobelins.

LE SHOPPING

Vers le milieu du XIXe siècle, la France devint le leader mondial de la mode et des produits de luxe ; les créateurs et les artisans d'art parisiens dictèrent le style à la planète. Pour les nantis de toutes nationalités, Paris était devenu le paradis du shopping. Et c'était dans les splendides grands magasins de la capitale qu'on pouvait acheter, et pas seulement contempler, toutes les merveilles présentées lors des grandes Expositions. Le Bon Marché date de 1862-1872, la Samaritaine de 1870, les Grands Magasins du Louvre de 1877 et le Printemps fut ouvert en 1881. Ces premiers temples du commerce, dont la beauté architecturale et l'ampleur de la conception n'ont peut-être jamais été égalées, imprimèrent leur marque aux magasins de détail, de New York à Saint-Pétersbourg. Bâtis en acier et en verre, grâce aux innovations mises en œuvre par Paxton pour l'édification du Crystal Palace à Londres, c'étaient de vastes et lumineuses cathédrales du commerce où s'empilaient des montagnes de marchandises, aussi merveilleuses que diversifiées. Et elles étaient toutes destinées à la clientèle féminine. Dans l'espoir que ces dames y passent leur journée, sans pour autant désespérer leurs époux ou amants, le Bon Marché proposait pour le divertissement de ces messieurs une salle de billard, une salle de lecture, un buffet, ainsi que des cours de formation en musique, langues étrangères ou escrime. On trouvait également de tels agréments dans d'autres magasins. La salle de lecture des Grands Magasins du Louvre n'était comparable en luxe qu'aux salons de l'impératrice Eugénie, ses murs et ses plafonds surchargés de *putti* et de cariatides, ses tapis encombrés de palmiers en pot. Tandis que leurs époux étaient appelés à d'autres occupations, les dames réellement riches se rendaient dans les salons huppés de chez Poiret ou de chez Worms, qui habillaient toutes les reines du second Empire, où encore chez Worth, ces tailleurs pour dames qui furent les premiers à s'élever eux-mêmes au rang de grand couturier.

LE GRAND MONDE

Ainsi habillées par les couturiers, les plus élégantes des étrangères plongeaient à corps perdu dans le tourbillon de la saison parisienne. Elle fleurissait pour une courte durée à la mi-juin, comme une plante exotique qui, à peine éclose, disparaîtrait ensuite dans une longue hibernation. On donnait déjeuners, thés, dîners et bals chez le duc et la duchesse de Vendôme, chez le prince et la princesse Murat, chez la marquise de Talleyrand ou chez les Rothschild qui recevaient dans leurs palais de la rue de Courcelles et de la rue Laffitte, invitaient dans leur résidence de Ferrières, près

Ci-dessus. *La grande nef du Printemps.* Ci-contre. *Un magasin de tissu à Paris, en 1860.*
La Ville des Lumières régnait avec superbe comme la capitale mondiale du shopping, avec ses nouveaux grands magasins, véritables cathédrales du commerce. Ces magasins, qui proposaient une nouvelle manière de concevoir l'existence, proposaient aux classes moyennes montantes de lire, de prendre des loisirs, de se restaurer, d'écouter de la musique ou de suivre des cours de langues étrangères et d'escrime entre deux achats de vêtements ou de meubles à la dernière mode, présentés dans les expositions universelles.

LA MAISON MODERNE
82 RUE DES
PTS CHAMPS
PARIS

de Paris. Entre deux réceptions, les Anglais et les Américains nantis partaient s'aérer à cheval ou en attelage au bois de Boulogne, où ils rencontraient princes russes, maharajahs, rois et autres cocottes, eux aussi en quête d'air pur, avant d'aller patiner de conserve au Palais de Glace. Le beau monde descendait au Ritz, place Vendôme, un ancien hôtel particulier dessiné par Mansart et transformé en 1898 en un hôtel des plus exquis par Ritz et Mewès, qui avait acquis le bâtiment alors occupé par le Crédit Mobilier. Les moins fortunés choisissaient le Bristol, faubourg Saint-Honoré ou les nouveaux hôtels édifiés sur les grands boulevards. Quand aucun bal n'était suffisamment chic pour qu'on l'honore de sa présence, on allait au théâtre applaudir la coqueluche du moment, Sarah Bernhardt, avant de souper au champagne dans le plus sublime décor Art nouveau jamais conçu, chez Maxim's. Pour se remettre de toutes ces émotions, on partait avec une malle de transatlantique passer le week-end à Dieppe, au Touquet ou à Deauville.

LA CÔTE D'AZUR

Au XVIIIe siècle, la malle-poste du Sud passait par Lyon, *via* Pouilly, Nevers et Roanne. Mais nombreux étaient les touristes qui préféraient le plus long trajet, par Dijon, qui longeait ensuite la Saône, après Chalon, Mâcon et Villefranche. Lyon était à la fois une halte et un terminus ; de là, soit on descendait plus au sud vers Marseille et Toulon, soit on se dirigeait vers la Suisse pour traverser les Alpes et se rendre en Italie. La route du Sud permettait

Au début du siècle, la vie parisienne donnait le ton à l'ensemble du monde civilisé.

Ci-dessus. *Dîneurs attablés dans le jardin sur le toit de l'hôtel Meurice. Cette réclame de l'époque vante «la fraîcheur des magnifiques soirées d'été, le ciel scintillant d'étoiles... La lumière électrique luisant sous les petits abat-jour et le doux parfum des bouquets de fleurs sur les tables. Nous sommes à deux pas de la Concorde et pourtant l'on se croirait emporté au loin, dans un pays de rêve où lumière et sublimes robes de soirée s'épanouissent parmi les roses de la terrasse italienne, mise en valeur par le cristal.»* Ci-contre. *Le beau monde vient prendre l'air, en 1900, sur l'avenue du Bois.*

d'éviter l'angoisse des cols alpins, car on pouvait embarquer à Marseille pour Gênes et Livourne, ou emprunter la malle-poste qui desservait Nice, puis la route accidentée et sinueuse qui longe la Riviera, coincée entre la côte et les Alpes liguriennes. Mais tout cela était bonnet blanc et blanc bonnet, car les pirates barbaresques infestaient la Méditerranée, les bandits de grand chemin harcelaient la route côtière, et Nice, Cannes ou Monte-Carlo n'offraient rien de bien réjouissant, si l'on en croit un voyageur de 1785 : «Deux ou trois rues perchées sur des rochers vertigineux, huit cents sorcières mourant de faim, un château en ruine et un bataillon de troupes françaises.»

Moins d'un siècle plus tard, le 8 décembre 1883, Georges Nagelmackers inaugura le Calais-Nice-Rome, un train de luxe pourvu de wagons-lits qui permettait aux touristes d'éviter tous les désagréments soufferts par leurs ancêtres. Pendant ce temps-là, la Côte d'Azur s'était transformée, grâce à un parrainage royal, en cour de récréation hivernale pour le beau monde. La saison durait de décembre à mars, dans un Monte-Carlo qui était devenu la villégiature la plus élégante de la Belle Époque, François Blanc en soit remercié.

François et Louis, son frère jumeau, avait réalisé une fortune considérable grâce aux gains de leur casino de Bad Homburg datant de 1840. On avait inauguré le 14 décembre 1856 le premier casino de Monaco, dans deux salles de la villa Bellevue, parrainé par le prince Charles III. François racheta la concession en 1863 pour la somme de 1 500 000 francs et fonda la Société des Bains de Mer qui devint vite le centre du pouvoir monégasque. Il avait associé à son entreprise de promotion immobilière son épouse allemande, Marie Hansel, femme déterminée et douée d'un sens prodigieux des affaires, qui avait marié l'une de ses filles au prince Radziwill, et l'autre au prince Roland Bonaparte. Si Blanc savait diriger un casino, son épouse avait un flair précieux pour tout ce qui concernait la haute société, le luxe et les arts. Le rocher délabré qu'était Monaco se transforma rapidement en un paradis du joueur, au luxe ostentatoire, le plus prisé de son époque. Son premier véritable casino fut construit entre 1856 et 1862 par Godineau de La Bretonnerie. En 1872, Dutrou ajouta la salle Mauresque ainsi que les terrasses du haut desquelles se jetaient les joueurs ruinés, qui s'écrasaient en contrebas sur la voie ferrée. Intégralement réaménagé en 1878 par Charles Garnier, le génial architecte de l'Opéra de Paris, le casino représente aujourd'hui l'un des plus beaux fleurons de l'architecture Belle Époque. On en a conservé la décoration intérieure qui ressemble à une gigantesque pâtisserie au café rehaussée d'or. Comme nous l'avons vu, César Ritz dirigeait en 1881 le Grand Hôtel de Monte-Carlo, mais ce fut l'Hôtel de Paris, construit en 1862, qui devait dominer la splendide nouvelle place du Casino. Sous un dôme orné de myriades de tortues, son hall fut le lieu de rendez-vous de générations de joueurs qui se remontaient le moral en allant dîner dans son somptueux restaurant, une ruche dorée bourdonnante d'abeilles napoléoniennes. Une voyageuse de l'époque a consigné dans ses mémoires le souvenir de ces jours passés :

«Monte-Carlo était un lieu prestigieux où l'argent avait perdu sa valeur habituelle. Sur les tables montaient des piles de pièces d'or et d'argent qui allaient et venaient au gré des caprices d'une balle tournoyante ou de la couleur d'une carte. Sous le soleil resplendissant, nous passions des journées charmantes, fascinés par la mer, par les grands paniers remplis d'œillets, de giroflées et de roses que vendaient des femmes hâlées et souriantes, dans la

Monte-Carlo était au début du siècle un lieu de plaisir pour toute l'Europe, une station quelque peu scandaleuse où l'on s'adonnait au jeu et au flirt, et qui attirait les riches oisifs du monde entier. Ci-dessus, la terrasse de l'hôtel de l'Ermitage. A gauche, une affiche de Hugo d'Alesi, pour attirer les touristes à visiter Menton, plus guindée. Ci-contre, la terrasse du Café de la Paix, sur la place du Casino, à Monte-Carlo. Pages suivantes : terrasse du Beach hôtel de Monte-Carlo.

perpétuelle odeur du café fraîchement moulu qui traversait la porte de service de l'Hôtel de Paris, derrière laquelle un homme en blouse bleue torréfiait les grains en chantant gaiement, ce qui nous ravissait d'autant.»

A Monte-Carlo régnait le léger parfum du scandale. Dans les suites de l'Hôtel de Paris, des joueurs désespérés s'empoisonnaient, d'autres se tiraient une balle dans le corps ; et même la grande Sarah Bernhardt tenta d'en finir en ingurgitant une dose mortelle de barbituriques. Les courtisanes s'installaient dans les grands hôtels, et la reine Victoria baissait les rideaux de son compartiment quand le train qui l'amenait à sa villa de Menton traversait «Monte».

Quand, en 1907, la Chambre des Députés, pressentant la bonne affaire, adopta une loi autorisant l'ouverture d'autres casinos sur la Côte d'Azur, ce fut la fin du monopole de fait de Monte-Carlo. Avec les casinos qui ne tardèrent pas à ouvrir à Nice, Cannes, Beaulieu et Menton, on put jouer sur toute la Côte : les merveilleux rivages de la Méditerranée se transformaient en un boulevard des jeux qui n'aurait aujourd'hui rien à envier à Las Vegas.

Joueurs et amateurs de plaisirs affluaient de toute l'Europe, d'aussi loin que de Russie par l'express Saint-Pétersbourg-Vienne-Nice-Cannes, équipé de tables de jeu et d'une voiture-bibliothèque, qui à l'aller apportait son contingent de grands-ducs et au retour emportait les mimosas et les œillets servant à décorer les salles de bal des aristocratiques palais de l'impériale Russie, quand la saison d'hiver battait son plein. Dans le train filant dans la nuit glaciale, on organisait également des bals, tenue de soirée de rigueur, comme plus tard dans le Pullman-Côte d'Azur dont une voiture était entièrement réservée au *turkey trot* et au charleston, du moins en 1929. Les voitures de l'express Paris-Nice étaient véritablement somptueuses, leurs cloisons de verre taillées par Lalique, les fauteuils tapissés de velours et les lambris marquetés d'une remarquable beauté. Un ballet créé en 1924 par Serge de Diaghilev, parodiant la nouvelle mode du tennis, du golf et des courses, ainsi qu'un roman d'Agatha Christie, *Le Mystère du train Bleu*, publié en 1929, immortalisèrent ce train de légende composé exclusivement de voitures des Wagons-Lits.

Ci-dessus :*Réception et bal dans le restaurant de l'Hôtel de Paris, à Monte-Carlo, en 1930. Ce somptueux palace, situé tout à côté du casino, rivalisait en élégance et en clientèle à la mode avec le Grand Hôtel de Ritz. La crise de 1929 ne semblait pas avoir affecté l'existence des nantis européens qui continuaient à vivre sur un grand pied, tandis que leurs égaux américains sautaient par les fenêtres ou enduraient les privations de la prohibition. Un dépliant publicitaire, imprimé à l'occasion de la saison d'hiver 1922-23, pour le Calais-Méditerranée Express, l'un de ces nombreux trains qu'empruntaient les Anglais pour se rendre sur la Côte d'Azur, vantant l'aménagement intérieur des sleepings .*

L A S U I S S E

Ce rapide retour par la décadente Côte d'Azur ne devrait toutefois pas nous faire oublier notre destination principale, à savoir Naples *via* les Alpes. Au XVIIIe siècle, la plupart des voyageurs ralliaient de Lyon, en diligence, la frontière suisse à Vallorbe. Ils se rendaient chez Voltaire, installé dans sa propriété de Ferney (aujourd'hui Ferney-Voltaire), située tout juste à l'extérieur des limites de la très calviniste Genève, ou bien allaient présenter leurs hommages à

Madame de Staël qui séjournait dans son château de Coppet. Lausanne, et le château de Chillon sur le Léman, attireront plus tard les émules de lord Byron qui avait l'habitude de nager longuement dans les eaux froides du lac avant de s'installer pour la soirée à l'hôtel d'Angleterre, à Ouchy, pour rédiger son ode à la liberté, *The Prisoner of Chillon.* A partir de Lausanne, le voyageur qui accomplissait son tour d'Europe se rendait alors à Bâle *via* Neuchâtel. Bâle, qui était alors la plus grande ville de Suisse, ne possédait que deux belles demeures, propriétés d'un banquier. Zurich, plus modeste, était une cité d'un ennui mortel : la vie mondaine ne commençait qu'à l'heure du thé, pour s'achever tout de suite avant le dîner. Non seulement les portes de la ville étaient fermées avant le crépuscule, mais les lois somptuaires étaient encore en vigueur durant les années 1780 ; rien ou presque n'aurait su y retenir le touriste, d'autant plus que la vie en ville était plutôt onéreuse. On ne pouvait heureusement pas en dire autant des campagnes méticuleusement soignées, paradis des vagabonds en quête d'existence bucolique. La vénération de la nature étant une invention du mouvement romantique, nul gentleman du XVIIIe siècle n'aurait sérieusement songé à se divertir au sein de la rude beauté des montagnes suisses omniprésentes, traversées de rivières et de torrents bouillonnants, et parsemées de lacs profonds.

M O N T A G N E S E T V A L E T S

C'est précisément en raison de ces ressources naturelles que le Gotha européen de la Belle Époque avait choisi la Suisse pour villégiature d'été. Durant la seconde moitié du XIXe siècle, on ne révérait pas le soleil comme aujourd'hui : la peau bronzée n'était qu'une conséquence du labeur des paysans, et en aucun cas l'apanage d'une élégante ou d'un gentleman. Les dames se protégeaient des ardeurs du soleil estival sous des ombrelles en soie, dont Fabergé ou Cartier avaient souvent exécuté les pommeaux en or. Les gentlemen, quant à eux, se couvraient de canotiers, de panamas ou même de hauts-de-forme. Sur la Côte d'Azur, les hôtels fermaient en mai : les employés de César Ritz au Grand Hôtel de Monte-Carlo montaient dans des compartiments de troisième classe pour se rendre au Grand Hôtel National de Lucerne, que leur patron avait métamorphosé en l'un des plus magnifiques palaces que l'Europe ait jamais connu.

Dans ses mémoires, Marie-Louise Ritz évoque une réception que Ritz mit sur pied en 1885 au National, à l'occasion des fiançailles de la fille du comte Trapani, la princesse Caroline de Bourbon, avec le comte polonais André Zamoyski. Le succulent dîner fut suivi d'un bal quand, à minuit, on convia les invités à se rendre sur la terrasse.

«Mais c'est Naples ! C'est Versailles !» s'exclamait-on. «Partout, des cris d'enthousiasme et des soupirs de ravissement [...] Tout autour du lac, des fontaines lumineuses entraient en action. Cinquante voiliers, comme de minuscules feux multicolores, se reflétaient sur les eaux sombres. Quand les invités descendirent l'escalier et s'éparpillèrent sur la pelouse de la terrasse, dans chaque embarcation un marin alluma force feux de Bengale et chandelles romaines. Un bateau, plus imposant que les

En Suisse, la saison battait son plein durant les mois d'été, et les touristes affluaient dans les nouveaux palaces, en nombre toujours croissant, construits pour la plupart avant la Première Guerre mondiale. On accédait aux stations de montagne ou des bords de lacs par des trains aussi prestigieux que le Golden Mountain Pullman Express, photographié ici vers 1925, à Château d'Oex, dans l'Oberland bernois. La station la plus élégante de la région était Gstaad, dont le paysage magnifique était dominé par les affreuses tourelles de son Palace Hôtel. A droite, le chef-porteur du Schweizerhof de Zurich.

son cimetière pour chiens, ou bien le Montreux-Palace dont les salles surchargées de moulures dorées, de nus bien en chair, d'angelots et de divinités mythologiques n'avaient rien à envier aux grands hôtels parisiens ou londoniens. Dans ces deux hôtels eurent lieu nombre de conférences internationales, où les puissants parmi les hommes d'État se partagèrent l'Europe et l'Asie, tandis que des serveurs en habit leur découpaient le gibier qu'ils avaient commandé pour déjeuner. C'est à cette époque que nous devons le Beau Rivage de Genève, le Baur au Lac et le Dolder de Zurich, ainsi que les gigantesques palaces des stations de montagne de Grindelwald ou de Kandersteg.

autres, naviguait fièrement à l'avant de la flottille, sa proue illuminée par une énorme lanterne – elle contenait pas moins de mille bougies – dont l'abat-jour en parchemin montrait les armes entrelacées des familles Bourbon et Zamoyski. Quand la dernière chandelle romaine eut explosé, le dernier feu de Bengale évanoui dans la nuit, d'un navire monta le chant d'un quatuor napolitain qui interpréta *O sole mio*.»

Wagner, qui résidait non loin de là dans sa villa de Treibschen, eût sans doute préféré le *Liebestod* !

Le lendemain matin, alors qu'au sommet des montagnes environnantes fumaient les dernières braises des feux allumés la veille pour agrémenter la sérénade au clair de lune, la plupart des aristocrates italiens remontèrent dans leurs wagons privés, les attendant pour être accrochés à l'express Paris-Rome direct, qui empruntait le tunnel du Simplon récemment percé. On peut imaginer la patience des voyageurs ordinaires qui durent attendre que les luxueuses voitures fussent manœuvrées. A la Belle Époque, la noblesse possédait encore ses privilèges.

Le National fut le prototype de ces grands et luxueux hôtels suisses édifiés en bord de lac, et dont le confort et l'allure valaient à eux seuls le voyage. Si ces monuments à la gloire de la belle vie existent toujours, ils sont aujourd'hui souvent implantés en centre ville, du fait de l'extension progressive des villégiatures helvétiques. Parmi les plus sublimes, on citera particulièrement le Beau-Rivage de Lausanne-Ouchy, son splendide parc planté de chênes et

LES ALPES ET L'ITALIE

Au XVIIIe siècle, la traversée des Alpes posait aux voyageurs, quel que soit leur rang, des difficultés bien plus considérables ; difficultés qui, en 1817, se trouvaient déjà quelque peu aplanies par l'existence d'une route passant au-dessus du Simplon. Or c'était une marche de huit heures pour laquelle il fallait partir de Brigue à trois heures du matin. Le risque d'avalanches était omniprésent et la route souvent transformée en torrent par la fonte des neiges. Selon l'époque de l'année, le voyageur était transporté dans une brouette ou dans un traîneau. Mais c'était une situation confortable par rapport à celle du XVIIIe siècle où le voyageur, engoncé dans des fourrures, affrontait le terrible Mont-Cenis assis dans une chaise portée par quatre hommes qui sautaient au-dessus des crevasses et des rochers. Certains passages plus difficiles contraignaient tout le monde à se mettre à quatre pattes pour ramper sur la glace. Ce ne fut qu'en 1870 qu'on put traverser le Brenner profondément endormi dans son sleeping.

En février, descendant des cols enneigés du Simplon ou de l'Engadine, le voyageur découvrait les premiers arbres fruitiers en fleur, plantés sur les rives du lac Majeur en plaine lombarde. C'est ici que fleurissaient les *orangen* de Goethe, une région infiniment ravissante qui jamais n'a manqué d'émouvoir ceux qui la découvraient pour la première fois. Soudainement, la rigueur helvétique cède place à l'humanisme, le provincialisme des cantons à la noblesse de la Principauté, quand apparaît, au détour du

La voiture de l'hôtel Riche-Mont, aujourd'hui Richemond, près des rives du lac Léman, à Genève. Les Armleder, fondateurs de cet hôtel de luxe, forment l'une des dynasties de l'hôtellerie suisse, à l'instar des Badrutt, propriétaires du Palace Hôtel de Saint-Moritz. Ils ont créé un style d'accueil qui devint la norme pour les hôtels de luxe du monde entier, un robuste confort que l' on pouvait apprécier dans tous les établissements suisses dont sont reproduites ici les affiches.

chemin, la première merveille édifiée par l'homme, amarrée en face de Stresa sur les eaux bleues du lac. C'est un galion de roc dont la poupe est le palais baroque du prince Borromeo, et dont la proue consiste en jardins étagés où poussent arbres et plantes exotiques, reliés entre eux par des escaliers en marbre ornés de statues. Construit au XVIIe siècle, ce fantastique ensemble architectural se fait le héraut du génie italien auprès de ceux qui empruntent la merveilleuse route longeant le rivage. Le Grand Hôtel des îles Borromées qui fut édifié en 1913, juste en face des îles, resta longtemps la seule construction rencontrée sur cette portion de la route de Milan. Son livre d'or renferme maintes signatures prestigieuses, de la reine Victoria aux princes russes. Grâce à son hôtel, Stresa devint vite une station estivale très recherchée.

Les sports d'hiver qui ne devinrent à la mode qu'entre les deux guerres représentèrent une excellente occasion de remplir les hôtels de luxe suisses durant la mauvaise saison. Mais seules quelques âmes intrépides se risquaient à dévaler les pentes en ski, après les avoir escaladées grâce à des peaux de phoque attachées sous leurs planches étroites. Le patin à glace, la luge et le toboggan avaient bien plus la faveur du public, les Anglais, comme à l'accoutumée, menant le train. Ci-dessus, un groupe de fervents du toboggan, à Chamonix, dans les années trente.

M I L A N

Depuis toujours, les touristes apprécient Milan, pour son magnifique Dôme, la cathédrale commencée en 1386 et qui ne fut achevée qu'au début du XIXe siècle, pour les innombrables chefs-d'œuvre conservés dans le célèbre cabinet d'amateur du Signor Manfredo Settalo, autour desquels s'est rassemblée la collection de la pinacothèque Brera, et pour *La Cène* de Léonard de Vinci qui orne l'église Santa Maria delle Grazie, dont les visiteurs des XVIIe et XVIIIe siècles se plaignaient déjà du mauvais état de conservation. Mais, dès 1778, la gloire de Milan, c'est le Teatro alla Scala, le temple de l'art lyrique italien. Cette splendide architecture néo-classique, couleur moutarde, dont la salle blanc et or offre une acoustique parfaite, représentait un haut lieu de pèlerinage pour tous les amateurs de musique, plus particulièrement à la fin du XIXe siècle et au début du XXe siècle, quand Arturo Toscanini le dirigeait de sa poigne de fer. Maints opéras de Puccini, de Mascagni et même de Verdi eurent ici leur première. Ricordi en publiait les partitions dans ses bureaux installés en centre ville ; Caruso, la Melba, la Patti et les frères de Reszké descendaient à l'hôtel voisin, le Marino alla Scala ; *il maestro* Toscanini tenait cour, une rue plus loin, en son hôtel particulier de la Via Durini ; et tout le monde se retrouvait au Bici pour discuter de l'interprétation, des décors et de la distribution, en dévorant des plats fumants de *risotto alla Milanese*. Après l'opéra, on s'en allait flâner, les hommes en habit et haut-de-forme, les dames couvertes de bijoux, du côté des restaurants de la Galleria, une autre merveille de la Belle Époque, en acier et en verre. Les impresarios arrivaient en train de luxe, en provenance de Paris, de Berlin ou de Vienne, cherchant à Milan les jeunes talents et les nouveaux drames lyriques. Gatti Gassazza et Otto Kahn venaient de New York en paquebot transatlantique, de même que l'impresario du Teatro Colon de Buenos Aires, qui proposait aux chanteurs lyriques de travailler durant l'hiver de l'hémisphère austral, en juillet et août, période de relâche des opéras européens. A l'instar de Paris qui donnait le ton en ce qui concerne la mode et les produits de luxe, Milan dictait sa loi sur les scènes lyriques mondiales, ce qui n'était pas rien quand on sait qu'une première au Metropolitan Opera représentait le point culminant de la vie new-yorkaise, à une époque où les divas, qui jouissaient du statut de nos rock-stars contemporaines, se faisaient couvrir de diamants par les magnats parvenus du monde de l'industrie et de la finance.

Toutefois Milan n'était, alors comme aujourd'hui, qu'une halte momentanée sur le chemin des véritables merveilles de l'Italie : la Vénétie, la Toscane, l'Ombrie, Rome et Naples. En route vers Venise, on s'arrêtait à Vicence, Vérone et Padoue. Le voyageur des XVIIIe et XIXe siècles, accomplissant son tour d'Europe, trouvait un intérêt tout particulier à l'architecture de Palladio, qui inspira Inigo Jones, de même que Thomas Jefferson qui reproduisit la perfection néo-classique de la Villa Rotonda dans la capitale de son pays. La conception des gentilhommières britanniques fut aussi radicalement transformée par les étudiants et touristes aristocrates qui visitaient ces régions. On se rendait à Padoue pour son université, qui fut durant la Renaissance le berceau de cet humanisme ayant permis à un Vésale de percer les secrets du corps humain et de fonder l'anatomie moderne. Souvent les jeunes Anglo-Saxons s'installaient ici une ou deux années, pour suivre les cours de l'université. Mais le plus sublime de ces chefs-d'œuvre, les fresques de Giotto de la chapelle des Scrovegni, resta paisiblement endormi jusqu'à la fin du XIXe siècle : elles durent en effet attendre que la peinture gothique fut revenue à la mode.

V E N I S E

Si, par magie, le touriste instruit avait le choix de visiter Venise soit dans notre confort moderne, soit dans les conditions précaires et sordides du XVIIIe siècles, nul doute

Milan,centre du pouvoir en Italie du Nord, était le premier arrêt du grand tour. Ci-contre. *Le cœur de la ville était la* Piazza del Duomo, *dominée par l'immense cathédrale gothique . Les nouveaux grands hôtels se regroupèrent autour du* Duomo. Ci-dessus. *La* Galleria Vittorio Emmanuele *était l'une des plus splendides galeries marchandes couvertes jamais conçues. Gigantesque structure en voûte, en verre et nervures d'acier, comparable à celle des nouveaux quais de gare , l'une de ses ailes donne sur la* Piazza del duomo, *et l'autre sur la* Piazza della Scala, *dominée par le plus prestigieux des opéras.*

FARMACIA

qu'il opterait pour ces dernières car il aurait eu la chance d'assister aux grandes processions et d'admirer la pompe de l'une des plus puissantes et plus riches républiques à avoir jamais régné sur les mers et le commerce maritime. Il aurait vu le Doge descendre le Grand Canal à bord du *Bucentaure*, l'énorme galère d'État rouge et or, suivi d'une multitude d'embarcations de toutes tailles poussées par des gondoliers en éclatante livrée multicolore, ainsi que des acrobates coiffés de leur chapeau pointu blanc, jongler ou glisser le long des cordes qui reliaient le campanile au balcon du palais des Doges, sous le regard masqué de blanc de l'aristocratie vénitienne, mystérieuse sous ses capes noires.

Quand arrivèrent les grands magnats de la Belle Époque, si la gloire de la République s'était évanouie, la cité des Doges avait traversé intacte les années. Venise était devenue, tant bien que mal, une station balnéaire dont le Lido était le centre. Son aristocratie décadente et insolvable avait vendu ses œuvres d'art et loué ou cédé ses somptueux palais aux touristes étrangers. Wagner avait loué le Palazzo Giustignan et le Vendramin-Calergi ; il mourut dans ce dernier en 1883. La famille Curtis s'était installée dans le palais Barbaro, qui était le principal cercle d'expatriés où se réunissaient Browning, Sargent et d'autres intellectuels. D'autres étaient transformés en hôtels. Dans les premières années du siècle, lord Byron plongeait quotidiennement des marches de la casa Mocenigo pour nager une longueur de Grand Canal. La plupart de ses contemporains préfèrent toutefois les eaux plus saines au large du Grand Hôtel des Bains, ouvert en 1901, ou celles de la plage de l'Excelsior qui fut inauguré en 1907 par l'une de ces fastueuses réceptions fin de siècle, et dont le feu d'artifice fut admiré

Ci-dessus. *Le Grand Canal à Venise.* Ci-contre. *Thé dansant sur la terrasse de l'hôtel Excelsior, au Lido. Jusqu'au milieu du XIXe siècle, les palais de la lagune constituaient le centre d'une vie mondaine étincelante, restituée à la perfection par des peintres tels que Guardi et Longhi. Après le déclin de la puissante république, Venise attira les touristes, les intellectuels et les jeunes mariés. Puis le Lido devint une station à la mode, grâce à la construction de l'Excelsior et du Grand Hôtel des Bains.*

RANT
EXCELSIOR

par 30 000 Vénitiens venus en gondoles de toute la lagune. Les 3 000 invités dînèrent dans quatre salles de banquet, divertis par des orchestres tsiganes, avant de danser jusqu'à l'aube. Ce fut sur la plage du Grand Hôtel des bains que le Gustav von Aschenbach de Thomas Mann contempla, avide et angoissé, le bel et impavide Tadzio, sourd à la gaieté des vacanciers qui déjeunaient sous des tentes merveilleusement équipées, servis par des valets en livrée. Ils quittaient la plage en fin d'après-midi pour aller prendre le thé piazza San Marco, que Napoléon qualifia naguère de plus beau salon d'Europe, où l'on bavardait de tout et de rien, préparait diverses réceptions et attendait le passage de l'excentrique *marchesa* Casati promenant son léopard. La procession des Doges avait été supplantée par la promenade digestive des classes possédantes et des oisifs.

FLORENCE

Si Venise fut de tout temps libertine, c'est le sérieux qui caractérisait Florence. Cosme de Medici avait été un grand protecteur des arts, et Savonarole le créateur des bûchers de vanité. Rues, hôtels et tavernes méticuleusement propres, délicieux produits frais présentés sur des nappes blanches et taux de criminalité au plus bas, le gentleman anglais s'y sentait parfaitement à l'aise. Un William Hazlitt pouvait écrire : «Un spectacle enchanteur, une ville plantée dans un jardin [...] Tout présentait les plus nobles proportions, et les détails les plus étudiés.» "Tout" signifiait bien sûr le palais Pitti, ses collections et ses jardins, appartenant toujours aux grands-ducs de Florence, les tombes des Médicis, le Palazzo della Signoria qui était gardé par le *David* de Michel-Ange et flanqué d'une galerie de sculptures en plein air où l'on pouvait contempler *L'Enlèvement des Sabines* de Giambologna, *Judith et Holopherne* de Donatello, ainsi que son *David*, des couvents et des églises au charme infini, les chefs-d'œuvre de Brunelleschi et des autres architectes de la Renaissance, renfermant les cycles de fresques exécutés par Masaccio, Fra Angelico, et tous ces artistes immortels qui firent la gloire de la Renaissance italienne. Dans les années 1750, l'auberge la plus courue était tenue par un Anglais, Charles Hadfied, qui présentait ses clients bien nés à sir Horace Mann, le ministre plénipotentiaire britannique en poste à Florence, celui-ci se chargeant de toutes les démarches pour introduire le voyageur auprès de la bonne société locale.

A Florence, César Ritz eut été parfaitement déplacé : les grands hôtels construits à la fin du XIXe siècle imitaient les palais de la Renaissance et les restaurants de la ville n'avaient pas de tsiganes ou d'orchestres à proposer à leur clientèle. Le gentleman anglais du XVIIIe siècle fut remplacé par son arrière-petit-fils accompagné de sa femme et de ses enfants en pèlerinage artistique. Les grands collectionneurs américains s'y rendaient pour aiguiser leur regard et accroître leurs collections. Santayana et Berenson tenaient cour ici, mais non point Édouard VII ni Léopold II. Rien n'a changé, sauf le confort des logements et la plus grande facilité des voyages.

ROME

Aujourd'hui, l'hôtel d'Inghliterra est le plus ravissant des hôtels romains. Il est situé non loin de la Via Condotti et près de la Piazza di Spagna, où se trouve l'English Tea Room. Au XVIIIe siècle, existaient toutes sortes de cafés anglais où l'on pouvait lire la presse de la mère patrie, des auberges et des tavernes anglaises, lieu de rencontres des lecteurs des universités anglaises qui préparaient là leur

Une soirée donnée en 1924, au Grand Hôtel des Bains du Lido, sur le thème de «l'oasis mythique de Zanzibar». Les bals costumés faisaient rage durant les années folles. A Paris, c'était les temps forts de la saison, sous l'égide des princes du divertissement comme Etienne de Beaumont et Maurice de Rothschild. Venise était en fait un thème inépuisable, et Harry Kessler qui avait fait sauter la banque à Monte-Carlo fêta son succès en louant le Savoy de Londres pour inonder la salle de bal et la remplir de gondoles, alors que dans les autres salles on dansa jusqu'à l'aube.

plan de carrière, ainsi que l'hôtel Cordera où ils résidaient ; il y avait un collège anglais, mais également une colonie britannique permanente dont les membres comptaient le duc d'York, prétendant au titre de cardinal, ainsi que le duc de Somerset. Si l'on trouvait à Rome une Académie française et un collège allemand, c'étaient toutefois les touristes anglais qui, comme d'habitude, dominaient la mêlée. Ils étaient venus contempler les sites de la Rome antique, secourir Catulle et Jules César, pour rassembler le souvenir des premiers chrétiens et leur agonie dans les catacombes ou au Colisée. Mais ils étaient venus aussi pour le pape et l'apparat du Vatican, même si les premiers voyageurs protestants durent se garder des voies de l'Inquisition. Et enfin parce qu'une aristocratie aussi brillante que fortunée résidait dans ses plus grands palais, le Palazzo Borghese débordant d'antiquités, de sculptures du Bernin et de chefs-d'œuvre du Caravage, la Villa Torlonia, le Palazzo Barberini et le Palazzo Sachetti orné des fresques de Vasari.

Au XVIIIe siècle, la Rome antique était encore largement enterrée, enfouie sous les décombres du Moyen Age. Des familles indigentes vivaient dans le théâtre de Marcellus, l'arc de Sévère était à peine visible et le Colisée se trouvait encombré de cabanes pour animaux. Il fallut une génération d'archéologues, conduits par Winckelman, pour redécouvrir les beautés de la Rome antique que les touristes de la fin du XIXe siècle purent progressivement apprécier. Ce sont les paysages romains que nous laissa Hubert Robert qui nous donneront l'idée la plus précise de l'endroit à ses débuts : la lessive mise à sécher entre les splendides arches, et de jolies filles languissantes au milieu des débris de l'Empire romain. On rapportait ces dessins en souvenir, à Paris et à Londres, de même que les ruines romaines de

Vue de Florence par A.MARKO, certainement peinte depuis la Piazzale Michelangelo.

Florence qui était un lieu voué à la contemplation et à l'étude attirait les philosophes, les collectionneurs d'art et les écrivains. Jamais elle ne connut la frivolité et la folie que l'on rencontrait dans les autres villes et stations d'Europe. Au contraire, elle se distinguait par sa propreté, sa sobriété et son conservatisme, ainsi que par ses dames de l'aristocratie qui dirigeaient des institutions pour jeunes filles en provenance des meilleures familles européennes et américaines.

Pannini et de Piranèse. L'aristocratie anglaise se faisait faire le portrait par Pompeo Batoni, sur fond d'architecture de la Ville éternelle.

Si, pour des voyages ultérieurs, les attraits restaient sensiblement les mêmes, il faudra ajouter le fait que Rome était devenue capitale royale. La maison de Savoie qui gouvernait depuis 1861, du haut du palais du Quirinal, une Italie enfin unifiée, attira dans son sillage d'autres monarques en visite officielle. Les fastes de la monarchie contrebalançaient la pompe du Vatican, et l'aristocratie se scindait en deux factions opposées, les noirs qui soutenaient le pape, contre les blancs qui prenaient fait et cause pour le roi. Les visites d'État exigeaient un grand hôtel car la royauté en Italie étant toute nouvelle, sa résidence n'offrait pas les équipements nécessaires à l'accueil des monarques et de leur suite. Une fois encore, César Ritz vola au secours des Savoie en concevant le Grand Hôtel sur le modèle de ses autres succès européens. Plombiers anglais et tapissiers

Le Colisée, à gauche, et l'Arc de Constantin, à droite, photographiés au début du siècle. Ces deux monuments situés près du Forum qui venaient d'être restaurés comme beaucoup d'autres attiraient à Rome de nombreux touristes. Le Forum avait été le centre commercial, administratif et judiciaire de l'empire, un site orné de merveilleuses basiliques à colonnades ainsi que d'autres bâtiments publics commencés sous César et terminés par son neveu, l'empereur Auguste. A l'époque de son achèvement, le Forum qui regorgeait de statues, de bronzes dorés, de colonnes et de marbres inestimables, était l'image parfaite du prestige et de la puissance de l'empire romain. Après le déclin de Rome, il fut pillé puis progressivement enfoui sous les détritus.

français œuvrèrent, les suites furent toutes équipées de salles de bain privatives, Escoffier prit la tête des cuisines, ce qui permit au maire, le prince Colonna, de saluer Ritz, le 17 janvier 1893, comme «un nouveau César revenu pour conquérir Rome». Ce fut pour le Grand Hôtel que Ritz inventa l'éclairage indirect, plaçant les ampoules derrière un verre dépoli, dans les moulures du plafond ou dans des vasques d'albâtre. Rome avait désormais *sa* propre saison, de décembre à avril, concurrente de celles de la Côte d'Azur et du Nil. Suivant la mode de la Belle Époque, Ritz organisa, à l'attention de sa clientèle internationale (qui ne s'appelait pas encore *jet-set*), cotillons, bals et divertissements, qui firent sortir les princes romains et les princesses isolées de leurs sombres châteaux Renaissance ou baroques et les attirèrent dans la lumière rose des chandelles qui illuminaient ses salles de bal. L'après-midi, c'était le *Jugement dernier* de Michel-Ange ; le soir, *Du côté de chez Swann* de Proust.

Le Colisée, appelé à l'origine amphiteatrum Flavium, *a été achevé par Titus en 80 ap. J.-C. C'était le plus grand théâtre du monde antique ; il pouvait accueillir de 40 à 50 000 spectateurs qui s'installaient dans cet espace elliptique dont la circonférence atteignait presque 500 mètres. Il fut inauguré par des combats de gladiateurs qui durèrent 100 jours et pendant lesquels 5 000 bêtes fauves furent tuées, et fut naturellement témoin du martyr de nombreux chrétiens. De tous les arcs de triomphe romains, l'arc de Constantin resta le mieux conservé : il avait été dédié à l'empereur par le Sénat et le peuple après sa victoire sur le tyran Maxence.*

NAPLES ET LE MEZZOGIORNO

Il nous est difficile d'imaginer aujourd'hui l'attirance que le sud de l'Italie exerça sur les voyageurs, du XVIIe siècle à la Première Guerre mondiale.

Un roi Bourbon régnait sur Naples et la Sicile, de son magnifique palais de Caserte, édifié pour faire ombrage à Versailles ; la riche et amusante aristocratie napolitaine avait, de surcroît, les moyens de s'offrir de somptueuses réceptions. Au XVIIIe siècle, c'était la plus grande ville d'Italie, la troisième métropole d'Europe, qui s'enorgueillissait de San Carlo, l'un des plus sublimes opéras au monde. Les eaux cristallines de sa merveilleuse baie reflétaient nuit et jour le spectacle des volcans en activité qui illuminaient le ciel pour la plus grande joie des touristes. Mais après l'unification de l'Italie sous une seule couronne royale, les Bourbon perdirent leur prépondérance et Naples beaucoup de son prestige.

Si la révolution industrielle fut bien accueillie en Italie du Nord, elle resta incomprise des gens du Sud, au caractère si frivole, ce qui créa une rupture entre ces deux Italie, qui subsiste encore aujourd'hui. Naples fut l'une des premières villes à souffrir de la misère noire, d'une situation urbaine sordide, de rues infestées de mendiants et de voleurs, à une époque où les autres grandes villes européennes parvenaient à endiguer ces phénomènes. Et cette délicieuse ancienne capitale d'un État jadis puissant ne fut plus qu'une halte obligée sur le chemin de Capri, Sorrente, Amalfi, Pompéi et Herculanum.

Goethe écrivait, en 1786, dans son *Italienische Reise* : «Naples est un paradis, dans lequel chacun vit comme dans un enivrant oubli de soi. Il en est de même pour moi. J'ai peine à me reconnaître et me sens un homme différent.» Ce n'était pas qu'une seule question de climat. Les Napolitains aimaient sans retenue les plaisirs de la vie et les jeunes enfants batifolaient nus comme des vers sur les plages. Les grands palais étaient toujours ouverts aux gentlemen bien nés, et les fêtes ne se terminaient qu'à l'aube. Le prince de Francovilla finissait ses soirées en demandant à ses jeunes amants de plonger dans la mer, tandis que le duc de Monte Leone offrait en ville les réceptions les plus somptueuses, dépensant des fortunes en glaces et autres rafraîchissements, ainsi qu'en décoration. Les beaux garçons napolitains étant facilement disponibles pour ceux qui les préféraient aux 10 000 courtisanes patentées, la pédérastie devint un passe-temps en vogue en Italie du Sud. Après l'invention de la photographie, un riche Belge, le baron de Gloeden, parcourait Naples et la Sicile portant ses plaques de verre pour photographier les jeunes garçons impubères, bronzés

Vue de Naples, plage de la Marinella et le Castel Saint Elmo.

Les rues de Naples, la ville la plus peuplée d'Italie, grouillaient de vie :

cuisines à même le trottoir, colporteurs, pickpockets,

vendeurs de nourritures diverses et enfants nus comme des vers.

Les pêcheurs revendaient leurs prises aux cuisines

de rue installées non loin du port. On ne s'étonnera pas que le choléra y fût endémique.

Le Vésuve vu du Posillipe, *par Wright of Derby (1734-1797). Ce bel exemple de la peinture romantique anglaise montre l'éruption du volcan lors d'une nuit de pleine lune, les flammes se reflétant sur les eaux calmes de la baie de Naples. Cette œuvre est typique de la peinture exécutée à l'intention du touriste anglais du XVIIIe siècle qui désirait rapporter un souvenir de son voyage sur le continent. On ne comptait plus les aristocrates anglais portraiturés par Pompeo Batoni, sur fond de monuments italiens ; Smith, le consul d'Angleterre à Venise, fournissait ses riches compatriotes en œuvres de Canaletto, de Guardi et de bien des maîtres de la Renaissance ou du Baroque.*

et nus, qu'il faisait poser suivant les canons de la statuaire antique, une couronne tressée dans leurs cheveux huilés. Sous l'égide des lettrés allemands expatriés, Capri devint le pendant très fin de siècle de Hammamet aujourd'hui.

En 1775, Robert Adam vit le commencement des fouilles d'Herculanum et, dix ans plus tard, de celles de Pompéi. Ces cités animées, brutalement plongées dans le sommeil par une pluie mortelle de cendres et une rivière de lave en fusion, émergèrent comme la Belle au bois dormant de la toile d'araignée tissée par la méchante sorcière. Pour ces contemporains qui avaient été élevés dans l'étude de l'histoire de l'Empire romain, ces découvertes revêtaient une importance capitale. Les fresques représentant des scènes mythologiques ou quotidiennes réapparurent en meilleur état de conservation que les peintures du Moyen Age ; les maisons patriciennes qui furent mises au jour semblaient être restées hors du temps, leurs occupants couchés à l'endroit même où la mort les avait frappés, il y a près de deux mille ans. L'ancienne réalité supplanta les ruines; soudainement, les prétentieux emprunts du baroque au vocabulaire de l'Antiquité parurent aussi ineptes que vains. Ce fut l'aube d'un retour à la pureté antique, qui influença profondément les arts décoratifs européens.

Avant de quitter Naples, le touriste explorait le Vésuve lui-même, escaladant les rochers de lave figée pour aller jeter un coup d'oeil dans le puant cratère sulfureux. Le grand tour d'Italie, commencé dans les glaciers alpins, s'achevait opportunément dans les flammes d'un volcan.

Ci-dessus. *Un gamin napolitain photographié en décembre 1903 par le baron de Gloeden qui demandait généralement à ses modèles pubescents et nus de prendre des poses classiques. Les jeunes garçons pauvres d'Italie du Sud, qui se prêtaient facilement aux vices des touristes venus du nord, incarnaient le contrepoint des courtisanes qui travaillaient à Venise dans les nombreuses* ridotti*, les établissements de jeu.* A droite. *Une affiche pour le funiculaire montant sur le Vésuve. Ce train appartenait à Thomas Cook.*

La visite du Vésuve et de ses victimes à Pompéi était une étape essentielle du grand tour. Pompéi était la résidence d'été favorite des Romains aisés qui y achetaient des villas dans les environs. Un tremblement de terre détruisit en 63 ap. J.-C. la plus grande partie de la petite cité, qui fut reconstruite dans le style de la Rome impériale pour être seize ans plus tard ensevelie sous une pluie de pierres ponce, de lave et de cendres. Bien que certains quartiers de la ville aient été pillés à travers les siècles, elle resta en majorité parfaitement conservée sous les cendres ; on y voit encore de nombreuses fresques, le forum, ci-dessus, était pavé de grandes dalles et orné de nombreuses statues, souvent dédiées aux personnalités officielles de rang élevé.

L'ORIENT-EXPRESS

Echantillons de marqueterie
des wagons de luxe de la C.I.W.L.

Prête-moi ton grand bruit, ta grande allure si douce,
Ton glissement nocturne à travers l'Europe illuminée,
O Train de Luxe ! Et l'angoissante musique,
Qui bruit le long de tes couloirs de cuir doré,
Tandis que derrière les portes laquées, aux loquets de cuivre lourd
Dorment les millionnaires.

Je parcours en chantonnant tes couloirs
Et je suis ta course vers Vienne et Budapest,
Mêlant ma voix à tes cent mille voix
O Harmonika-Zug !

VALERY LARBAUD, *Ode*

L'Orient-Express fut le train le plus prestigieux et le plus fascinant qui ait jamais existé. Comme nous le verrons plus tard, il en exista plusieurs versions qui roulèrent sur différentes lignes reliant Paris et Ostende à Vienne, aux Balkans et à la Turquie. Ce train, qui disparut après la Seconde Guerre mondiale, fut pleuré aussi bien par les voyageurs de renom qui l'avaient jadis emprunté, que par tous ceux qui ne purent jamais en profiter. S'il y a bien eu récemment quelques tentatives de le faire revivre, il s'agissait plus d'un coup de chapeau à la nostalgie et aux dépenses somptuaires que d'une véritable renaissance.

La célébrité de l'Orient-Express reposait sur la magie d'une subtile alchimie, où entraient en jeu plusieurs ingrédients. C'était le train le plus luxueux de son époque, et le premier à être constitué exclusivement des voitures de la C.I.W.L.

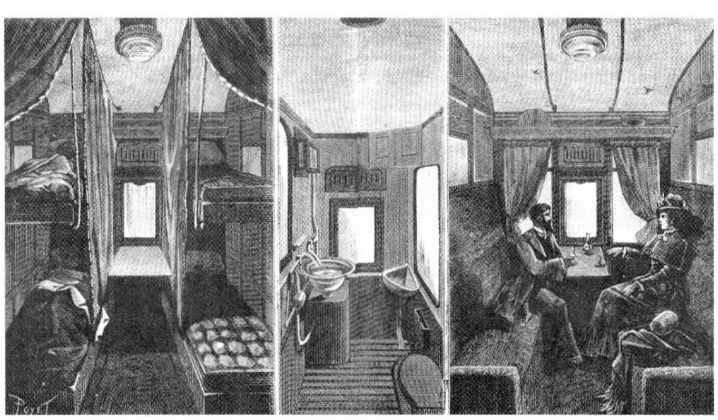

Il traversait un extraordinaire patchwork de pays et de peuples qui ont plus ou moins disparu. Après la Seconde Guerre mondiale, le rideau de fer qui descendait jusqu'à Vienne rendit plus difficiles et plus épisodiques les voyages en Europe centrale. Mais le caractère de pays comme la Roumanie, la Bulgarie ou la Hongrie s'était aussi profondément modifié. Avec l'élimination progressive de leur paysannerie folklorique, de leur bourgeoisie d'affaires et de leur aristocratie, leur niveau de vie a connu une baisse considérable.

Son terminus, Constantinople, était une ville de légende et de beauté, gouvernée durant les premières années de service de l'Orient-Express par le dernier des sultans ottomans.

L'itinéraire de l'Orient-Express était lourd de dangers. En 1891, des bandits arrêtèrent le train et prirent ses passagers en otage. En 1929, il se perdit plusieurs jours dans une tempête de neige près de la frontière turque, et ses occupants faillirent mourir de froid et de faim. Sans parler de la poudrière des Balkans, toujours sur le point d'exploser.

En raison de son itinéraire, l'Orient-Express transportait les passagers les plus insolites et les plus cosmopolites. On y rencontrait l'aristocratie des royaumes des Balkans, des maharajahs venus des Indes en bateau jusqu'à Constantinople pour monter dans ce train qui les amènerait à Paris, des courriers diplomatiques qu'on reconnaissait à la serviette attachée à leur poignet, des musiciens renommés, des célébrités de la scène et de l'écran, ainsi que des danseuses de music-hall sur le déclin, en route vers l'oubli et les lieux de plaisir du Proche-Orient. Mais il y avait aussi les titans de la finance et de l'industrie, qui se rendaient en Roumanie pour y exploiter la fabuleuse richesse de ses champs de pétrole, ou qui allaient dans les Balkans vendre des armes aux divers royaumes perpétuellement en conflit.

UN MONDE INTERLOPE

Innombrables sont les romans et les films qui immortalisèrent l'Orient-Express. Sa riche et quelque peu mystérieuse clientèle internationale inspira de nombreux romanciers. *Le Meurtre de l'Orient-Express* d'Agatha Christie se déroule durant une tempête de neige suggérée par celle de 1929. Maurice Debkora créa *La Madone des Sleepings* et Graham Green *Le Train d'Istanbul*. Ian Fleming

Wagon-lit de l'Orient-Express attribué aux journalistes lors du voyage inaugural en 1883. De gauche à droite : aménagement pour la nuit pour quatre voyageurs ; lavabos à l'extrémité de la voiture ; aménagement du compartiment pour le jour, les couchettes supérieures étant repliées et les couchettes inférieures transformées en canapé. Une affiche publicitaire de l'Orient-Express, mettant l'accent sur l'exotisme du voyage. En médaillon. *On rencontrait dans la ville maints négociants avisés, comme Calouste Gulbenkian, qui fit fortune en jouant les intermédiaires sur le marché pétrolier en rapide expansion. Gulbenkian échappa au massacre des Arméniens par les Turcs en prenant l'Orient-Express, son fils Nubar enroulé dans un tapis.*

ORIENT-EXPRESS
COMPAGNIE INTERNATIONALE
des Wagons-Lits
et des Grands Express Européens
PARIS-VIENNE-CONSTANTINOPLE
SERVICE QUOTIDIEN ENTRE PARIS-VIENNE ET VICE VERSA
Paris 7 10
Châlons-sur-Marne 9 22
Strasbourg 3 35
Stuttgart 6 54
Munich 11 10
Salzbourg 1 43
Vienne 6 52
Vienne 8 35
Salzbourg 2 06
Munich 4 50
Stuttgart 9
Strasbourg 12 08
Châlons 4 47
Paris 7 25
PARIS-CONSTANTINOPLE
PARIS-CONSTANTINOPLE
RETENIR SES PLACES A
PARIS
BADEN-BADEN
STUTTGARD
MUNICH
VIENNE
BUDAPEST
CONSTANTINOPLE
LONDRES
BRUXELLES
BERLIN
BUCAREST
IMP F. CHAMPENOIS_PARIS

fit voyager l'agent 007 dans l'Orient-Express, D.H. Lawrence réserva un compartiment pour lady Chatterley et son père, sir Malcolm Reid, dans ce train qui inspira également Paul Morand et Eric Ambler.

Mais les plus fervents des célèbres passagers de l'Orient-Express furent Calouste Gulbenkian et Basil Zaharoff, personnalités louches du Moyen-Orient qui avaient bâti des fortunes colossales. Gulbenkian, surnommé «Monsieur 5%», affirmait souvent que le luxe et le confort de l'Orient-Express avaient toujours été pour lui source d'inspiration et l'avaient incité à devenir riche, ce qu'il concrétisa en pourcentage sur la plus grande part du pétrole pompé au Proche-Orient. Zaharoff, connu lui sous le nom de «Marchand de mort», voyageait toujours dans le compartiment 7. On disait qu'il avait gagné, durant la Première Guerre mondiale, un peu plus plus d'une livre sterling-or par mort ou par blessé, car il avait vendu fusils, munitions, chars et sous-marins à toutes les parties en conflit. Zaharoff rencontra dans ce train, en 1886, la femme de sa vie : elle s'était réfugiée dans son compartiment pour fuir son aristocrate d'époux, don Francisco Principe di Bourbon y Bourbon qui, devenu fou, venait juste de tenter de la tuer. On ne s'étonnera pas, dès lors, qu'il considérât ce train comme un véritable talisman, demandant même dans son testament que ses cendres soient dispersées par la fenêtre du compartiment 7.

Une assemblée des employés de la C.I.W.L. en 1914. Dans toute l'Europe, l'uniforme brun variait très peu ; et le personnel semblait savoir parler simultanément toutes les langues. Ils sont identifiés ci-après par leurs numéros : 1, 2 : contrôleurs ; 3, 4; 3 bis, 4 bis : aides serveurs ; 5, 6 : maîtres d'hôtel ; 7, 8 : bagagistes-nettoyeurs ; 11, 12, 11 bis, 12 bis, 12 ter : serveurs-receveurs ; 13, 14 : brigadiers-postiers ; 15, 16 : conducteurs ; 9, 10 : chefs de brigade. Ci-dessus. Hercule Poirot déambule à côté de l'Orient-Express dans le film de Sydney Lumet, Meurtre dans l'Orient-Express, *inspiré du roman d'Agatha Christie.*

Durant son âge d'or, quand l'Express de luxe traversait les Balkans, les paysans ne manquaient jamais de se précipiter, toutes affaires cessantes, vers les fenêtres de ces voitures bleues où voyageaient dans des conditions qui dépassaient leur entendement des gens en provenance d'un autre univers. Voyager dans l'Orient-Express, on le comprendra aisément, c'était le symbole et la consécration de la réussite. A l'heure de son voyage inaugural, le prix d'un billet aller-retour de Londres à Istanbul équivalait à celui de la location d'un élégant hôtel particulier sur le West End, et un domestique accompagnait son maître pour la somme de quinze livres sterling, ce qui représentait la presque totalité de ses gages annuels. Si, depuis le lancement de ce train en 1883, le monde du voyage a connu des développements extraordinaires, il n'est pas faux d'affirmer que rien n'a encore surpassé le confort, le service d'ac-compagnement, la pure élégance et la beauté de l'Orient-Express

LE VOYAGE INAUGURAL

Avant de pouvoir mettre son express de luxe sur les rails, Georges Nagelmackers dut en négocier le droit de passage avec les compagnies de chemin de fer des pays qu'il devait traverser – la France, l'Alsace-Lorraine, le Wurtemberg, le duché de Bade, la Bavière, l'Autriche et la Roumanie –, qui toutes ressentirent cette aventure comme une menace contre leur monopole. Jamais il n'aurait pu réussir sans l'aide de son sponsor et associé, le roi Léopold II de Belgique, qui fit pression sur les propriétaires des compagnies par l'intermédiaire de ses nombreuses relations privilégiées. La ligne directe pour Istanbul n'existant pas encore, certaines portions du trajet n'étant pas construites, le voyage inaugural se fit en train de luxe jusqu'à la frontière bulgare, puis en ferry pour une courte traversée du Danube, dans la pagaille d'un train bulgare jusqu'à la mer Noire, et à nouveau en ferry pour une dernière traversée nocturne avant d'atteindre Constantinople.

Le premier voyage du train, en 1883, fut minutieusement décrit par deux célèbres journalistes de l'époque, Edmond About et le très extravagant Henri Opper de Blowitz. About, né à Dieuze en 1826, était écrivain et le voyage lui inspira *De Pontoise à Stamboul,* qui est en fait la version officielle du trajet inaugural de l'Orient-Express. Blowitz, originaire de Bohême, était le correspondant à Paris du *London Times*, l'un des journalistes les plus lus de son époque, ses articles étant très largement diffusés dans le monde entier. Une couchette mise à la disposition de Blowitz, c'était la garantie que le moindre détail du trajet, du départ à l'arrivée, serait dévoré en plusieurs langues par des millions de lecteurs. Blowitz profita également du voyage pour interviewer le roi de Roumanie ainsi que le sultan ottoman, plus difficile à approcher. Trois journalistes allemands étaient également du voyage. Les cercles littéraires étaient représentés par le jeune Léon Daudet, dont le père Alphonse avait décliné l'invitation de Nagelmackers.

Le train se composait d'une locomotive, d'un tender, d'un fourgon postal, de deux voitures sleeping des Wagons-Lits équipées pour accueillir vingt voyageurs, d'un wagon-

restaurant et d'un fourgon où étaient entreposés bagages, nourriture, vins, liqueurs et tous les produits de luxe indispensables à établir définitivement la réputation de raffinement que l'Orient-Express allait conserver tout au long de son existence. Le choix de la locomotive fut mûrement réfléchi, car une panne ou une défaillance mécanique dans les Balkans eut été une véritable catastrophe. On sera étonné d'apprendre qu'en 1883 certaines locomotives dépassaient déjà la vitesse de 160 kilomètres par heure ; Nagelmackers opta pour une version modernisée de la célèbre Buddicom britannique, une locomotive 1-2-0 dotée de roues de cinq pieds de diamètre et du dernier système de freinage à air comprimé fabriqué

Le Simplon-Orient-Express en gare de Milan, 1929-1930. Ce rejeton du premier Orient-Express traversait la Suisse, le tunnel du Simplon et le nord de l'Italie pour rejoindre les Balkans ou Istanbul. Cette ligne devint bientôt essentielle quand les Allemands, aigris par les réparations de guerre à payer, inventèrent toutes sortes de tracasseries pour empêcher l'Orient-Express d'emprunter leurs voies.

par Westinghouse. A la fin de sa carrière, les freins de l'Orient-Express cédèrent une fois sous le regard horrifié des dîneurs attablés au buffet de la *Hauptbahnof* de Francfort, qui virent se rapprocher inexorablement la gigantesque locomotive noire. Heureusement, personne ne fut blessé.

Les Wagons-Lits étaient pure merveille, les parois lambrissées et marquetées de teck et d'acajou, les canapés-lits en cuir de Cordoue repoussé à l'or. Les fenêtres, conçues avec une précision d'horlogerie, afin qu'aucun courant d'air ne puisse pénétrer dans la voiture quand elles étaient fermées, étaient ornées de rideaux en damas retenus par des cordons en soie à glands de fil d'or. Paris ayant été le principal inventeur de la passementerie, ce gracieux ornement des tissus d'ameublement et des rideaux, utilisé jusqu'à la nausée par les décorateurs de la Belle Époque, Nagelmackers s'était bien assuré qu'il y en ait profusion dans son splendide express. Inspirés des innovations de Pullman, les sièges se transformaient en lit pour la nuit, le passager ravi découvrait des draps de soie, des couvertures de laine anglaise, ainsi que des édredons duveteux. C'est plus tard seulement que les compartiments furent équipés de toilettes individuelles (on pouvait en dire autant des grands hôtels d'Europe ou d'Amérique) ; les passagers devaient se rendre à l'extrémité de la voiture pour trouver une salle d'eau équipée d'une toilette en marbre d'Italie et d'un lavabo en porcelaine décorée. A une époque où l'hygiène n'était pas encore complètement entrée dans les mœurs, le voyageur avait le bonheur d'y trouver des serviettes propres, un savon parfumé, des flacons de cristal remplis d'eau de Cologne, ainsi qu'un vase de fleurs fraîches ; l'employé des Wagons-Lits nettoyait la salle de bain après chaque utilisation. Les passagers plus pressés trouvaient sous leur lavabo personnel, encastré dans un meuble en acajou, un pot de chambre orné d'un délicat motif floral. Les wagons posés sur boggies s'enorgueillissaient d'épais tapis, d'un remarquable système de chauffage, d'une insonorisation efficace et d'un merveilleux capitonnage contre les irrégularités de la voie. Un Blowitz stupéfait constata, le premier matin, qu'il avait pu se raser sans se couper, ce dont peu de voyageurs du XXe siècle peuvent se vanter !

Le wagon-restaurant n'était pas moins splendide. Conçu selon la coutume de l'époque, il était doté de deux petits salons, l'un réservé aux dames, l'autre aux messieurs. Le premier semblait sorti tout droit d'un château, meublé de chaises et de ravissantes petites tables imitation Louis XV, ses parois tapissées de tentures XVIIIe siècle. A l'autre extrémité de la voiture se trouvait le salon-bar utilisé par les gentlemen, et dont les confortables fauteuils en cuir ainsi que la bibliothèque rappelaient l'atmosphère des clubs londoniens. A cette époque, la haute société française avait été saisie d'une sorte d'anglomanie virulente, qu'incarnait le Jockey Club, et Nagelmackers n'avait pas manqué de s'assurer que ses clients masculins voyagent dans un style conforme à la mode du temps.

A l'heure des repas, certains voyageurs quittaient l'une ou l'autre extrémité de la voiture, d'autres étaient appelés par la clochette d'argent de l'employé des Wagons-Lits, ou par des petits coups discrets sur la porte en acajou de leur compartiment. «Mesdames et Messieurs, le dîner est servi.» Au centre de la voiture se trouvait un wagon-restaurant de rêve, subtilement éclairé par d'énormes lustres de cristal et de cuivre fonctionnant au gaz. Le plafond peint par les élèves de l'Académie des beaux-arts montrait des personnages de la mythologie grecque accompagnés de leurs inévitables *putti* ; mais le plus stupéfiant, c'était les petits cadres dorés posés sur les tables, protégeant des dessins originaux de Delacroix, de Schwind ou d'autres peintres en vogue à l'époque. Les voyageurs pouvaient déposer leurs ouvrages de couture ainsi que leurs dossiers de travail dans les casiers en cuivre alignés de part et d'autre de la voiture avant de s'installer pour affronter un

Ci-dessus*: Fumoir d'un wagon-restaurant de la C.I.W.L., vers 1900, avec son plafond orné de fresques et ses portes-fenêtres ouvrant à ne extrémité de la voiture sur la plate-forme panoramique.* Ci-contre*: En haut* à gauche*, un sleeping standard en teck de la C.I.WL., avec une salle de bain pour deux compartiments contigus. En haut à droite, un compartiment datant approximativement de la même époque, avec sa cuvette de lavabo. Rarement des compartiments de trains furent aussi beaux, au regard de la richesse et de la variété de la marqueterie, du luxe des tissus d'ameublement en velours frappé, de l'emploi sans retenue du verre teinté, de l'éclairage subtil et des profonds et somptueux tapis. En bas, Wagon-restaurant de la C.I.W.L.,vers 1900.*

repas pantagruélique. Les tables de deux couverts longeaient l'une des parois, celles dressées pour quatre leur faisant face. Entre les deux rangées de tables, apprêtées de verres en cristal de Baccarat, de serviettes de lin amidonnées, de couverts Christofle en argent massif et d'assiettes à monogrammes en porcelaine, circulaient des serveurs en livrée et gants blancs débauchés des hôtels de luxe français et helvétiques. Ceux-ci, comme du reste les maîtres d'hôtel, n'étaient pas à l'époque autorisés à porter des lunettes, comme si cela eut dû leur donner apparence plus humaine, leur anonymat étant de surcroît consolidé par des perruques poudrées. Plusieurs voyageurs s'étant plaints de ce que de la poudre tombait dans leur potage, la C.I.W.L. retira leurs perruques aux serveurs, qui, dans leur livrée, semblaient d'autant plus anachroniques. A l'extrémité de la voiture se trouvait une petite cuisine dirigée par un chef bourguignon et barbu, qui commandait six gâte-sauce souvent éclaboussés par celles-ci lors des embardées soudaines ou des arrêts un peu brutaux.

Le 4 octobre 1883, ce somptueux hôtel sur roues attendait à la gare de l'Est ses premiers passagers. Pour faire bonne mesure, et mettre en valeur son train de luxe, Nagelmackers avait fait garer de l'autre côté du quai un assemblage dépareillé de voitures pelées appartenant à la *Mann Boudoir*, ultime revanche sur son meilleur ennemi. L'électricité n'éclairait pas seulement le quai de la gare, on la sentait également dans l'atmosphère tandis que les *happy few* se dirigeaient vers le «Tapis volant de l'Orient». Nagelmackers en personne avait fait office de tour-opérateur et convié, naturellement, plusieurs personnalités belges. La partie française était représentée par dix-neuf notabilités des ministères, des banques et des compagnies de chemin de fer. Le sultan ottoman avait délégué son chargé d'affaires parisien, Mishak Effendi. Le salon réservé aux dames resta vide jusqu'à Vienne, où seules deux représentantes du sexe montèrent dans le train : l'économe Nagelmackers n'ayant pas jugé utile de réserver des couchettes pour les épouses, plusieurs de ses honorables invités masculins durent partager un même compartiment.

Au démarrage, la puissante locomotive tracta avec une telle douceur les lourds wagons que c'est à peine si les passagers en habits à queue-de-pie merveilleusement coupés et coiffés de leurs claques prirent conscience qu'ils quittaient Paris pour l'Orient. A vingt heures, le premier dîner fut servi, les dix plats de son menu gravés en lettres d'or sur les cartes. Nagelmackers ne fit servir que le meilleur : caviar, huîtres, homards, gibier, grands crus millésimés, cognac et havanes ; puis ces importants messieurs commencèrent à battre les cartes alors que le

Ci-dessus: *Une chemise à billet de 1930, avec une carte du Simplon-Orient-Express et du Taurus-Express. Comme on le voit, les voitures du Taurus-Express bifurquaient vers le Proche-Orient ; cette chemise contenait des billets pour Londres-Tel Kotchek, via Bagdad. Le Taurus-Express desservait trois fois par semaine la Syrie, la Palestine et l'Egypte, deux fois par semaine l'Irak et l'Iran, et assurait un service hebdomadaire unique pour l'Inde.* A droite*: Le personnel de la C.I.W.L. réuni sur le quai de la gare Haydarpasa, à Ankara, pour dire au revoir à ses clients, en 1949.* Ci-contre. *Un menu du 4 janvier 1898 pour commémorer le 25ème anniversaire de la fondation de la C.I.W.L.*

1873 – 1898
Menu
4 Janvier 1898
Huitres de Burnham
Turtle Soup
Potage Reine
Truites saumonées à la Chambord
Selle de Chevreuil à la Duchesse
Poulardes Valois
Chaudfroix de langoustes à la Parisienne
Truffes au Champagne
Bécasses à la Monaco
Parfait de foies gras
Plombière Impératrice
Fruits. Desserts
COMPAGNIE INTERNAT^LE DES WAGONS-LITS
ET DES GRANDS EXPRESS EUROPÉENS

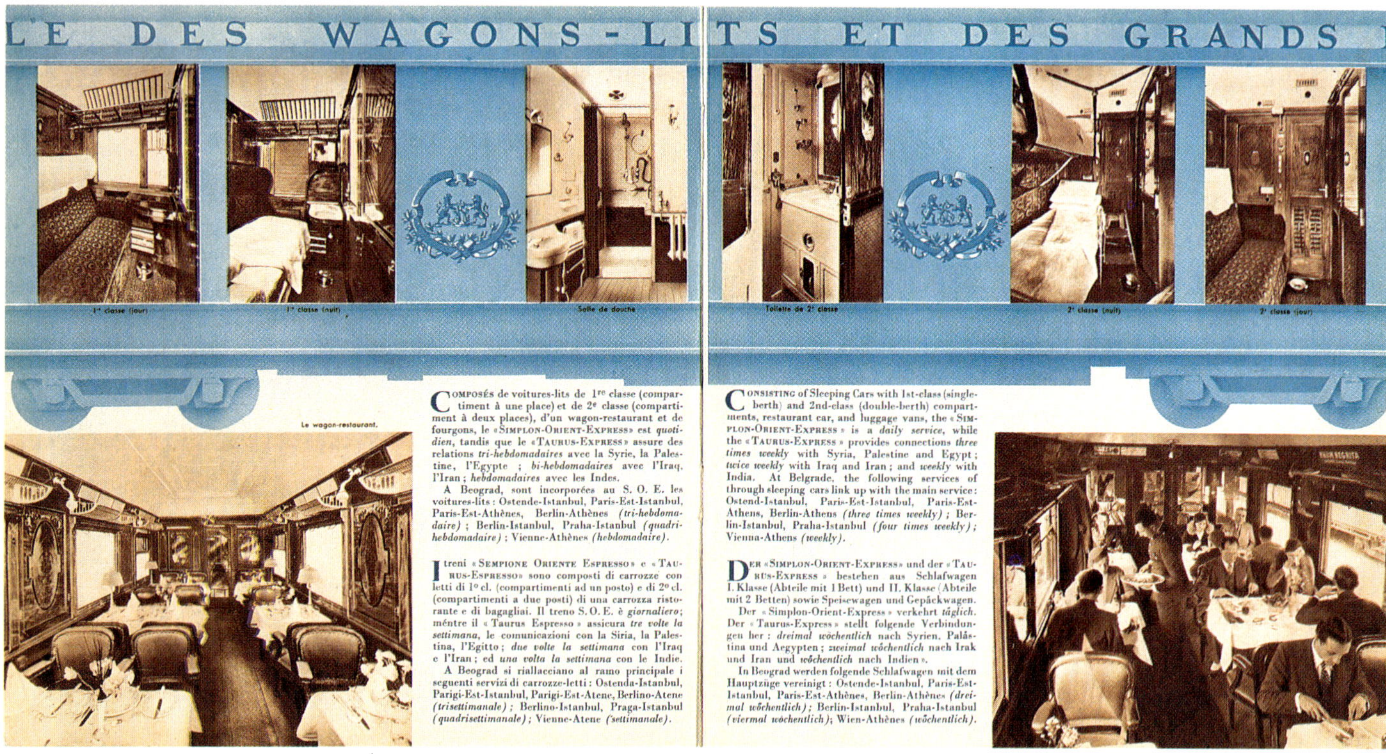

LE DES WAGONS-LITS ET DES GRANDS E

1re classe (jour) — 1re classe (nuit) — Salle de douche — Toilette de 2e classe — 2e classe (nuit) — 2e classe (jour)

Le wagon-restaurant.

COMPOSÉS de voitures-lits de 1re classe (compartiment à une place) et de 2e classe (compartiment à deux places), d'un wagon-restaurant et de fourgons, le «SIMPLON-ORIENT-EXPRESS» est *quotidien*, tandis que le «TAURUS-EXPRESS» assure des relations *tri-hebdomadaires* avec la Syrie, la Palestine, l'Egypte ; *bi-hebdomadaires* avec l'Iraq, l'Iran ; *hebdomadaires* avec les Indes.

A Beograd, sont incorporées au S. O. E. les voitures-lits : Ostende-Istanbul, Paris-Est-Istanbul, Paris-Est-Athènes, Berlin-Athènes *(tri-hebdomadaire)* ; Berlin-Istanbul, Praha-Istanbul *(quadri-hebdomadaire)* ; Vienne-Athènes *(hebdomadaire)*.

I treni «SEMPIONE ORIENTE ESPRESSO» e «TAURUS-ESPRESSO» sono composti di carrozze con letti di 1° cl. (compartimenti ad un posto) e di 2° cl. (compartimenti a due posti) di una carrozza ristorante e di bagagliai. Il treno S. O. E. è *giornaliero*; méntre il «Taurus Espresso» assicura *tre volte la settimana*, le comunicazioni con la Siria, la Palestina, l'Egitto ; *due volte la settimana* con l'Iraq e l'Iran ; ed *una volta la settimana* con le Indie.

A Beograd si riallacciano al ramo principale i seguenti servizi di carrozze-letti : Ostenda-Istanbul, Parigi-Est-Istanbul, Parigi-Est-Atene, Berlino-Atene *(trisettimanale)* ; Berlino-Istanbul, Praga-Istanbul *(quadrisettimanale)* ; Vienne-Atene *(settimanale)*.

CONSISTING of Sleeping Cars with 1st-class (single-berth) and 2nd-class (double-berth) compartments, restaurant car, and luggage vans, the «SIMPLON-ORIENT-EXPRESS» is a *daily service*, while the «TAURUS-EXPRESS» provides connections *three times weekly* with Syria, Palestine and Egypt ; *twice weekly* with Iraq and Iran ; and *weekly* with India. At Belgrade, the following services of through sleeping cars link up with the main service : Ostend-Istanbul, Paris-Est-Istanbul, Paris-Est-Athens, Berlin-Athens *(three times weekly)* ; Berlin-Istanbul, Praha-Istanbul *(four times weekly)* ; Vienna-Athens *(weekly)*.

DER «SIMPLON-ORIENT-EXPRESS» und der «TAURUS-EXPRESS» bestehen aus Schlafwagen I. Klasse (Abteile mit 1 Bett) und II. Klasse (Abteile mit 2 Betten) sowie Speisewagen und Gepäckwagen.

Der «Simplon-Orient-Express» verkehrt *täglich*. Der «Taurus-Express» stellt folgende Verbindungen her : *dreimal wöchentlich* nach Syrien, Palästina und Aegypten ; *zweimal wöchentlich* nach Irak und Iran und *wöchentlich* nach Indien».

In Beograd werden folgende Schlafwagen mit dem Hauptzüge vereinigt : Ostende-Istanbul, Paris-Est-Istanbul, Paris-Est-Athènes, Berlin-Athènes *(dreimal wöchentlich)* ; Berlin-Istanbul, Praha-Istanbul *(viermal wöchentlich)*; Wien-Athènes *(wöchentlich)*.

train de luxe filait dans la nuit. On atteignit Strasbourg avant l'aube, où un petit groupe de personnalités allemandes attendait sur le quai pour saluer l'Orient-Express. En 1883, la France n'ayant pas recouvré l'Alsace-Lorraine, une choucroute à l'alsacienne s'appelait encore simplement *sauerkraut*. Rares furent ceux qui daignèrent se réveiller, préférant le confort douillet de leur lit, au grand dam de Herr Porges, le directeur européen de la compagnie américaine Edison, qui aurait souhaité présenter aux huiles le générateur électrique de la gare et par la même occasion prendre une commande ou deux.

On accrocha une nouvelle locomotive avant que le train reprenne sa route vers Vienne, *via* Karlsruhe, Ulm et Munich. Au lever du soleil, les voyageurs remontèrent les lourds stores, enroulèrent les tentures damassées et découvrirent, en s'étirant dans leurs draps de soie, la campagne allemande et les paysans qui, tôt dans l'air frais du matin, moissonnaient les blés de l'été. Jusque-là, la seule anicroche qui dut être déplorée fut la surchauffe d'une boîte d'essieu du wagon-restaurant, qui faillit mettre le feu à toute cette entreprise extravagante. Mais Nagelmackers, toujours plein de ressources, avait prévu une voiture-restaurant de rechange qui les attendait à Munich ; ainsi, le périple ne fut pas retardé et le confort des voyageurs préservé.

L'express de luxe franchit la frontière de l'Empire austro-hongrois à Simbach, et arriva à Vienne en fin d'après-midi. Sur le quai de la gare les attendait en uniforme un comité de réception présidé par le chambellan de la cour de l'auguste empereur François-Joseph. Les passagers somnolents durent prêter l'oreille à d'interminables discours conclus par l'orchestre de la Garde impériale qui exécuta les hymnes nationaux de chacun des pays traversés par l'Orient-Express, musiques souvent ésotériques, du moins apprises en catastrophe. Mais le *Beau Danube Bleu* qui couronna cette réception fut heureusement mieux interprété. Puis, les passagers épuisés furent conduits au buffet de la gare, paré de bouquets de fleurs, où les attendait un dîner au champagne, arrosé également de tokay impérial, un vin blanc n'ayant pas usurpé la réputation de couper les jambes des buveurs même les plus confirmés. Si la plupart des

Un dépliant pour le Simplon-Orient-Express et le Taurus-Express, décrivant le confort de 'aménagement. Il n'y avait apparemment que peu de différences entre les première et seconde classes en ce qui concerne les sleepings, à l'exception d'une couchette supérieure supplémentaire. Comme de nombreux espions, émissaires diplomatiques enchaînés à leurs serviettes et autres escrocs empruntaient ces trains, on peut supposer que les voyageurs étaient prêts à payer cher pour leur intimité.Vienne constituait un arrêt important sur le trajet de l'Orient-Express.

voyageurs retournèrent en titubant vers leur wagon, certains grimpèrent dans les carrosses d'apparat qui les emmenèrent voir la Ringstrasse et l'Opéra illuminés, le palais de la Hofburg et le Parlement récemment achevé. Puis ils visitèrent l'Exposition internationale de l'éclairage électrique, restée tout spécialement ouverte jusqu'au point du jour. A croire que Herr Porges avait fait parvenir une note à ses collègues viennois !

V I E N N E

A la fin du XIXe siècle, Vienne était non seulement l'une des plus majestueuses capitales d'Europe, mais encore le cadre d'une vie culturelle, intellectuelle et mondaine d'une richesse exceptionnelle, le cœur d'une monarchie munificente dont la puissance s'exprimait sans retenue avec les projets immobiliers du Ring. La Ringstrasse avait été tracée dans les années 1860, peu de temps donc avant la visite des passagers de l'Orient-Express, et représentait le pendant viennois des grands boulevards parisiens percés par le baron Haussmann, voie de quatre kilomètres de long conçue pour faciliter le déploiement des troupes. Ce grand projet urbain provoqua l'édification de bâtiments d'importance, dont l'éclectisme stylistique sera ultérieurement désigné sous l'appellation générique de style Ringstrasse, regroupant le Parlement d'architecture grecque classique, l'Hôtel de Ville gothique, l'Université et les musées jumeaux d'Histoire de l'art et d'Histoire naturelle, tous trois de style Renaissance italienne, ainsi que le nouvel Opéra impérial Renaissance française.

L'Opéra, achevé en 1869, constituait le centre du nouveau Vienne, autour duquel s'élevèrent les meilleurs hôtels de la ville, les Sacher, Bristol et Impérial. A la fin du siècle, Gustave Mahler régnera d'une main de fer sur cet Opéra dont la fosse était occupée par le légendaire Philharmonique de Vienne, que Brahms dirigea à l'occasion. Pour l'heure, Verdi tenait le pupitre et Wagner résidait à l'Impérial. Au nombre de ses disciples, on reconnaissait Anton Bruckner et le précoce Hugo Wolf. On attendait sous peu Richard Strauss et son aigre-doux *Chevalier à la rose*,

Ci-dessus, *Le Ring dont l'Opéra constituait le point névralgique. Autour de ce dernier se regroupaient les grands hôtels de la capitale, le Bristol, l'Imperial et la Sacher.* Médaillon. *La baronne Eugène de Rotschild, l'une des doyennes de la bonne société viennoise des années trente, dans le château de laquelle le duc de Windsor se retira en attendant que Wallis Simpson règle son divorce.*

dont le livret était écrit par un sublime poète, Hugo von Hoffmanstal. Dans un genre plus léger, Johann Strauss faisait entendre chaque année ses valses, lors du bal de l'Opéra, le point culminant de la saison viennoise, auquel assistait l'empereur accompagné par les grandes familles de l'aristocratie autrichienne. On pouvait régulièrement rencontrer Strauss sortant d'un restaurant, hâtant le pas vers la salle de bal, pour y être vu diriger en personne l'orchestre, car le montant de ses émoluments en dépendait.

La capitale ne jurait que par la valse. Les grandes familles de l'Empire possédaient toutes un palais à Vienne, de même que les banquiers parvenus ; pour les Liechtenstein les Lobkowicz, les Schonbrunn et les Esterhazy, ainsi que plus récemment pour les Rothschild, la saison consistait en une succession infinie de bals, de soirées musicales et de dîners à la Cour. Le Gotha européen et son habituel contingent de grands-ducs russes débarquaient des trains express et s'installaient dans les nouveaux grands hôtels. L'action se déroulait principalement au Sacher, juste derrière l'Opéra, et plus particulièrement dans ses nombreuses chambres privées où couvaient, abrités par les portes closes, potins, intrigues et flirts de la capitale impériale et royale. On avait coutume de prendre un déjeuner tardif au Sacher avant d'aller dîner à la Hofburg, car l'empereur (à la différence d'Édouard VII) suivait un régime draconien, et ses hôtes se trouvaient contraints de reposer fourchettes et couteaux dès qu'il avait nettoyé son assiette.

Innombrables étaient les occupations possibles. Dans les nouveaux musées étaient rassemblées les fabuleuses collections amassés par les Habsbourg, complétées par

Vues du Prater, le parc d'attractions de Vienne. Le Prater, situé près de Leopoldstadt, *le quartier juif, était au début du siècle, le lieu de détente favori des Viennois. Les dimanches, des foules de fêtards assistaient aux spectacles de marionnettes, aux représentations théâtrales ou musicales, ou bien encore montaient sur la grande roue de 70 mètres installée dans l'endroit du parc appelé* «Venedig in Wien», *la Venise de Vienne, même si les immeubles environnants étaient plutôt de style bulgare !*

celles de nouvelles classes de riches amateurs et collectionneurs. La Hofburg était ouverte au public certaines heures, de même que les splendides jardins du palais de Schönbrunn, réplique habsbourgeoise du château de Versailles. Les grandes familles princières, les Harrach, Liechtenstein, Czernin et Schonborn, ouvraient également leurs palais et collections certains jours, sans parler de l'Albertina qui conserve encore de nos jours la plus grande collection mondiale de dessins et d'estampes de maîtres. Mais plus simplement, le touriste pouvait se promener dans les bois viennois et s'arrêter à l'un des nombreux *Heurigen*, pour y goûter le vin nouveau et profiter d'un pique-nique, installé à l'une des tables de bois disposées dans le jardin. Et il y avait naturellement les cafés, sans lesquels Vienne aurait sombré dans le désespoir. Depuis la fondation de leur ancêtre au XVIIIe siècle, près de la cathédrale Saint-Stéphane, ils étaient rapidement devenus une véritable institution où l'on se retrouvait entre amis, pour lier connaissance, lire la presse, faire ses mots croisés, jouer aux échecs, discuter ou fomenter désordres et révolutions, le tout pour le prix d'un *kleine Brauner* ou d'un *Mélange*. Les intellectuels se rencontraient au Griensteidl, surnommé «Café Megalomania» par ses clients, qui ferma ses portes à la fin du siècle pour être remplacé par le Central, dont Trotski et Lénine étaient des habitués. Franz Lehar et d'autres musiciens préféraient, en revanche, le café Speal, alors que Stefan Zweig, Arthur Schnitzler, Egon Schiele, Siegmund Freud, Gustav Klimt et autre Adolf Loos pouvaient être vus à toute heure, discutant attablés autour de leur *Stammtisch*, dans l'un ou l'autre de ces établissements enfumés.

C'est dans la Hauptallee *que les Viennois élégants se promenaient en calèche, vêtus de leurs plus beaux atours, et descendaient dans l'un de ses nombreux restaurants ou cafés. Mais le Prater n'était qu'une sortie parmi d'autres où aller s'aérer, car Vienne était entourée de magnifiques forêts, comme celle qui inspira à Johann Strauss sa célèbre* Wienerwald Waltz.

VERS BUDAPEST

Les passagers de Nagelmackers n'eurent toutefois pas le temps de prendre un café lors de leur visite de Vienne. Il fallait que le train reprenne sa longue route. La liste des voyageurs fut augmentée des noms de Herr von Scala, le vice-ministre autrichien des routes et des communications, de son épouse et de sa belle-sœur, madame Léonie Pohl, les seules dames qui prirent part à ce voyage inaugural. On fit le court trajet de Vienne à Budapest, à peine 140 kilomètres, durant la nuit : le train atteignit à l'aube sa nouvelle destination, en roulant à une allure d'escargot, afin que ses passagers puissent profiter pleinement de la vue. La voie suivait la rive gauche du Danube, entre les deux collines qui dominent Buda, la vieille ville encore imprégnée de l'atmosphère orientale léguée par les Tatars, les Mongols et les Turcs qui l'avaient occupée jadis. La colline Gellert qui s'élève au-dessus du fleuve est couronnée par une citadelle militaire édifiée en 1851, extension de l'ancienne forteresse turque. Au-delà, sur la colline Varhegy, se dresse le château néo-baroque, construit au XVIIIe siècle par l'impératrice Marie-thérèse, devenu depuis résidence officielle des Habsbourg. Sur l'autre rive du Danube, on découvrait Pest (Budapest fut créé en 1871 par François-Joseph, qui relia Buda à Pest et à l'ancienne cité romaine de Obuda). Pest, une ville moderne à planification centralisée, commençait son expansion. A la gare, que les voyageurs ne furent pas autorisés à quitter, un orchestre militaire leur interpréta une csardas, et on leur fit servir dans des casseroles fumantes une goulash épicée.

LES TSIGANES

A l'arrêt de Szegedin, Nagelmackers avait réservé une agréable surprise à ses passagers : une troupe de Tsiganes, vêtus de leurs costumes traditionnels ornés de bijoux en or, monta dans le train. On les dirigea vers le wagon-restaurant où, pendant deux heures pleines, ils divertirent les voyageurs par leurs chants et leur musique langoureuse, jusqu'au prochain arrêt, à Temesvar (aujourd'hui Timisoara), en Roumanie. Après que le chef d'orchestre se fut présenté – Onody Kahnian, le roi des Tsiganes –, les deux dames furent invitées à danser. Puis le maître queux demanda au roi des Tsiganes de leur interpréter *La Marseillaise* que chacun chanta à pleins poumons, les larmes aux yeux. Nagelmackers avait réalisé là un brillant coup publicitaire en invitant cet orchestre à venir rejoindre son express huppé ; après leur départ, le train fila à travers la Puszta, la plaine hongroise, puis apparurent progressivement les Alpes de Transylvanie, à travers lesquelles il fallut faire appel à toute la puissance de la locomotive pour lui en faire franchir les versants escarpés. Nagelmackers et ses honorables invités étaient arrivés dans le pays du comte Dracula.

En haut. *Le hall, le salon principal et le grill de l'hôtel Astoria de Budapest illustrent parfaitement le luxe de la capitale austro-hongroise.* Ci-dessus. *L'agence Cook à Zagreb.* Médaillon. *L'une de ces milliers de Tsiganes qui erraient en Europe centrale, chantaient dans les night-clubs, présentaient des spectacles de cabaret, s'enrôlaient dans les cirques ou disaient la bonne aventure. Les Tsiganes étaient un élément essentiel du charme et de l'exotisme des Balkans.Ci-contre: Affiche exécutée par Théo van Rysselberghe.*

BUDAPEST 1896
Esquisse pour l'affiche
V.R

LA ROUMANIE

En 1883, la Roumanie était un pays aux potentiels immenses. Les passagers furent frappés par les vertes collines qui s'étendaient dans toutes les directions ; des cultures extensives de tournesols et de céréales poussaient dans la fertile terre noire. Les villages étaient coquets et d'une propreté méticuleuse, embellis d'églises en pierre et en bois, dont les façades étaient peintes à l'extérieur et à l'intérieur comme au Moyen Age. Ils rencontrèrent de vastes troupeaux de moutons, ainsi que les paysans portant tous leurs merveilleux costumes traditionnels, différents d'un village à l'autre. Mais la Roumanie était également parsemée de champs pétrolifères abondants, prospectés et exploités par les nombreux magnats du pétrole qui, plus tard, emprunteront l'Orient-Express. Le pays était gouverné par le roi Carol de Hohenzollern-Sigmaringen et par son épouse, la mystique reine Élisabeth, plus connue sous le nom de Carmen Sylva, éminente poétesse dont l'œuvre est imprégnée du folklore et des traditions de son pays d'adoption. Le roi et la reine avaient invité les voyageurs dans leur nouveau château Peles, à Sinai, une villégiature de montagne située à 85 kilomètres de Bucarest.

Avant d'atteindre la capitale, les passagers enthousiasmés avaient découvert les spectaculaires Portes de fer, un phénomène géologique naturel constitué d'énormes boulders émergeant du Danube. Des orages avaient érodé le sous-sol, la voie n'était pas stable, et le mécanicien dut faire attention aux dépôts laissés par les avalanches. On arriva à Bucarest à cinq heures du matin, puis le train fut aiguillé sur la voie conduisant à Sinai, un court voyage vers la villégiature montagnarde, traversant derricks, forêts et fleuves. Le château royal ressemblait à l'hôtel Palace de Saint-Moritz, un empilement de tourelles de style allemand, perché sur une colline escarpée, environnée de magnifiques montagnes. On conduisit tout d'abord les invités au grand hôtel Nouls, où ils déjeunèrent de caviar blanc et de délicieuses écrevisses de la région, tandis qu'un orchestre tsigane leur donnait la sérénade. Si un officier de la Cour ne les en eut pas empêché, ils auraient pu traverser la rue pour déguster l'une des sublimes pâtisseries de la très célèbre Confiserie Kalinzachis, dont la spécialité était une tarte aux framboises sauvages, baies si succulentes que même l'ours des Carpates était prêt à se rompre les membres pour en amasser dans ses pattes la plus grande quantité possible.

Les voyageurs traversèrent ensuite la cour et le hall d'entrée pour se rendre dans la grande salle d'apparat où les attendait le roi Carol en grand uniforme, coiffé d'un couvre-chef montant à plumet et glands en or. Son épouse, Carmen Sylva, portait un costume national roumain, et les courtisans étaient en queue-de-pie ou en uniforme, à la grande honte des voyageurs débraillés. Après la visite du château, plutôt laid, le groupe assista à un concert donné par Carlotta Leria, une célèbre soprano roumaine, accompagnée au piano plutôt mal que bien par la reine, tandis que Blowitz interviewait le roi au sujet de la situation dans les Balkans. La réception terminée, les voyageurs redescendirent la colline sous la pluie, remontèrent dans le train et arrivèrent à vingt-deux heures à Bucarest.

BUCAREST

Si la capitale de la Roumanie avait été surnommée «le petit Paris», en fait c'était une ville d'influence plus internationale, un cocktail de Russie, de France, de Vienne et de Turquie. Il y faisait si chaud en été que toute activité s'arrêtait de midi à dix-sept heures et si froid en hiver que la vie semblait cesser complètement. La ville était peuplée d'un extraordinaire mélange de populations, Tsiganes, commerçants arméniens, Grecs phanariotes, Juifs sépharades, Russes, sans oublier les Roumains eux-mêmes.

Le Palace Athénée de Bucarest était le grand hôtel de la capitale roumaine, au centre d'un pays jadis riche de son pétrole et de son agriculture. Etrange mélange d'Occident et d'Orient, de pauvreté et d'opulence, Bucarest jouissait d'une vie mondaine très active, dominée par les intrigues de la cour et une aristocratie oisive. Sur les grands boulevards s'ouvraient d'excellents restaurants et des boutiques élégantes, et la taille du «Birou de Voiaj» , ci-contre montrait qu'il y avait beaucoup d'argent disponible pour voyager, même jusque dans les régions les plus reculées du pays.

BIROU DE VOIAJ
COMPAGNIE INTERNATIONALE
DES
WAGONS-LITS
ET DES GRANDS EXPRESS EUROPEENS
AGENTIA TIMISOARA
WAGONS LITS-WAGONS RESTAURANTS
TRAINS DE LUXE-TRAINS BLEUS
BILETE C.F.R. INTERNATIONALE
TOATE CLASA I.II.III.
SERVICIUL MARITIM ROMÂN
BILETE DE VAPOARE
ASIGURAREA BAGAGELOR
VIZE DE PASAPOARTE
PROSPECTE INFORMATIUNI GRATUITE
OSTENDE
ENTRÉE

Les deux boulevards principaux qui la traversaient, la Chaussée Kisseleff et la Calea Victoriei, se caractérisaient par une étonnante succession de magnifiques façades bordées d'arbres et d'incroyables taudis : les nantis et les pauvres vivaient les uns à côté des autres, dans ce Bucarest qui n'était devenu capitale de Roumanie que deux ans avant l'arrivée de l'Orient-Express. Chaque semain, avait lieu à l'Opéra une soirée de gala, suivie de bals somptueux et de dîners qui se déroulaient dans de grands hôtels particuliers imitant ceux de Paris, et où les dames portaient vêtements et bijoux à la dernière mode françaises. On se déplaçait dans de splendides équipages conduits par des *izvoschikis* russes, vêtus en hiver d'un long caftan de velours noir et en été d'un habit de lin blanc. Les voitures étaient le plus souvent attelées à une paire d'Orloff à robe noire. Les cochers appartenaient à une secte étrange, les *skopzi*, qui croyaient que le Christ n'était pas mort mais qu'il errait éternellement sur terre, asexué et revêtant diverses apparences. Par émulation, ils s'émasculaient après avoir engendré un enfant.

Quand les invités de Nagelmackers arrivèrent en gare, ils hélèrent plusieurs de ces voitures pour s'en aller dîner dans l'un des célèbres restaurants-jardins de la capitale, ces *gradina* où il n'y avait foule qu'à minuit. La cuisine roumaine était délicieuse ; le dîner comprenait souvent une *ciorba*, un potage de poisson ou de poulet à la crème aigre, suivi de carpes, de perches ou d'esturgeons (le caviar roumain était aussi fin que celui de Russie ou d'Iran). D'autres spécialités attestaient l'influence turque : *dolmas*, *sarmala* (boulettes de riz et viande hachée) ou *ardei umplati* (riz et viande hachée au paprika). Le Capsa était le *gradina* le plus renommé. Chacun avait son orchestre tsigane ou russe. Enfin, les Roumaines étaient très appréciées pour leur beauté et leur inventivité en amour. Mais hélas ! M. About n'en dit mot dans son compte rendu détaillé de l'arrêt de Bucarest, pressé qu'il était par l'imminence du départ.

LA FIN DE LA VOIE

Tard après minuit, les voyageurs remontèrent dans le train qui fit route vers sa prochaine destination, Giurgiu, un petit port frontière sur le Danube. De l'autre côté du fleuve, c'était Ruschuk, en Bulgarie. Les passagers durent quitter le confort de leur train pour embarquer dans un ferry primitif et monter dans un autre train, de loin bien moins agréable, qui les attendait de l'autre côté et dans lequel ils traversèrent la Bulgarie jusqu'à Varna, sur la mer Noire. En Bulgarie, gouvernée par un principule allemand, Alexandre Ier de Battenberg, mis sur le trône par la reine Victoria et le tsar de Russie, régnait un désordre sans nom. Le pays était infesté de brigands qui venaient tout juste de mettre le feu à la gare de Vatova, par laquelle le train devait passer. Les voyageurs préparèrent leurs armes en prévision d'une attaque ; mais cette fois-ci, rien ne se passa. Cependant, le 31 mai 1891, l'Orient-Express fut bel et bien pris en otage, à Cherkes Keri, en Thrace orientale. Anasthatos, qui s'était proclamé «chef des rebelles», baragouinant un mélange de trois langues, demanda une rançon qui s'évaluerait aujourd'hui à un million de dollars, tout cela à la grande satisfaction de la presse qui en fit ses choux gras.

Blowitz et About décrivirent la misère qui régnait dans les campagnes bulgares, les maisons criblées de balles, et se plaignirent de la mauvaise nourriture ; bref, ils ne voyaient rien de positif à dire concernant Varna, d'où ils embarquèrent à bord de l'*Espero*, un ferry fatigué appartenant à la Lloyd Triestino, qui les transporta jusqu'à Constantinople.

Ci-dessus. *Le Therapia Palace, parmi les nombreux hôtels élégants des rives du Bosphore, était le lieu de séjour estival préféré non seulement des Turcs aisés, mais également des beys et des pachas qui venaient de confins de l'Empire ottoman aussi reculés que l'Egypte. On trouvait sur les rives du Bosphore de nombreuses et élégantes résidences d'été en bois, la plus extraordinaire étant celle du sultan Abdul Hamid, à Yildiz, version ottomane du chalet suisse, caractérisée*

LA CORNE D'OR

Au point du jour, l'Orient Express entra dans le Bosphore. Ils étaient arrivés et s'apprêtaient à traverser les Dardanelles, détroit d'une trentaine de kilomètres qui sépare l'Europe de l'Asie et pour le contrôle duquel tant de sang a été versé. Cet étroit passage représentait pour la Russie la seule voie d'accès maritime en Europe, quand ses eaux septentrionales étaient prises par les glaces. La Russie partageait également avec Constantinople de nombreuses affinités, ayant adopté au Moyen Age son culte orthodoxe. De nos jours, Istanbul est une capitale quelque peu délabrée mais, en 1883, les passagers de l'Orient-Express purent contempler le dernier éclat de la gloire des sultans ottomans qui régnaient jadis sur de vastes territoires – la Grèce, les Balkans jusqu'aux portes de Vienne, ainsi que sur la plus grande partie du Moyen-Orient contemporain et de l'Égypte. Et si un certain prince Eugène de Savoie ne les avait pas combattus durant le siège de Vienne en 1683, ils auraient également gouverné l'Autriche. Toutefois, si les Turcs ne purent mettre l'Europe sous leur coupe, ils captivèrent l'imagination européenne et influencèrent les arts plastiques, la décoration et le théâtre. Quand, dans un opéra du XVIIIe siècle, il fallait un personnage exotique, amusant, puissant ou mystérieux, c'était toujours un sultan ou un janissaire. De même, la peinture du XIXe siècle est inconcevable sans les odalisques, les eunuques, les sultans et les sultanes. On était fasciné par tout ce qui provenait de Turquie. Le cœur des amis de Nagelmackers se mit à battre plus fort quand ils découvrirent sur la rive occidentale du détroit le magnifique palais Dolmabace, ainsi que le Beylerbeyli sur la rive occidentale. Sur les flots bleus de la Méditerranée qui scintillaient au soleil levant, se balançait toute une armada de navires, petits et grands, alors qu'on découvrait au loin les minarets et les dômes luisants de la basilique Sainte-Sophie et de la mosquée Bleue.

Sur le quai les attendaient l'ambassadeur de Belgique, Sheker Pasha, le chambellan du sultan et d'autres officiels turcs en queue-de-pie et fez, qui les escortèrent en voitures attelées jusqu'à l'hôtel Pera Palas, le plus moderne et le plus luxueux de la ville. Puis ils furent conduits au Topkapi, extraordinaire ensemble de bâtiments fortifiés à partir duquel les sultans ottomans gouvernaient le monde par voie de *firman*, et ils furent éblouis par l'incroyable collection de poignards, de corans et d'épées incrustés d'énormes pierres précieuses. Le Topkapi possédait également la plus belle collection de miniatures orientales et de livres saints

C'est au milieu du XIXe siècle que le palais Dolmabace du sultan ottoman remplaça Topkapi en tant que résidence royale. Edifice de style italien, orné de magnifiques colonnades, il étend ses vastes ailes sur les eaux limpides du Bosphore. Affirmation d'une autocratie qui se trouvait en fait déjà sur son déclin, bâti entre 1843 et 1856 par un Arménien, il renferme entre autres merveilles la plus grande salle du trône de toute l'Europe, ressemblant au salon de réception d'un grand hôtel français, illuminée par le plus gigantesque lustre jamais créé, un cadeau de la reine Victoria.

enluminés, sans parler d'un entrepôt plein jusqu'aux combles d'inestimables porcelaines de Chine. A travers les fenêtres de pierre filigranée, le groupe était observé par les dernières femmes du harem, encore protégées par leur eunuque, gras et imberbe, à la voix haut perchée. Ensuite, on leur fit voir le palais Beylerbeyli, qui avait accueilli l'impératrice Eugénie, et où ils se divertirent, dans les salles dallées de marbre, au spectacle de danseuses du ventre. Mais le point fort de la visite, ce fut le trajet dans la vallée Dolma, jusqu'au kiosque Yildez, où vivait dans un luxe solitaire le sultan Abdul Hamid, seul avec ses épouses et le nain de la Cour. Appelé «Empereur des plus puissants empereurs, Unique arbitre des destinées du monde, Refuge des souverains, Dispensateur des couronnes des rois du monde, Maître d'Europe, d'Asie et d'Afrique, Grand roi des deux mers, Ombre d'Allah sur la terre», Abdul Hamid vivait dans la sainte terreur d'être supprimé par ses rivaux. Selon la bonne vieille méthode turque, il avait assassiné plusieurs membres de sa famille, tué maints ministres, généraux et autres hauts fonctionnaires de la Cour ; il était aussi responsable du massacre des Arméniens, le premier génocide de notre histoire contemporaine. Gladstone l'avait surnommé le Grand Assassin, et il portait également le surnom d'Abdul le damné. Les voyageurs de l'Orient-Express observèrent fascinés sa voiture couverte portée sur une plateforme du haut de laquelle il inspecta ses troupes : par une brillante manœuvre, Blowitz l'attira sous un faux prétexte pour une interview de quarante-cinq minutes, un scoop fabuleux qui fit la une de la presse mondiale.

A l'instar des meilleurs organisateurs de voyages, Nagelmackers laissa du temps libre à ses passagers afin qu'ils puissent faire quelques emplettes au légendaire bazar couvert, se restaurer dans l'un des délicieux restaurants en plein air qui longent les rives du Bosphore, regarder les musulmans pieux à l'heure de la prière, appelés du haut des minarets, et même aller au célèbre hammam dans la vapeur duquel ils furent massés, frottés, baignés et rafraîchis, tout en buvant de l'eau de rose ou un thé à la menthe. Ainsi reposés, ils se rendirent au quai d'embarquement et s'en retournèrent à Paris, exactement par le même chemin qu'ils avaient emprunté pour venir à Istanbul. Ils arrivèrent à la gare de l'Est à l'heure prévue, à dix-huit heures, onze jours après le départ de ce périple de légende qui entra dans le folklore du voyage. Le tour du monde de Jules Verne avait duré quatre-vingts jours, mais ce qu'avait réalisé Nagelmackers était bien réel.

LOCOMOTIVE ET ROIS

Le voyage inaugural avait été un grand succès, mais Nagelmackers comprit vite que son express n'aurait un avenir que s'il pouvait relier en ligne directe le Bosphore. En attendant, l'Orient-Express partait le mardi et le vendredi de Paris pour Istanbul, et le mercredi et le samedi d'Istanbul pour Paris. Il quittait la gare de l'Est à 19 h 30 et arrivait à destination 81 heures et 40 minutes plus tard. Le trajet Paris-Vienne étant le plus demandé, en 1885 on ajouta au train des voitures dont le terminus était Vienne, et trois nuits par semaine un Orient-Express ne faisait que le seul trajet de Paris aux capitales austro-hongroises. Bientôt, on traça une voie entre Bucarest et Constanta, un port roumain sur la mer Noire, ce qui évita aux passagers l'inconfortable traversée du Danube en ferry ainsi que le changement de train en Bulgarie.

En 1885, l'Orient-Express proposa un service hebdomadaire de Budapest à Belgrade et Nis, ce qui contraignait les passagers à monter dans une effroyable diligence qui les emmenait à Sofia, d'où ils pouvaient reprendre un train pour Istanbul. La diligence était conduite par Brankovits, un féroce cocher dont la tâche principale était de mettre en fuite les bandits. Nul besoin de dire que cette voie n'eut guère de succès, et que le trajet par mer resta bien plus

Ci-dessus. *Une suite du Péra Palace, décorée à la dernière mode européenne.*

Ci-contre. *Le pont Galata, long de près de 400 mètres, flotte au-dessus des eaux du Bosphore. Il relie l'extrémité de Galata à la rive opposée de la Corne d'Or, trait d'union entre l'Europe et l'Asie. C'était l'une des voies les plus passantes de Constantinople, traversée tous les jours par des milliers de personnes utilisant tous les moyens de transport concevables — chaises àporteurs marquetées d'ivoire et de nacre, chars à bœufs conduits par les paysans, bédouins sur leurs chameaux.*

prisé. C'est en 1888 que fut achevée la ligne traversant la Bulgarie. Nagelmackers mandata le vicomte de Richemont pour négocier avec le roi Ferdinand les conditions de passage du train. Richemont, qui était arrivé à Sofia par la diligence de Brankovits, ne possédait nul uniforme de la Cour ; or il était nécessaire d'en endosser un lors d'une entrevue avec le roi, sous peine de violation caractérisée du protocole. Il se présenta donc portant un uniforme emprunté à un capitaine de la police bulgare, ce qui amusa tant le monarque que ce dernier signa l'accord sur le champ. Le roi Ferdinand ne laissa pas à la C.I.W.L. l'occasion d'oublier l'extrême faveur qu'il lui avait faite et, après la Première Guerre mondiale, s'étant proclamé tsar de Bulgarie, il bénéficia *ad vitam aeternam* pour ses déplacements d'une voiture-salon personnelle accrochée gracieusement à l'Orient-Express. Le roi Ferdinand jouissait encore d'un autre privilège : il adorait conduire le train. La C.I.W.L ne pouvait en aucune manière l'en empêcher sur son territoire ; du reste, les machinistes n'y voyaient rien à redire, l'un d'eux estimant même qu'il lui aurait volontiers proposé un emploi, n'eut-il été roi. Son fils Boris était, en revanche, bien moins doué. Les machinistes craignaient de le voir arriver, en salopette blanche, car il n'avait qu'un souhait, celui d'arriver le plus en avance possible sur l'horaire prévu. Il obligea un jour le chauffeur à pelleter tant de charbon que la locomotive eût explosée si le mécanicien n'avait pas ouvert la soupape de sûreté, mais le foyer cracha un mur de flammes dans lequel fut pris le malheureux chauffeur qui mourut en sautant de la locomotive. Le roi Ferdinand disait toujours que la Bulgarie était un pays ridicule ! Quoi qu'il en soit, le merveilleux Orient-Express pouvait désormais la traverser, gagnant ainsi seize heures sur le trajet initial.

Après la percée du tunnel du Simplon en 1906, on ouvrit la ligne du Simplon-Orient-Express qui reliait Paris et Trieste à travers les Alpes, et qui fut prolongée vers Zagreb,

Modèle réduit d'Orient-Express

avec voitures-lits LX de Darphin et

une locomotive Pacific Est.

Belgrade et Istanbul après la Première Guerre mondiale. Durant la guerre, la ligne de Salonique à Larissa fut achevée, ce qui permettait désormais d'aiguiller à Belgrade des voitures directes pour Athènes. Quant aux Allemands, aigris, ils s'opposèrent par d'innombrables tracasseries à la traversée de leur territoire, plus particulièrement après 1923 et l'occupation de la Ruhr par les troupes françaises et belges, en rétorsion au non-paiement par l'Allemagne de ses réparations de guerre. Cela explique la création de l'Arlberg-Orient-Express, qui relia Budapest et Bucarest par la Suisse et l'Autriche. L'Orient-Express, qui représentait toutes lignes confondues une relation si fondamentale entre l'Est et l'Ouest, eut le privilège d'être le seul train mentionné dans les accords de paix qui suivirent les deux guerres mondiales. Retrouvera-t-il une nouvelle jeunesse, alors que l'Europe de l'Est se libère aujourd'hui du joug soviétique ? Si tel était le cas, nul doute que les passionnés du monde entier le prendraient d'assaut.

Détail

d'une malle Vuitton.

RUSSIE
2903

VERS LA RUSSIE ET LES STEPPES

A l'aube de notre siècle, nul pays n'incarnait autant prestige et mystère que la Russie impériale. Cette vaste nation s'étend des frontières de l'Allemagne et de la Pologne jusqu'à l'océan Pacifique, en passant au-delà de l'Oural par les gigantesques territoires de la Sibérie très largement inexplorée. Sur les 12 764 800 kilomètres carrés de la seule Sibérie, on pourrait placer les États-Unis augmentés de la superficie de toutes les nations européennes (à l'exception évidemment de ce curieux mélange d'Occident et d'Orient que constitue la Russie), et il resterait encore 777 000 kilomètres carrés inoccupés. La Russie couvre également un territoire s'étendant de l'océan Arctique au nord jusqu'à la mer Noire de climat semi-tropical au sud, en passant par de grandes chaînes de montagnes et des déserts, et, avec un petit coup de pouce, jusqu'en Méditerranée par le détroit des Dardanelles.

Paysans mongols, musulmans, aristocrates de Saint-Pétersbourg ou hommes d'affaires moscovites, tous se rencontraient dans les trains ou les navires qui sillonnaient ses territoires et voguaient sur ses fleuves puissants. Comme affligée de strabisme, la Russie impériale lorgnait du côté de l'Orient à partir de Moscou, et vers l'Occident à partir de Saint-Pétersbourg.

L'inertie d'une bureaucratie immuable, très largement corrompue et incompétente, a entravé tout progrès dans ce pays, qui passa du Moyen Age à l'époque moderne sans connaître de Renaissance. Et pourtant, comment qualifier cet âge d'or qui survint au XIXe siècle, comme si le libéralisme avait enfin libéré son génie national des geôles souterraines ? En moins d'un demi-siècle, la Russie nous donna Tolstoï, Dostoïevski, Gogol et Pouchkine ; Tchaïkovski, Rimski-Korsakov, Glinka et Borodine ; Stanislavski, Meyerhold et le théâtre moderne ; la Pavlova, Nijinski et les Ballets russes. Cette période coïncidant en grande partie avec la Belle Époque, on ne s'étonnera pas de ce que les têtes couronnées d'Europe et les magnats de la finance internationale affluèrent vers l'Est à bord des grands express de monsieur Nagelmackers, croisant en chemin des aristocrates aux richesses incalculables et des hommes d'affaires dévorés d'ambition qui se rendaient vers l'Ouest pour y dépenser leur fortune et se lancer dans des opérations aussi fructueuses que colossales. Parallèlement à cet extraordinaire épanouissement culturel, la vieille Russie entrait dans une nouvelle ère industrielle, et on constatait avec surprise qu'elle devenait l'un des partenaires les plus dynamiques des pays occidentaux, surpassant même l'Angleterre en termes de nouvelles industries et de construction d'usines. Comme Moscou attirait les hommes d'affaires et les banquiers de la planète, la saison de Saint-Pétersbourg rameutait les familles royales et toute l'aristocratie européenne, qui se lançaient à corps perdu dans l'infini tourbillon des bals, des réceptions et des événements impériaux. On s'y rendait, enveloppé dans de luxueuses fourrures, en *droshkies* dont l'attelage écumant, fouetté par des *izvoschikis* vêtus d'uniformes éclatants, filait par les rues enneigées.

Mais les élégantes artères de la capitale impériale étaient bien plus praticables que les routes de Russie. Très primitive, la voirie rurale était mal entretenue ; les brigands pullulaient et les voyageurs, à l'exception des plus endurcis, baissaient tous les bras devant les rigueurs d'un climat extrême. Jusqu'au milieu du XIXe siècle, on ne put transporter que sporadiquement les fabuleuses ressources naturelles de la Russie impériale, puisque ses fleuves gelaient plusieurs mois par an et restaient impraticables encore durant la débâcle. Des caravanes empruntaient les *trakts*, les voies à l'intérieur des terres sur lesquelles on circulait plus facilement par temps de gel, car elles n'étaient que bouillie au printemps et poussière en été. La seule solution, à la fois aux transports et à l'exploitation des richesses de la Russie, c'était le chemin de fer, pour la

Page précédente et ci-contre. *Les locomotives et wagons du service transsibérien de la C.I.W.L. furent exposés au bois de Vincennes dans un pavillon particulier de l'Exposition universelle de Paris, en 1900. On présentait même une voiture-restaurant dans laquelle on pouvait déguster bortsch et bœuf Strogonoff, tout en contemplant les paysages de la steppe qui se déroulaient sur un cyclorama. Mais aucun des superbes wagons exposés ici ne fut jamais envoyé en Russie, car la compagnie craignait que son matériel roulant ne subisse des dommages sur les voies misérables qui traversaient la toundra sibérienne. La triste réalité est illustrée ci-dessus par ce cheval et ce droschki transportant du bois sur la steppe gelée et enneigée pour alimenter une locomotive, durant l'hiver 1919.*

TRAIN TRANSSIBERIEN
MOSCOU-PEKIN

EXPOSITION UNIVERSELLE DE 1900
COMPAGNIE INTERNATIONALE DES WAGONS-LITS
AU TROCADÉRO
TRANSSIBÉRIEN
PANORAMA MOUVANT
THÉÂTRE CHINOIS
Voyage de Moscou à Pékin
MOSCOVITES
et
CHINOIS
dans
les gares
de
MOSCOU

construction duquel le gouvernement impérial se hâtait aussi lentement que les pesanteurs de sa bureaucratie l'autorisaient. Toutefois, à l'image de presque toutes les activités de la Russie impériale, le développement du chemin de fer dépendait des décisions du tsar. Quand Nicolas Ier jugea qu'il était temps de créer une voie entre la nouvelle et l'ancienne capitale, il prit tout simplement sa règle et tira sur la carte une ligne droite entre Moscou et Saint-Pétersbourg. Il fallut faire table rase de tout ce qui se trouvait sur le passage du crayon impérial et ignorer toute concession éventuelle à la configuration du terrain ; la ligne de chemin de fer est aujourd'hui toujours aussi rectiligne que le trait de l'empereur. Le développement du réseau ferroviaire fut principalement financé par des emprunts souscrits en Europe et aux États-Unis.

Dès 1884, un service de Wagons-Lits faisait la navette entre Paris et Saint-Pétersbourg, *via* Wirballen sur la frontière germano-lituanienne. Là, il fallait changer les boggies pour adapter les voitures à l'écartement supérieur des voies russes. Deux faits pourraient expliquer cette différence. Le premier, et le plus évident, c'était que les Russes, méfiants et xénophobes, ne souhaitaient pas qu'un matériel roulant en provenance de l'étranger puisse emprunter leurs voies ferrées. Le second, c'était que les ingénieurs russes avaient mesuré par erreur la largeur extérieure des voies, et non l'écartement intérieur, et reporté celle-ci sur les dizaines de milliers de voies ferrées sillonnant leur pays. Quoi qu'il en soit, le pragmatique Nagelmackers décida qu'il pouvait tout aussi bien utiliser ses voitures à boggies interchangeables sur les lignes en direction de la péninsule Ibérique, où l'écartement était également différent des normes européen-nes. C'est ainsi que fut lancé l'Express-Nord-Sud qui reliait Saint-Pétersbourg à Lisbonne. L'empereur de Prusse, qui découvrit bien vite que Nagelmackers faisait un excellent bénéfice sur ses lignes, dénonça l'engagement qu'il avait pris et fit interdire la liaison par Wirballen durant onze ans, à partir de 1885. L'entreprenant Belge modifia dès 1887 le parcours, contournant l'Allemagne par Vienne et Varsovie pour rallier Saint-Pétersbourg. A Varsovie, certaines voitures prenaient la direction de Moscou afin que les Européens puissent rejoindre les deux plus grandes villes de Russie dans les mêmes conditions de confort auxquelles ils s'étaient habitués. Mais les chemins de fer russes, n'étant pas indifférents au bien-être de leurs passagers, proposèrent dès 1864 une première version de wagons-lits équipés de

Arrêt du Transsibérien en gare d'Ob, au début du siècle, le personnel aligné sur le quai pour la photographie. Les gares, qui étaient souvent situées loin des centres urbains, n'offraient que peu de divertissement à la monotonie du long voyage. Cette petite gare proprette, avec son tarabiscotage de bois sculpté, reflète les caractéristiques ancestrales de l'isba paysanne.

salles de bain et même de baignoires alimentées en eau chaude. Moscou et Saint-Pétersbourg possédaient plusieurs gares, aussi modernes qu'extravagantes, qui desservaient les avant-postes du vaste empire, avec des correspondances, à partir de Moscou, pour les principales villes de Russie.

SAINT-PÉTERSBOURG

La voie maritime constituait le moyen le plus pratique de se rendre à Saint-Pétersbourg. Théophile Gautier, qui débarqua dans la Venise du Nord par le canal de Kiel en 1858, a décrit avec des mots magnifiques ses premières impressions :

«Au fond émergeait lentement, entre l'eau laiteuse et le ciel nacré, ceinte de sa couronne murale crénelée de tourelles, la silhouette magnifique de Saint-Pétersbourg dont les tons d'améthystes séparaient par une ligne de démarcation ces deux immensités pâles. L'or scintillait en paillettes et en aiguilles sur ce diadème, le plus riche, le plus beau qu'ait jamais porté le front d'une ville. Bientôt Saint-Isaac dessina entre ses quatre clochetons sa coupole dorée comme une tiare ; l'Amirauté darda sa flèche étincelante, l'église de Saint-Michel-Archange arrondit ses dômes à renflement moscovite, celle des Gardes à cheval aiguisa ses pyramidions aux arêtes ornées de crosses, et une foule de clochers plus lointains firent chatoyer leur éclair métallique.

Rien n'était plus splendide que cette ville d'or sur cet horizon d'argent, où le soir avait les blancheurs de l'aube.».

Saint-Pétersbourg, cité traversée par l'eau et la lumière, se montre sous son plus beau jour au cœur de l'hiver ou durant le solstice d'été quand le soleil ne se couche pas. Avant la révolution, la saison commençait à l'occasion de la foire de Noël qui se tenait au Cercle de la Noblesse, et se terminait pour Carême. C'était une épuisante succession de festivités. A son arrivée, le voyageur de la Belle Époque était conduit à travers neige et glace vers l'un des grands hôtels de la ville, dans un *droshki* attelé à un élégant cheval doucement encouragé par un cocher engoncé dans ses vêtements, la barbe recouverte de givre. La glace jaillissait sous les patins d'acier qui fendaient la neige, et si le cheval s'arrêtait quelques minutes, sa robe se transformait rapidement en bloc de glace compacte. Le passager, enveloppé dans des peaux d'ours, et réchauffé par des briques chaudes posées sur le plancher de l'attelage, descendait peu de

temps après dans l'un des grands hôtels de Saint-Pétersbourg. Parmi les meilleurs, on comptait l'Astoria, à l'angle de la rue Morskaya et de la Voznesenski Propekt, ainsi que l'Evropeiskaya, l'Hôtel de l'Europe, situé sur la célèbre perspective Nevski, les Champs-Élysées de Saint-Pétersbourg. Ces hôtels, construits sur le modèle des palaces européens, offraient le plus grand confort et ressemblaient plutôt à des jardins tropicaux envahis par les plantes et les fleurs exotiques. Dans les pièces surchauffées des meilleures maisons et des restaurants les plus chics, le visiteur s'étonnait toujours de la profusion de plantes vertes qu'il y trouvait, échappatoire aux rigueurs des hivers interminables. Chaque pièce était équipée de doubles fenêtres, entre les battants desquelles on répandait du sable pour y planter de petites cornes de sel destinées à absorber l'humidité et prévenir ainsi la formation de fleurs de givre qui auraient pu briser la vitre. Mais on pouvait également descendre à l'Hôtel d'Angleterre, plus modeste, en face de la cathédrale Saint-Isaac, ou bien imiter les nombreux étrangers qui étaient hébergés dans les grandes résidences privées, ou dans les ambassades, dont cochers et domestiques portaient tous les uniformes distinctifs.

Sitôt installé, le visiteur se rendait sur la perspective Nevski, une large avenue de près de cinq kilomètres de long qui s'étendait de l'Amirauté, sur le fleuve, jusqu'au monastère Alexandre Nevski. C'est là qu'étaient réunis tous les magasins de luxe et les meilleurs restaurants de la

Une église perdue dans la taiga près de Tomsk, principal arrêt du transsibérien.

capitale ; mais la «Nevski» regorgeait également de tant d'églises de toutes confessions qu'on la surnommait la «rue de la tolérance». L'étranger peu familier de l'alphabet cyrillique pouvait néanmoins sans difficulté effectuer des achats, les enseignes étant souvent ornées de petites représentations des marchandises vendues dans le magasin en question. Mais l'enseigne de toutes les bonnes maisons était également écrite en caractères latins. C'est là qu'on trouvait les meilleurs joailliers (le plus sublime de tous, Fabergé, ayant quant à lui ses vitrines sur la rue Morskaya), la grandiose épicerie Eliseef, son décor Art nouveau et ses boîtes rondes pleines de caviar, de gibier à plume, de poisson fumé, de foies gras d'importation, de pâtisserie et de *pirojki* russes, sans compter les fruits et les légumes en provenance du monde entier. Cet Hédiard russe possédait également des buffets au second. Non loin de là se trouvait le café Wolf et Béranger, lieu de rendez-vous favori des poètes et des intellectuels, ainsi que le palais Stroganov et sa façade rouge violacé, construit par Rastrelli, dans lequel était conservée l'importante collection d'œuvres d'art réunie par la famille, ouverte au public à certaines heures. S'ouvrait également sur la Nevski l'une des façades du célèbre Gostinni Dvor, un souk à l'oriental occupant deux étages où travaillaient cinq mille personnes. On y trouvait environ deux cents magasins qui vendaient bijoux, trésors artisanaux de toutes les régions de l'empire, pierres précieuses ou perles fines, fourrures, broderies, cuirs ouvragés, sculptures sur bois ou sur ivoire, ainsi que les nombreux parfums qu'affectionnait tant la petite noblesse russe. Des librairies françaises et anglaises se trouvaient également sur la perspective Nevski, de même que le célèbre Aleksandre & Knoop, des salons de coiffure, des photographes et des restaurants.

Ce qui frappait au premier coup d'œil le visiteur, c'étaient la richesse et la variété de l'habillement. Les hommes portaient toutes leurs décorations et leur épée, les étudiants se reconnaissaient à leurs casquettes particulières, soldats et marins paradaient dans des uniformes impeccables, de même que les membres de la maison impériale. Le moindre vendeur de blinis ou de confiserie faisait l'article en arborant son costume traditionnel, tout comme les montreurs d'ours ou encore cette femme qui divertissait les foules en plongeant la tête dans la gueule d'un crocodile.

A l'extrémité de la perspective Nevski, sur le fleuve, se dressaient les importants bâtiments de l'Amirauté, contigus au gigantesque parc du Palais, au centre duquel Alexandre Ier écrasait le serpent de la rébellion, au sommet d'une colonne de granit rouge de 41 mètres. On pouvait visiter le palais d'Hiver quand la famille impériale en était absente, c'est-à-dire la plupart du temps ; quand elle se trouvait à Saint-Pétersbourg, le commun des mortels était cependant autorisé, en nombre limité, à assister aux cérémonies officielles ainsi qu'aux festivités, pourvu qu'il portât une redingote. Le parc s'animait alors des arrivées et des départs du corps diplomatique, des défilés des nombreux régiments aux uniformes chamarrés, en particulier celui de la Garde à cheval chargée de la protection de la famille impériale, et dont les membres étaient désignés en fonction de leur beauté physique et de leur ascendance.

En hiver, la Neva étant prise par les glaces, les *droshkies* la traversaient pour gagner les îles isolées. Durant les mois les plus froids, des Esquimaux descendaient du cercle Arctique sur leurs traîneaux tirés par des rennes, plantaient leur tente sur la glace et gagnaient une petite fortune en faisant faire aux petits et grands des tours de traîneau. C'est également dans cette glace épaisse que le prince Ioussou-pov et le grand-duc Dimitri Pavlovitch tentèrent de faire disparaître le cadavre de Raspoutine qu'ils venaient d'assas-siner. Dans un registre moins sombre, chaque année on bénissait le fleuve en face du palais, à l'occasion d'une cérémonie complexe à laquelle participaient toute la Cour et l'ensemble du clergé.

Ci-dessus. *L'empereur Nicolas II et son fils, le tsarévitch Alexis, se rendent sur le front par le train impérial, durant la Première Guerre mondiale. Ce train bleu nuit, extraordinaire de luxe, était constamment menacé par les terroristes.*

A droite. Saint-Pétersbourg, vue de la perspective Nevski. Au centre, on distingue le dôme de la cathédrale Kazan.

ТАБАКЪ

Dans cette grande cité, les occupations ne manquaient guère. On y trouvait de merveilleux restaurants, où les chefs français interprétaient dans un registre allégé la gastronomie russe traditionnellement assez lourde, les plus renommés étant le Cubat et le Medved (l'Ours), et nombreux étaient les établissements à disposer d'un orchestre. Il y avait également les théâtres, les concerts ainsi que les Ballets impériaux mondialement célèbres, abrités derrière la façade bleu pâle surchargée de dorures du Théâtre Mariinsky. C'est ici que Pavlova et Karsavina, Nijinski et Fokine créèrent les chefs-d'œuvre de Marius Petipa qui domina cette institution pendant cinquante ans. Attelages et cochers attendaient dans la nuit glaciale la fin des représentations, la sortie des élégants noceurs en habits et parures de bijoux, pour les conduire sur la Neva gelée vers les restaurants des îles, où les chants rauques des Tsiganes s'élevaient jusqu'aux premières heures de l'aube. Au petit jour, la joyeuse compagnie se rendait aux «montagnes de glace» où, sous la lumière de torches brandies par des moujiks, elle descendait en luge des toboggans en bois. Ensuite, on rentrait se coucher sous des couvertures de zibeline et de velours.

Les joies de Saint-Pétersbourg s'offraient en nombre quasi illimité au voyageur possédant une introduction auprès de l'une de ses grandes et richissimes familles – les Schuvalov, Anichkov, Stroganov, Orlov, Lobanov-Rostovki ou les Ioussoupov – dont la fortune n'avait rien à envier à celle de l'empereur. La table était toujours mise pour les amis, et la somptueuse hospitalité dont ils faisaient preuve prolongeait une tradition russe partagée par toutes les classes sociales.

M O S C O U

Le train pour Moscou, qu'on prenait à la gare Nicolas, était moderne et confortable. Il s'arrêtait en route afin que ses passagers puissent assouvir leur faim. Théophile Gautier, dans *Voyage en Russie*, nous a laissé une description significative du luxe raffiné qu'offraient ces buffets de gare, ici celui d'une étape située à mi-chemin des deux villes :

Vue de l'Académie des Arts
à Saint Petersbourg, située de l'autre côté de la Néva.
Le fleuve était encombré
de bateaux l'été et de traineaux l'hiver.

«Les stations bâties sur un plan uniforme sont magnifiques. Leur architecture mélange agréablement pour l'œil les tons rouges de la brique et les tons blancs de la pierre. Mais qui en a vu une les a vues toutes ; décrivons celle où l'on s'arrêta pour dîner. (...) De larges baies en arcades à doubles fenêtres se faisant face éclairaient la salle où la table était mise et où régnait une douce température de serre qui permettait à des lataniers, à des tulipiers, et autres plantes des régions tropicales, d'épanouir leurs larges feuilles soyeuses. Ce luxe de plantes rares et qu'on ne s'attend pas à trouver sous un climat si âpre est presque général en Russie. Il donne un air de fête aux intérieurs, repose les yeux de l'éclat étincelant de la neige, et maintient la tradition de la verdure. La table était splendidement servie, couverte d'argenterie et de cristaux, hérissée de

Ci-dessus. *Les bureaux de la C.I.W.L. à Moscou, avant 1914.*

En-dessous. *Gare de Riazan.*

bouteilles de toutes formes et de toutes provenances. Les longues bouteilles de vin du Rhin dépassaient de la tête les bouteilles de vin de Bordeaux au long bouchon, coiffées de capsules métalliques, les bouteilles de vin de Champagne au casque en papier de plomb ; il y avait là tous les grands crus, les châteaux d'Yquem, les hauts Barsacs, les châteaux Lafitte, les Gruau-Larose, la veuve Clicquot, le Rœderer, le Moët, les Sternberg-Cabinet, et aussi toutes les marques célèbres de bières anglaises ; un assortiment de boissons illustres chamarré d'étiquettes dorées, aux couleurs vives, aux dessins engageants, aux blasons authentiques.»

Après Saint-Pétersbourg, Moscou semblait plutôt décevante, surtout à la Belle Époque. Si la vie brillante et les divertissements, sans parler du gouvernement ni de l'aristocratie, se trouvaient concentrés dans la capitale, Moscou était une cité industrieuse, quelque peu provinciale et rébarbative. Elle constituait encore le cœur industriel et financier de l'empire, enrichie par une bourgeoisie prospère ainsi que par une excitante communauté d'hommes de lettres, de comédiens, de chanteurs et de dramaturges. Ce fut à Moscou que Stanislavski, Meyerhold et Vakhtangov créèrent le théâtre moderne, que les princes marchands montraient leurs Picasso et Matisse et qu'au théâtre du Bolchoï, Fedor Chaliapine interpréta le *Boris Godounov* de Moussorgsky. Les hommes d'affaires puissants descendaient dans les nombreux grands hôtels – le National, le Métropole, le Dresden ou le Savoy – , avant d'aller dîner au Praga, le meilleur restaurant de la ville, ouvert sur plusieurs étages, situé à Arbat, le vieux quartier de Moscou. Comme aujourd'hui, le touriste de l'époque visitait le Kremlin, les monastères chargés d'histoire et la galerie Tretiakov. A partir de Moscou, on avait également la possibilité d'emprunter de confortables trains pour faire le tour du «Cercle d'Or», cet exceptionnel ensemble de villes fortifiées qui protégeaient jadis Moscou contre les invasions barbares : Zagorsk, Iaroslav, Rostov Veliki, Vladimir et Suzdal. A la différence de Saint-Pétersbourg, le flambeau mystique de la Sainte Russie brillait encore sur la vieille capitale et ses satellites.

A TRAVERS LES STEPPES

A Moscou, la gare de Kazan est encore aujourd'hui le point de départ du plus long voyage en chemin de fer du monde, le Transsibérien, dont les 7 500 kilomètres se prolongent jusqu'à la mer du Japon, à Vladivostok. Si l'Orient-Express avait bâti sa renommée sur son confort voluptueux, sur ses aménagements, ses passagers prestigieux, la diversité des pays qu'il traversait ainsi que sur l'opulence de son terminus dans la Corne d'Or, rien de tout cela ne pouvait être attribué au Transsibérien. Ses voitures étaient banales, ses paysages parfaitement ennuyeux et ses passagers aussi sérieux que pragmatiques. Bien qu'il ait existé, au début de notre siècle, des trains express russes tout à fait convenables, jamais ils n'eurent ce chic cosmopolite des wagons de la C.I.W.L. qui faisait la différence, et plus particulièrement s'agissant d'un trajet aussi considérable. En 1900, lors de l'Exposition universelle de Paris, la Compagnie Internationale des Wagons-Lits vendit 25 000 tickets d'entrée pour la visite des somptueuses voitures de style Louis XVI destinées à traverser la Sibérie, et d'où l'on pouvait voir se dérouler en 45 minutes le panorama complet du pays compris entre Moscou et Pékin. On s'émerveilla devant les magnifiques boiseries et les luxueuses tentures bleues, ainsi que dans le salon de coiffure lambrissé de sycomore, la salle de gymnastique et les salles de bain, sans parler de la voiture-dancing conçue pour faire passer les longues soirées d'hiver, à chanter et à danser au son du piano. Mais ce matériel roulant ne connut la steppe que bien rarement, car la C.I.W.L. ne se résigna pas à confier ses voitures les plus magnifiques à l'instabilité et à la fragilité de voies de chemin de fer posées aussi rapidement et économiquement que possible par une main-d'œuvre composée le plus souvent de condamnés aux travaux forcés. Cependant, leur personnel d'accompagnement parlait plusieurs langues, leur menu était international, les compartiments plus spacieux, et l'ambiance générale plus au goût des Occidentaux. Ces voitures étaient de plus surréservées, alors que les trains russes offraient une alternative parfaitement acceptable. C'est en ces termes qu'un voyageur de 1910 décrivit l'express dans lequel il avait embarqué :

«C'est par un large couloir central qu'on se rend d'une cabine de luxe à l'autre, toutes encombrées de bagages, de literies éparpillées, de bouilloires, de romans et de pardessus en fourrure, désordre effroyable dans lequel se serrent les passagers. Sur les petites tables dressées entre les sièges, ils poursuivent une interminable partie de cartes,

Voiture-salon (en haut) et voiture restaurant (à droite)
du Transsibérien au début du siècle.
On peut noter, par comparaison, la sobriété de la voiture
restaurant du Transmandchourien datant de 1923.

buvant leur thé et fumant des cigarettes avec nonchalance. En entrant dans la voiture, on passe à côté d'un renfoncement occupé par le poêle, une montagne de bois de chauffe et le chauffeur vous salue militairement. On traverse entre les voitures les passerelles couvertes où s'accumule en petits tas la neige qui s'est infiltrée par les interstices ; la chape d'air froid tombant sur les épaules rappelle la température réfrigérante qui règne à l'extérieur. Enfin apparaissent les doubles portes de la voiture de tête et, traversant un autre espace de froid arctique au-dessus de l'attelage, on peut alors faire passer par la porte son chapeau de fourrure pour saluer l'icône qui, avec sa lampe toujours allumée, garde l'entrée du wagon-salon. On pourra ensuite s'asseoir sur le vaste canapé qui longe l'une des parois, sommeiller dans le fauteuil à bascule installé dans l'angle, sous la bibliothèque, ou bien avoir une conversation en tête à tête dans des fauteuils séparés par une table miniature.»

L'une des curiosités du voyage en train à travers la Sibérie était que les passagers laissaient leurs montres à l'heure de Saint-Pétersbourg jusqu'à l'océan Pacifique, avec pour résultat qu'il leur arrivait de prendre le déjeuner le soir ou d'attaquer le petit déjeuner tard dans la nuit. Car dans le Transsibérien, on ne pouvait s'attendre à rien d'autre qu'à des semaines de toundra aussi lugubre que monotone, ponctuée de temps en temps par quelques broussailles ou par une forêt de bouleaux. Le voyage était plus particulièrement ennuyeux en hiver, quand la neige recouvrait de son blanc manteau les singularités du paysage, la coupole d'une église, quelque isba à la charpente peinte ou une forteresse en pierre. Pour tuer le temps, les passagers bavardaient en buvant un thé, jouaient aux cartes, mangeaient pendant des heures et buvaient force verres de vodka ou de cognac russe. Le train ne s'arrêtait même pas dans les rares villes situées sur le trajet car, pour une raison inconnue, les gares de chemin de fer se trouvaient à plusieurs kilomètres de celles-ci. L'explication la plus plausible serait que les *Kuptsi*, les commerçants, avaient refusé de verser la rançon exigée par les bureaucrates pour que les centres urbains puissent délester de leur contenu les portefeuilles des passagers des trains express. Ceux qui, toutefois, visitaient les villes de Sibérie en revenaient le plus souvent déçus, car elles n'étaient rien de plus que des avant-postes, aux axes verticaux et horizontaux, que la bonne société locale rêvait de quitter pour Saint-Pétersbourg ou Moscou.

LES DÉPORTÉS

Quand le Transsibérien fonctionna sur toute sa longueur, les touristes qui écumaient les gares à la recherche de souvenirs purent acheter des figurines en bois ou en cire représentant ces condamnés qui avaient pris une part essentielle à la construction de la voie ferrée. Et, tout en dégustant des *zakouski* dans la voiture-restaurant agréablement chauffée, leur express de luxe dépassait régulièrement de longs trains de marchandises aux wagons aveugles et dans lesquels des prisonniers en route vers les camps de déportation en Sibérie s'entassaient, dans des conditions effroyables, sur des couchettes superposées. La moindre traverse du Transsibérien raconte sa sanglante et tragique histoire car, comme nous ne le savons que trop bien depuis Soljenitsyne, les goulags furent aussi actifs en Russie soviétique que sous l'empire.

A Urzhuma, point culminant de l'Oural, immédiatement à l'est de Zlatoust, se dressait une pyramide de pierre marquant la frontière entre l'Europe et l'Asie. Pour de nombreux déportés, elle signalait la fin de la liberté et le commencement d'une aventure tragique, telle une sorte de «pont des soupirs» russe. A peine 320 kilomètres plus loin se trouve Tobolsk, le premier centre de triage des prisonniers en provenance de toutes les régions de l'empire. C'était ici qu'on les regroupait pour les envoyer sous escorte militaire d'abord à Tomsk, Krasnoïarsk et Irkutsk, puis ensuite vers des bagnes situés plus à l'est. Entre 1823 et 1888, 773 000 déportés, suivis de leurs femmes et enfants,

Aquarelle de N. Karazine, vers 1890, représentant des détenus avançant à travers les neiges de Sibérie. Le système pénal russe étant particulièrement cruel, des milliers de condamnés furent déportés au-delà de l'Oural, souvent pour des vétilles. Beaucoup mouraient, d'autres s'évadaient, et quelques-uns, libérés, s'installaient définitivement dans ces immensités. Les détenus, pour la plupart condamnés aux travaux forcés, étaient employés à la construction du Transsibérien, et la ligne servait à transporter des wagons entiers de déportés. Ci-contre. *La voiture-chapelle du Transsibérien, construite à la demande expresse du tsar Nicolas II, qui estimait inopportun que ses sujets puissent voyager sur d'aussi longues distances sans le secours de la religion.*

traversèrent l'Oural. Ce chiffre dépassait le million à la fin de la Première Guerre mondiale, et ces statistiques déjà impressionnantes furent encore augmentées de plusieurs millions par Staline. Ce fut Catherine la Grande qui, en 1754, avait décidé que les criminels pouvaient tout aussi bien être employés dans les lointaines mines d'or et d'argent, les *Kabinetki*, que possédait la famille impériale.

Les déportés étaient classés en quatre catégories : a) les condamnés aux travaux forcés, b) les déportés par condamnation pénale, c) les déportés par mesure administrative, pour des raisons diverses allant de la publication d'écrits séditieux aux activités révolutionnaires, d) les accompagnateurs volontaires. Les deux premières catégories étaient exilées à vie mais avaient la possibilité de s'installer comme colon en Sibérie dès leur sortie du bagne. Le traitement qu'ils subissaient était cependant si sévère que beaucoup mouraient avant la fin de leur peine. On les marquait au fer rouge, on les torturait, on les envoyait dans les mines lointaines pour travailler dans des conditions bestiales, les nourrissant d'eaux grasses et les poussant à un désespoir tel qu'ils étaient nombreux à se suicider, en buvant une eau mélangée au soufre d'allumette. Certains parvenaient à s'évader et rôdaient en Sibérie, écumant les grands chemins et craints à un point tel que les colons laissaient de la nourriture sur le seuil de leur demeure en guise d'offrande de paix. Les habitants des villes frontières se faisaient fréquemment dévaliser ou assassiner, et les trains express voyageaient toujours sous bonne garde. Maints déportés et accompagnateurs volontaires devenaient précepteurs dans les foyers de mineurs sibériens ou des commerçants enrichis et peu instruits, qui se faisaient construire de grands palais meublés à la dernière mode de Saint-Pétersbourg ou de Moscou, mais qui n'en continuaient pas moins à dormir tout habillés sur leurs canapés ou sous leurs lits sculptés et bordés de draps de soie. La Sibérie, comparable à de nombreux égards à l'Ouest américain, se délecte aujourd'hui, à l'instar de l'Australie, de la généalogie douteuse de ses premiers colons. L'une des conséquences des bagnes fut l'appauvrissement radical de la langue russe, l'intelligentsia ayant adopté le parler de la racaille, tout comme la prononciation d'Oxford cédait place au *cockney* dans la brousse australienne. Nul besoin de préciser que le brassage social que découvrait un voyageur descendant à Tomsk ou à Krasnoïarsk était proprement extraordinaire : idéalistes et révolutionnaires frayaient avec des politiciens, et tous se retrouvaient avec des assassins, des dévaliseurs de banque, des adultères, des poètes, des joueurs professionnels et des escrocs.

Dès le début du siècle, la ligne connut un succès complet. Le volume du fret sur le tronçon Tcheliabinsk-Irkutsk se révéla quatre fois supérieur aux estimations de départ, et les Russes émigrèrent à un bon rythme dès que le gouvernement alloua à chaque famille 55 hectares de terres arables, avec exemption du service militaire et des impôts, prêts sans intérêts pour l'achat du matériel agricole et des semences, et transport vers la Sibérie à prix modique. Les conditions de voyage n'étaient pas idéales, mais chaque train d'émigration possédait une voiture-hôpital et, en 1898, la mortalité des colons en transit qui s'élevait à 20% avant l'exploitation de la ligne était tombée à 0,005%. La population d'émigrants ne comprenait pas seulement des agriculteurs, mais également des mineurs, des ingénieurs et des ouvriers spécialisés partis pour exploiter les richesses naturelles et fonder de nouvelles industries. Mais si les travailleurs remplacèrent graduellement les forçats, la Sibérie resta toujours évocatrice de souffrances et d'injustices.

Mikhail Perchin, l'orfèvre qui travaillait pour le maître-joaillier Peter Carl Fabergé, résuma en 1900, à l'intention du tsar Nicolas II, le parfait succès de l'aventure transsibérienne, sous la forme du plus délicieux de tous les œufs de Pâques impériaux. Il renferme une minuscule locomotive, avec un rubis en guise de feu avant, actionnée avec une clé en or, et qui peut toujours tracter un fourgon à bagages en argent et or, une voiture à places réservées pour les dames, une voiture pour les enfants, ainsi qu'un wagon-église avec toutes ses cloches en or. Cette singulière voiture, la seule église qui ait jamais roulé sur rails, avait été conçue par l'empereur qui pensait qu'on ne pouvait obliger ses sujets à voyager sur d'aussi longues distances sans qu'ils puissent bénéficier éventuellement du secours de la religion. Ce wagon, administré à plein temps par un prêtre, était orné d'une magnifique iconostase ; des bouffées d'encens s'échappaient de ses fenêtres en acajou sculpté et parfumaient les steppes traversées par le Transsibérien Express. Cet œuf constitue l'une des gloires du musée du Kremlin, tout comme le chemin de fer qu'il représente fut le grand orgueil du règne du dernier empereur de Russie.

229 Pyramide Chéops : Ascension
J P S

A L'OMBRE DES PYRAMIDES

La pyramide de Khéops, à Gizeh, vers 1880. A l'origine recouverte de marbre qui fut utilisé pour construire les mosquées du Caire, la structure sous-jacente de la pyramide permettait aux touristes de grimper à son sommet, généralement avec l'aide de leurs guides.

De toutes les occupations hivernales qui, au début du siècle, s'offraient au choix des privilégiés, le voyage en Égypte était la plus passionnante. La «saison» égyptienne commençait à Noël et s'achevait au début du printemps, et des paquebots qui relâchaient à Alexandrie débarquaient des foules d'aventuriers en quête de réponse à l'énigme du Sphinx. Ils découvraient au Caire un monde des Mille et Une Nuits, des bazars regorgeant de merveilles innombrables, de tapis, de bijoux et d'aromates, les rues encombrées de processions de derviches, de femmes voilées et de messieurs coiffés de fez rouge vif. Non loin de là, dans le désert, ils admiraient, éblouis, les pyramides de Gizeh et de Memphis, et à peine commençaient-ils à remonter le Nil qu'ils pénétraient dans le pays des pharaons et de la Bible. Ce curieux mélange d'imaginaire, de chasse au trésor et d'occulte avait de tout temps exercé un extraordinaire pouvoir de séduction, et les touristes de l'époque de la Rome antique étaient aussi puissamment attirés par l'Égypte que nos contemporains.

Le voyageur de la fin du siècle dernier découvrait cependant un pays très différent d'aujourd'hui. Alexandrie était alors une ville prospère et singulièrement luxueuse,

habitée par une population très cosmopolite où se mélangeaient Grecs, Juifs, Chypriotes, Italiens et Arabes. Comme au Caire, le français était la seconde langue de cette place commerciale très active. On faisait fortune dans le négoce du coton, le fret maritime international, et grâce à d'habiles marchandages. Alexandrie était le Beyrouth de son époque. Lors des somptueuses réceptions servies par des Nubiens en galabiehs de soie rayée, on échangeait simultanément en toutes langues les dernières nouvelles de Paris, de Londres, de Bagdad et du Caire, bavardage aux intonations infléchies par les mélodieux accents de la langue arabe. La chaleureuse hospitalité orientale se nuançait de l'élégante réserve des Occidentaux, et les douces nuits méditer-ranéennes étaient propices à toutes les idylles. Mais Alexandrie avait peu à offrir au touriste : la grande tour de Pharos, dont on disait que le rayon lumineux pouvait éclairer un navire à cent cinquante kilomètres de là, n'existait plus. De même que sa célèbre bibliothèque et son université qui, avant la naissance du Christ, avaient attiré les érudits du monde entier. C'est ici qu'avaient vécu Antoine et Cléopâtre, enterrés non loin de là dans quelque tombe inconnue, et c'est encore à Alexandrie que Ménélas ramena Hélène après la chute de Troie. Ces merveilles étant toutes disparues, il restait au touriste à aller se baigner à San Stefano ou dans la baie de Stanley, à faire du lèche-vitrine sur les élégants boulevards, à endosser son habit pour aller jouer au casino, et à patienter dans l'attente de la prochaine réception ou du prochain départ du train de luxe pour Le Caire.

La capitale d'Égypte ne se trouvait qu'à quelques heures de là, desservie par un train dont un wagon était affrété par la C.I.W.L., mais le voyageur qui s'attendait à des émotions fortes dans le désert était cruellement déçu. L'Égypte a souvent été comparée à un éventail à manche étroit, ce dernier étant naturellement le Nil qui traverse le désert brûlant, apportant vie et prospérité à ses rives. Il trace un mince ruban vert dans de vastes zones désertiques de rochers bruns et noirs et de sable jaune, puis se déploie en éventail dans le delta, après Le Caire, charriant le fertile limon des terres africaines. En résulte l'une des plus riches régions agricoles du monde, un grand patchwork de champs de coton, de cultures potagères et de champs de blé ondoyant, labourés selon des techniques qui remontent aux temps bibliques. Ce petit territoire situé entre les deux plus grandes villes d'Égypte concentrait la moitié des terres arables du pays.

Ci-dessus. *Affiches de la C.I.W.L. proposant des voyages en Egypte et au Proche-Orient. L'ouverture du canal de Suez en 1869 marqua le véritable commencement du tourisme en Egypte, qui devint rapidement la règle durant la saison d'hiver. Le climat chaud, l'exotisme des villes, les ruines historiques et la séduction d'une lente remontée du Nil en bateau, tout cela composait un cocktail des plus irrésistibles. La C.I.W.L. et la Cook's se livraient à une concurrence sans merci sur ce marché touristique en forte croissance, et les deux sociétés s'empressèrent de faire construire ou de racheter des hôtels, des vapeurs ainsi que des concessions de chemin de fer. Ci-contre. Le temple d'Amon à Karnak, photographié par Bonfils, vers 1880.*

Bonfils

LE SHEPHEARD'S, UN HÔTEL DE LÉGENDE

A son arrivée en gare du Caire, un élégant terminus en pierre de taille qui n'avait rien à envier aux plus belles gares d'Europe, le voyageur se lançait à la recherche du personnel en tenue du Shepheard's, un hôtel légendaire devenu à juste titre le centre de la vie mondaine occidentale dans la capitale orientale. Ancien harem, il avait servi de quartier général à Napoléon durant la campagne d'Égypte avant d'ouvrir ses portes comme hôtel, en 1841. Situé à l'extérieur des anciennes murailles de la ville sur le boulevard Ezbekiyah, aujourd'hui la rue El-Gumhuriya, il fut considérablement agrandi en 1891, puis en 1899, 1904, 1909 et 1927. Déjà en 1891, il possédait sa célèbre véranda donnant sur le boulevard, garnie de chaises et de tables en rotin, et sous la marquise rayée de laquelle les touristes attablés contemplaient dans une fascination insatiable la vie grouillante de la capitale du Moyen-Orient. Non loin de là se trouvaient les jardins Ezbekiyah ainsi que le nouvel Opéra, dont l'inauguration en 1869 coïncida avec les festivités marquant l'ouverture du canal de Suez.

Les clients de l'hôtel Shepheard's suivaient à la lettre l'adage de Kipling : «L'Orient est l'Orient, l'Occident est l'Occident, et les deux sont inconciliables.» S'ils pouvaient souhaiter temporairement quitter la fraîcheur de l'hôtel et s'aventurer à l'extérieur, d'abord à dos d'âne puis en taxi, dans les rues tumultueuses, ils s'attendaient du moins à retrouver à leur retour tout le confort occidental, qui incluait cuisine française, femmes de chambre suisses ainsi que les bureaux de l'agence de voyages Thomas Cook & Sons pour aplanir toutes les difficultés et prévenir tous les désagréments qui pouvaient naître à vivre et voyager en terre infidèle.

THOMAS COOK

L'Égypte fut l'apothéose de Thomas Cook, l'apogée d'une carrière qui inventa le tourisme en tant qu'industrie. Cet Anglais messianique, pieux et prohibitionniste fut aussi important dans l'histoire des voyages que Henry Ford le fut pour le développement de l'automobile. Faire venir des voyageurs par paquebots entiers dans les pays bibliques (ses excursions en Égypte incluaient presque toujours la Palestine et la Syrie), c'était la consécration d'une vie de dur labeur. Cook avait eu sa première vision à l'âge de trente-trois ans dans un train entre Harborough et Leicester. Plus tard, il écrivit : «Quelle chose merveilleuse ce serait si les nouvelles puissances des chemins de fer et des locomotives pouvaient servir la cause de la tempérance.» Il vaudrait mieux donner aux gens l'occasion de se divertir grâce au

Le Shepheard's, qui était synonyme du Caire pour la plupart des voyageurs dorés, fut agrandi pour satisfaire à la demande du marché touristique. Sa façade, ci-dessus, *donnait sur une voie très passante, le boulevard Ezbekiyah, mais son vaste jardin,* ci-contre, *était une oasis de paix au sein du désordre poussiéreux de la capitale égyptienne. Il existait d'autres hôtels de luxe, en particulier le Palace Gezireh construit pour accueillir l'impératrice Eugénie et d'autres monarques à l'occasion de l'inauguration du canal de Suez. Mais seul le Shepheard's symbolisait l'avant-poste de l'invasion étrangère ; il fut incendié lors d'un soulèvement nationaliste en 1952.*

train plutôt que de les laisser durant leur temps libre boire du mauvais gin, par pur ennui et désespoir de la vie citadine. Le 5 juillet 1841, il réunit donc cinq cent soixante-dix passagers qu'il emmena faire une excursion pour la journée, en chemin de fer des Midland Rail, de Leicester à Loughborough, où diverses associations anti-alcooliques avaient dressé des tentes bariolées et servaient des rafraîchissements (sans alcool, naturellement), le tout égayé par un orchestre. Cet événement fit grand bruit, et les sociétés de chemin de fer pressèrent Thomas Cook d'acheter leurs places invendues qu'il remplissait de nouveaux citadins désireux de voir la Grande-Bretagne. En un rien de temps, il transportait des foules d'excursionnistes et de vacanciers vers les villes d'eaux et les stations balnéaires d'Angleterre, au grand dam des employeurs qui auraient préféré que leurs ouvriers restent chez eux pour prier et se préparer à reprendre leur travail le lundi matin. «Il n'y a certainement rien de contraire à la religion dans le fait de sortir de chez soi pour découvrir l'œuvre du Créateur», répliqua à ces critiques l'entreprenant Thomas Cook. Il connut son plus grand succès en 1851, quand il transporta en train 165 000 voyageurs en provenance de toute l'Angleterre qui se rendirent à l'Exposition universelle de cette année-là et visitèrent le Crystal Palace. Pour la plupart d'entre eux, il ne se contenta pas seulement d'organiser leur voyage, mais également leur logement et leurs repas, les prenant complètement en charge dès l'instant où ils quittaient leur domicile jusqu'à leur retour. Les Voyages Cook, mais hélas aussi le tourisme de masse, étaient nés, à la grande consternation de l'élite qui dut dorénavant subir les foules. Très rapidement, ils développèrent en Europe un réseau d'agences, des hôtels furent achetés pour répondre à la demande de la nouvelle clientèle, et les représentants de Cook, arborant leur casquette et leur élégante tenue, firent vite partie du mobilier de toutes les gares d'Europe.

Dès que Cook eut mis un pied en Italie, rien ne pouvait plus s'opposer à sa progression vers le sud. En 1869, le prince et la princesse de Galles, comme tout un chacun, se rendirent en Égypte par bateau. Le désormais célèbre Thomas Cook fut invité par son ami, Ferdinand de Lesseps, à l'inauguration du canal de Suez, et l'agent de voyages emmena avec lui soixante touristes, littéralement dans le sillage de leur prince bien-aimé qui remontait le Nil avec son épouse. Le voyage avait commencé en Palestine et en Syrie, où les Arabes les avaient surnommés «Hum Kukiyejeh». Kuki avait organisé un campement de vingt et une tentes-chambres à coucher, trois tentes-salles à manger, avec des cuisines roulantes pour préparer le mouton rôti et les œufs sur le plat qui faisaient l'ordinaire de ses protégés. Il y avait également 67 chevaux de selle, 87 chevaux de bât, des troupeaux de mulets et 56 muletiers pour suivre les traces de Moïse et retrouver le Buisson ardent. On avait engagé plusieurs gardes chargés de la sécurité, avec des

Médaillon. *Thomas Cook (1808-1892), l'inventeur du voyage au sens moderne, fut le pionnier du tourisme au Proche-Orient ; il joua un rôle essentiel dans le développement de l'industrie du voyage en Egypte. Cook avait été propriétaire de tous les vapeurs qui faisaient la navette sur le Nil, ainsi que du Shepheard's, où il conserva une agence au service de sa vaste clientèle. Ses vapeurs offraient tout le confort des paquebots transatlantiques de l'époque.*

chiens, ainsi que quelques drogmans, ces guides indispensables qui accompagnaient toujours les étrangers à travers le Proche-Orient et se chargeaient de résoudre tous les problèmes quotidiens et d'expliquer les sites visités. Les touristes traversèrent le désert sans difficulté aucune et arrivèrent à l'hôtel Shepheard's juste avant l'ouverture du canal et l'arrivée du prince de Galles. Comme à l'accoutumée, le voyage de Cook respectait à la minute près l'horaire prévu.

LE CAIRE

A l'hôtel Shepheard's, on constatait un schisme évident entre la clientèle de Cook et les touristes plus raffinés qui considéraient avec un mépris non dissimulé ces voyageurs moins privilégiés. Pourtant, les séductions du Caire étaient équitablement offertes à ces deux groupes de touristes, à l'exception prèsque les plus importants d'entre eux avaient leurs entrées dans les élégantes résidences et les réceptions des beys et pachas du Caire, et quelquefois même à la cour du khédive. Ce dernier, qui était en fait le vice-roi du sultan ottoman, dirigeait une cour complexe à l'image de celle des potentats orientaux. Il résidait au palais et vivait dans le luxe, lui et ses courtisans portant le «stambul» traditionnel, une redingote noire avec fez. Ce fut Ismaïl Pacha, sous l'égide duquel le canal de Suez fut percé, qui décréta que l'Égypte appartenait à l'Europe et qui lança de vastes réformes pour moderniser le pays et en transformer les structures sociales.

Les consuls d'Égypte à l'étranger ou le khédive lui-même introduisaient les visiteurs de marque dans le monde écœurant de l'aristocratie égyptienne. Avant l'ouverture du canal de Suez, les femmes – même celles des maisons les plus raffinées – vivaient toujours au harem, en compagnie des autres épouses de leur mari, de tantes veuves, de grands-mères et d'autres femmes seules ayant un lien de parenté direct. A son arrivée dans un palais du vieux Caire, l'épouse du visiteur étranger était conduite au harem où elle prenait le thé et des pâtisseries, en compagnie de dames empâtées au teint pâle qui évitaient toute lumière directe en restant dans les recoins les plus éloignés de leurs appartements. Pendant ce temps-là, le visiteur se rendait dans le palais proprement dit ; la conversation roulait généralement sur le jeu et les pur-sang arabes, les deux distractions préférées des beys et des pachas, toujours prêts à jouer toute leur fortune au champ de courses ou sur le tapis vert de la roulette. Puis l'hôte conviait ses invités à une promenade en calèche, conduite par des domestiques en livrée, sur la promenade de Choubrah où le Tout-Caire allait prendre l'air en fin d'après-midi, avant de les emmener pour le thé chez Groppi ou un autre pâtissier de la ville. Au début du siècle, quand la condition féminine se fut un peu libéralisée, ces dames se faisaient habiller par les grands couturiers parisiens, portaient d'étincelantes parures de bijoux et se joignaient à leurs époux pour accueillir les visiteurs de marque dans leurs majestueux palais de style occidental édifiés sur les rives du Nil. On y servait de fastueux dîners où l'on dégustait les délices de l'Orient, présentés sur des plats en or massif par un personnel en tenue, se divertissant jusqu'à l'aube au spectacle des danseuses du ventre et des chanteurs, puis on prenait le petit déjeuner avant de repartir vers son grand hôtel ou son palais cairote. Le Sporting Club de Gézira, construit sur une île au milieu du Nil, constituait une autre distraction appréciée du voyageur de marque : institution essentiellement britannique, le Sporting était interdit aux Égyptiens, même aux membres de la famille royale, sauf aux sportifs de premier niveau ; ici, les touristes étrangers passaient l'après-midi à jouer au tennis, au cricket, au polo, ou à prendre des bains de soleil à côté de la piscine.

Billet aller-retour pour une excursion du Caire à Assouan, délivré par l'agence Cook, daté du 22 novembre 1893, illustrant les temps forts d'un voyage en Egypte.

Affiche du Palace Hôtel d'Héliopolis, par Dorival, imprimée en 1910.
Héliopolis est un faubourg du Caire, sur le site de l'antique ville d'Or, centre du culte du dieu solaire Ré. Les Perses rasèrent complètement la ville en 525 av. J.-C. et firent d'Alexandrie la capitale de l'Egypte, transformant ainsi le royaume du désert en un pays d'obédience méditerranéenne plutôt qu'africaine. Au début du siècle, Héliopolis était un élégant quartier résidentiel, et le Palace Hôtel un havre préservé de la poussière et de l'agitation du vieux Caire.

LA VIE CAIROTE

La vie extraordinairement pittoresque et colorée du Caire constituait son premier attrait. Une voyageuse de l'époque, Amelia B. Edwards, décrit l'agitation qui régnait en 1877 dans la capitale, alors qu'elle attendait une procession de pèlerins en route vers La Mecque.

«Toute la place ressemblait à une foire avec ses étals de provision, son mouvement incessant de conteurs, de charmeurs de serpents, de vendeurs de gâteaux et de confiserie, de vendeurs de sorbets, d'eau, de limonade, de noix sucrées, de dattes, d'œufs durs, d'oranges et de tranches de pastèque. On découvrait toute une foule agitée de femmes voilées, portant à califourchon sur l'épaule droite leur enfant, véritable Cupidon de bronze, d'Égyptiens basanés, d'Abyssins noirs d'ébène, d'Arabes et de Nubiens de toutes nuances du brun doré au chocolat, de fellahs, de derviches, de pâtres, de gamins des rues, et de mendiants présentant toutes les difformités possibles. Tout ce monde allait et venait, se glissait entre les attelages, encombrait la route des deux côtés de la grande porte, grouillait au sommet du moindre mur, et remplissait les airs de leurs rires, de leurs multitudes de dialectes, et de toutes ces odeurs d'Arabie indissociables de la foule orientale.»

Les bazars fourmillant d'activité regorgeaient de marchandises orientales – tapis, épices, bijoux et antiquités, fausses pour la plupart et fabriquées en quantités industrielles à Louxor. On achetait de préférence des scarabées «Ancien-Empire» de couleur turquoise et des «sheptis» auxquels on donnait une splendide patine en les faisant rapidement transiter par l'appareil digestif de canards ou de dindes, ainsi que de petits fragments de sculptures provenant soi-disant des tombes des pharaons. On trouvait en fait les grandes pièces de collections, ainsi que des momies complètes, volées dans les tombes, chez d'honorables marchands du Caire qui acquittaient les indispensables bakchichs aux plus hauts responsables du Service des antiquités. Les grands collectionneurs européens ou américains s'y réapprovisionnaient tous les ans. Les musées étrangers et les sociétés savantes étaient responsables des diverses fouilles archéologiques et, en tant que tels, étaient autorisés à exporter certaines de leurs découvertes, la part du lion revenant toutefois au récent musée Égyptien, autre grande attraction du Caire qu'on ne pouvait manquer de visiter avant de remonter le Nil. C'est ici que le touriste découvrait la complexité des longues lignées dynastiques des rois et des reines de l'Égypte ancienne, leur panoplie de dieux et de déesses ainsi que l'univers longtemps impénétrable des hiéroglyphes et des pictogrammes. Dès la fin du siècle dernier, il pouvait contempler les momies, exposées dans le plus grand désordre, de nombreux pharaons légendaires – Séti I, Touthmôsis II et III, Sounounri et Amôsis I (les conquérants de la Syrie et de l'Éthiopie), Séti II et Ramsès II, immortalisé par les historiens grecs sous le nom de Sésostris. Ils avaient été enterrés, avec de nombreuses personnes appartenant à la maison royale, il y a plus de trois mille ans, pour être

découverts vers 1871-1872 par des pilleurs de tombes à Deir-el-Behari, au cœur de la montagne, près de la Vallée des Rois, à Thèbes. Grâce à l'égyptologue français Gaston Maspero, ces momies furent rapportées à Louxor en 1881, puis de là au musée du Caire. L'autre gloire du musée, c'était le trésor de Toutânkhamon, qui avait régné quelques années sur l'Égypte à partir de 1357 avant J.-C. La tombe de ce pharaon peu prestigieux, et son trésor, furent découverts en 1922 par Howard Carter et déterrés cette même année en présence de son mécène, le comte de Carnarvon. Cette collection apparemment inépuisable de bijoux, de meubles, d'œuvres d'art et d'objets, de sculptures et de sarcophages recouverts de plusieurs couches d'or est la représentation la plus complète jamais découverte de la panoplie qui accompagnait dans la mort les anciens souverains égyptiens.

Mais Le Caire était également riche de ses trésors d'architecture islamique, comme la mosquée du sultan Hassan, l'ancienne université de Al Azhan, ou les tombes des califes. On y visitait aussi les églises coptes, et non loin de là, Héliopolis, l'antique Cité du Soleil, puis les pyramides de Gizeh et leur Sphinx. C'était ce dernier que chaque touriste allait voir, à une heure et demie en attelage de l'hôtel Shepheard's, attiré par le mystère de cette gigantesque structure édifiée avec d'énormes pierres, avant même la découverte de la roue et du palan. A l'origine recouvertes de marbre (dont les dalles servirent plus tard à la construction des cinq cents mosquées et des nombreux palais du Caire), les pyramides constituaient comme des

A droite. *Anna Pavlova à la terrasse du Shepheard's, en 1923. La célèbre danseuse n'était qu'une personnalité parmi tant d'autres attirée par les merveilles de l'Egypte antique.* A gauche. *Rue du vieux Caire, vers 1900. La vie grouillante de la vieille ville fascinait les touristes qui parcouraient ses bazars et assistaient aux processions de pèlerins et de derviches, se frayant un passage dans les rues étroites. Le Caire, regorgeant d'art et d'architecture islamique, devait sembler à un touriste du XIXe siècle, tout droit sorti des* Mille et Une Nuits.

gradins interminables vers le haut desquels le touriste, protégé de la chaleur par son casque colonial, était tiré par des guides arabes avides de bakchichs. A l'époque, comme aujourd'hui, les touristes rampaient dans les couloirs étroits, humides et froids, qui mènent vers les tombes, dans les profondeurs les plus éloignées de la pyramide, dévalisée il y a plusieurs centaines d'années par des pilleurs de tombeaux. C'était sous le regard immuable du Sphinx, au profil de Nubien, probablement Khéphren, le bâtisseur de la Grande Pyramide, que le touriste faisait sa première rencontre avec un dromadaire. Rotant, grognant, grinçant des dents, cette masse lourdaude et apparemment informe attendait que le touriste s'assoit sur sa selle de bois pour se relever dans un violent mouvement qui provoquait invariablement des crises d'hystérie ou d'hilarité. Tout bon photographe apportait une réserve de plaques pour immortaliser cet événement, que l'on retrouve aujourd'hui dans bon nombre de greniers, souvent sous la forme d'un arrière-arrière-grand-parent chancelant sur son dromadaire.

Près des pyramides se trouvait la célèbre Mena House,

Les événements les plus marquants d'un voyage en Egypte étaient la visite des pyramides et du Sphinx à Gizeh (ci-dessus), *ainsi que la remontée du Nil* (ci-contre). *En 1905, le Sphinx se trouvait en grande partie déterré ; à peine trente ans auparavant, seule sa tête dépassait du sable. Un groupe de touristes pouvait louer son propre bateau, telle que cette grande dahabieh, servie par un équipage nombreux ; cela permettait d'avoir plus d'indépendance que sur les vapeurs rapides affrétés par l'agence Cook. Ceux qui avaient le temps pouvaient mettre plusieurs mois à explorer la vallée du Nil sur leur bateau à voile personnel.*

l'un des établissements les plus luxueux d'Égypte sur la merveilleuse terrasse duquel on prenait un thé ou un verre tout en admirant les milliers de nuances du coucher de soleil sur les pyramides qui passaient du jaune à l'or et du brun au gris, cependant que s'allongeait sur plus d'un kilomètre de long leur ombre sur les sables toujours changeants du désert. La Maison Ména tirait son nom du pharaon qui avait uni la Haute-Égypte et la Basse-Égypte en un seul empire ; c'était un merveilleux point de départ à partir duquel on s'imprégnait progressivement des mystères de Gizeh – la Grande Pyramide, la Deuxième Pyramide de Khéphren, la Troisième Pyramide de Mykérinos et le Sphinx – avant de visiter les pyramides de Khéops à Dashur et la pyramide à degré de Saqqarah. A n'importe quelle heure du jour et de la nuit, les clients de la Mena House pouvaient se faire seller des chevaux pour aller galoper dans le désert, et goûter à leur retour les délices d'un bain chaud, d'un verre pris dans un décor d'antiquités orientales et d'un dîner au clair de lune, aux accents de violons tziganes. A distance de cheval se trouvait Fayoum et Memphis, l'ancienne capitale d'Égypte, et de nombreux voyageurs passaient des semaines à la Mena House, visitant le désert et profitant des bienfaits de l'interminable soleil d'hiver égyptien.

LA REMONTÉE DU NIL

Mais le grand moment du voyage en Égypte restait toutefois la remontée du Nil. C'était le long des rives du fleuve que le voyageur se trouvait soudainement plongé dans l'Égypte éternelle, qu'il s'absorbât dans l'étrange et morbide recherche d'une vie future ou qu'il se contentât d'apprécier les journées paresseuses passées à se dorer au soleil, à bord d'une embarcation qui traversait des paysages sans cesse changeants. La sécheresse du climat désertique et le sable fin ont miraculeusement préservé à travers les millénaires les secrets d'une civilisation morte. Au début du siècle, il n'était pas rare qu'un voyageur découvre, ou plutôt chute dans une tombe restée inconnue depuis ses origines. Les sculptures étaient aussi fraîches et les peintures murales aussi éclatantes que le jour où la chambre mortuaire avait accueilli sa momie préparée pour la vie éternelle. On avait à l'époque un grand goût pour la découverte et l'Égypte toute entière était un terrain de fouilles. Les photographies

du Sphinx en 1860 ne montrent qu'une mystérieuse tête pointant hors du sable. A la fin du siècle, Abou Simbel était encore en grande partie enterré, et une grande cascade de désert séparait Ramsès II du petit temple de son épouse la reine Néfertiti : le Metropolitain Museum était en train de dégager le temple funéraire de la reine Hatchepsout ; le temple de Kom Ombo était encore enterré presque jusqu'aux chapiteaux de ses colonnes. Les fouilles se caractérisaient encore par une certaine désinvolture : les voyageurs se remplissaient les poches de morceaux de poterie ou d'éclats de verre provenant des gravats, sans que personne n'y trouve rien à redire, et revenaient année après année pour contempler la progression des fouilles.

Personne n'était pressé : il fallait compter au moins trois semaines pour remonter le Nil du Caire à Assouan en bateau à vapeur, et le trajet en bateau à voile, vers n'importe quelle direction, durait de six à douze semaines, en fonction du vent et de l'humeur des passagers. La lenteur de la vie campagnarde, le cours paisible du fleuve, les journées agréables et les nuits fraîches, l'éclat du soleil et la lune cristalline, faisaient vite passer le temps sur ces navires qui remontaient ou descendaient le fleuve dispensateur de vie. Le voyage dans l'histoire commençait au Caire et ses premiers monuments, d'où l'on remontait le Nil jusqu'à Abou Simbel, après le franchissement des premières cataractes à Assouan ; Louxor représentait le haut lieu archéologique du voyage, où les passagers pouvaient se rafraîchir dans le luxe d'un grand hôtel après les lassantes restrictions de la vie à bord des navires. Le Nil coulant vers

Embarquement d'une voiture des Wagons-lits, sur un navire en partance pour l'Egypte, en 1928. La C.I.W.L. consacra beaucoup d'efforts au développement des voyages selon les normes de confort à l'européenne le long du Nil. Une ligne se rendait d'Alexandrie ou de Port-Saïd au Caire, une autre reliait le Caire à Assouan, et une troisième le Caire à Khartoum, à travers le Soudan. Peint en blanc, le train du Soudan resta en service jusqu'à la deuxième guerre mondiale.

le nord, on le remontait vers le sud, ce qui était souvent source de confusion dans l'esprit des touristes. Les navires débarquaient à Assouan les groupes de passagers qui venaient du Caire et en embarquaient d'autres qui se dirigeaient vers le nord ; les agents de voyages s'assuraient que leurs bateaux soient pleins durant toute la saison, c'est-à-dire de novembre à début avril. Mais on pouvait également rallier rapidement Le Caire ou en partir par train, et dès 1898, la C.I.W.L. proposait des sleepings à double toit et stores à lamelles : les voitures restaurants étaient rafraîchies à 24°, alors que la température extérieure tournait autour de 38°, grâce à une circulation de l'air qui passait sur 150 kg de glace. Appelé à l'origine Le Caire-Louxor-Express, ce train exclusivement constitué de voitures de luxe fut rebaptisé «L'Étoile d'Égypte» quand il desservit Assouan quelques années plus tard. De nombreux touristes se contentaient de prendre ce train pour Louxor ou Assouan, où ils passaient l'hiver, comme beaucoup de nos contemporains qui se rendent à Palm Springs ou à Marrakech.

Le touriste consciencieux se devait toutefois de faire au moins un trajet par bateau. Il avait le choix entre les trois types d'embarcation qui croisaient sur le Nil : la cange, la dahabieh et plus tard le bateau à vapeur. La cange fut immortalisée par Gustave Flaubert qui en loua une pour remonter le Nil avec son ami Maxime Du Camp, en 1849. La dahabieh était plus imposante que la cange, mais ces deux types d'embarcation étaient exclusivement des voiliers à fond plat, et dont les quartiers étaient construits en poupe, sur le pont. Quand le vent tombait ou que le niveau du fleuve descendait au point de transformer le voyage en course d'obstacles entre les bancs de sable, l'équipage

Touristes britanniques posant devant le temple de Karnak, à Louxor, au début du siècle.
A l'extrême droite, en uniforme boutonné, l'envoyé de l'agence Cook, et à l'extrême gauche, assis sur d'antiques pierres, les drogmans du groupe, indigènes qui faisaient office de guide. Les lourds vêtements que portaient ces dames semblent vouloir démentir les casques coloniaux des gentlemen, car feindre d'endurer de difficiles épreuves ajoutait un certain romanesque eu voyage. Les Anglais, qui constituaient à la Belle Epoque le plus important contingent de visiteurs en Egypte, financèrent d'importantes fouilles.

sautait à l'eau pour tirer le bateau à l'aide d'une corde. L'équipage vivait frugalement, se nourrissant uniquement de biscuits secs ramollis dans l'eau du fleuve, biscuits qu'ils préparaient et cuisaient occasionnellement dans des fours à bois spéciaux qu'ils installaient sur les rives du fleuve.

Amelia Edwards, qui remonta le Nil avec des amis, nous décrit les joies de sa grande dahabieh, la salle à manger à éclairage zénithal, aux murs lambrissés de blanc à rehauts d'or, un salon avec un piano et des divans couverts de coussins, alignés contre les cloisons, plusieurs chambres à coucher très confortables, servie par un équipage se composant d'un capitaine, d'un barreur, d'un drogman, de douze marins, de deux cuisiniers et de deux matelots, tous toujours d'excellente humeur en dépit de la dureté de leur existence. A l'aube et au crépuscule, les hommes partaient chasser le pigeon pour le dîner, puis durant la journée, les bateaux naviguaient sur le Nil, s'arrêtant aux nombreux temples qui se dressaient sur les rives ou non loin de là à l'intérieur des terres. Le soir, on jetait l'ancre, le cuisinier préparait toutes sortes de plats occidentaux ou orientaux aussi remarquables les uns que les autres, et l'on écoutait les mélopées des matelots en contemplant le ciel qui, lentement, se transformait en un manteau de velours parsemé d'étoiles scintillantes.

Les bateaux à aubes appartenant à Thomas Cook étaient bien moins romantiques mais plus confortables. Ils offraient tout le confort d'un grand hôtel, de grandes salles publiques, une cuisine internationale indéfinissable, journaux et revues anglais, un pont-promenade protégé par un auvent, un personnel en tunique et gants blancs, portant un fez rouge et une ceinture de tissu, ainsi qu'un médecin spécialiste des maladies tropicales. Le soir, les hommes se mettaient en habit et les dames en longues robes de soirée, portant sur leurs épaules des fourrures pour se protéger de la fraîcheur des nuits du désert. Ces bateaux à vapeur, construits en Angleterre, isolaient leurs passagers de la brutalité du monde qu'ils traversaient, mais également de ses joies ; rien ne pouvait les arrêter, sauf le *hamsin*, un vio-

Ci-dessus. *L'hôtel Cataracte à Assouan, en 1915. Ce palace situé au bord du fleuve est resté quasiment inchangé jusqu'à nos jours. Ses salons plongés dans l'obscurité renferment toujours de pleines bibliothèques d'ouvrages du XIXe siècle traitant de l'Egypte antique, les marquises éclatantes de ses terrasses abritent encore à l'heure du thé de nombreux touristes contemplant les eaux sombres du Nil. A la différence de Louxor, Assouan était une villégiature à part entière, où l'on passait toute la saison d'hiver.* Ci-contre, *les touristes, vers 1900, tout juste débarqués de leur dahabieh, pique-niquent à l'entrée d'une tombe, surveillés par leur domestique et drogman.*

lent vent de tempête qui transformait le Nil en canal agité, dont les vagues se couvraient d'écume sablonneuse. D'immenses colonnes de sable montaient vers le ciel et masquaient le soleil, pendant que l'on suffoquait dans la chaleur poussiéreuse.

Quel que soit le moyen de transport, l'itinéraire restait invariable, déterminé par les rives du fleuve. Le premier arrêt se faisait à Beni Hassan, célèbre pour ses hypogées, le seul grand site mortuaire de la rive est du Nil. Puis on débarquait à Tell el-Amarna, le pays d'Akhenaton et de son épouse, la reine Nefertiti, que l'on connaissait bien pour avoir contemplé les portraits hermaphrodites et réalistes du roi au musée Égyptien, et le magnifique buste de la reine à Berlin. Plus vers le sud, se trouvaient Assiout, la capitale d'Égypte au XIXe siècle, ainsi qu'Abydos, le site funéraire traditionnel du dieu Osiris. A cette époque du voyage, les passagers qui s'étaient suffisamment familiarisés avec les complexités de la hiérarchie des dieux et des rois de l'Égypte antique se trouvaient prêts à affronter les stupéfiants trésors des

environs de Louxor. C'était sur les rives de cette vieille ville que les bateaux s'amarraient ensemble, arborant les couleurs de leurs passagers qui s'invitaient mutuellement pour le thé, l'apéritif et le dîner après avoir passé la journée à visiter à Louxor le temple d'Aménophis, le grand temple d'Amon à Karnak (le plus imposant édifice religieux jamais construit dans le monde), le temple d'Athor à Dendérah, célèbre pour ses portraits de Cléopâtre, ainsi que les étonnantes tombes de la Vallée des Rois, ce vaste complexe funéraire situé sur l'autre rive. On visitait également Médinet-Habou, le temple funéraire de Ramsès III, la statue effondrée de Ozymandias, le Roi des Rois, et le Colosse d'Aménophis III, assis solitaires dans le désert, chacun de leurs doigts ayant la taille d'un homme adulte. On disait de ces statues qu'elles produisaient la nuit comme un chant, mais rares étaient les touristes à braver les mauvaises vibrations qui émanaient de ces sites mortuaires. Il était bien plus amusant de se retrouver sur la terrasse du Louxor Palace pour y prendre l'apéritif et dîner dans des assiettes d'or monogrammées avant de danser une grande partie de la nuit.

A cette époque, bien moins pressée qu'aujourd'hui, il fallait compter au moins une semaine pour visiter toutes les merveilles de la région de Louxor. Les touristes embarquaient à nouveau, en direction d'Assouan, et s'arrêtaient tout d'abord à Esna pour découvrir son magnifique bazar et son florissant marché d'esclaves et d'ânes. A partir de là, le paysage commençait à changer ; les rives devenaient plus escarpées, les montagnes plus élevées et le fleuve plus étroit, après le temple d'Horus à Edfou, qui a certainement inspiré la plupart des décors de *Aïda.* Kom-Ombo était le dernier arrêt avant Assouan, où l'on admirait le temple d'Horus l'Ancien, un autre dieu-faucon, ainsi que celui de Sobek, le dieu-crocodile. A l'époque, le Nil grouillait de ces monstres ondoyants, que l'on trouvait encore en abondance en Nubie, au début du siècle, pour le grand plaisir des touristes qui les massacraient régulièrement. De nos jours, les crocodiles ont quasiment disparu de ces régions.

Assouan était la villégiature d'hiver par excellence : là, le Nil prenait de la vitesse, passait entre de massifs rochers noirs qui le transformaient en rapides ; le vert émeraude de l'île Éléphantine brillait, contrastant avec les collines escarpées du désert, et les jours passaient en rêveries, à boire d'innombrables verres de thé à la menthe, sur la terrasse de l'hôtel des Cataractes qui dominait le fleuve. Le climat était particulièrement doux, le paysage étonnam-

Un drogman déchiffre des hiéroglyphes à l'attention d'un groupe de touristes de l'agence Cook. Ce fut grâce à la pierre découverte à Rosette en 1799, aujourd'hui conservée au British Museum, que Champollion put établir les base du déchiffrement de l'écriture des anciens Egyptiens. C'est ainsi que les bas-reliefs gravés avec profusion sur les façades des temples et des tombes purent raconter au monde l'histoire et les hauts faits des pharaons. Il est douteux que le drogman ci-dessus ait eu véritablement la capacité de les interpréter, mais les touristes étaient toujours prêts à croire bien volontiers ce qu'on leur racontait.

ment luxuriant, et pour beaucoup de touristes, le voyage s'arrêtait ici. Les plus téméraires s'aventuraient toutefois dans le désert de Nubie, soit à dos d'âne pour retrouver ensuite un autre navire, soit remontant les rapides à bord de leur cange ou de leur dahabieh. Le capitaine cédait sa place au cheikh de la cataracte qui prenait en charge le destin de l'embarcation et la pilotait dans les eaux bouillonnantes, avec l'aide de cinq ou six assistants à bord, et jusqu'à deux cents Nubiens noirs comme l'ébène qui halaient sur la rive le bateau, le tirant à l'aide de grandes cordes à contre-courant, sa proue inondée par les hautes vagues qui venaient s'y briser. Après ce voyage terrifiant (la descente des rapides, au retour, était une expérience encore plus inquiétante), les voyageurs entraient dans ce qui paraissait être un lac gigantesque au milieu duquel se dressaient l'île de Philae et son temple, certainement le plus bel ensemble architectural de toute l'Égypte. Cette île sainte était si vénérée que, durant toute l'Antiquité, personne n'était autorisé à y débarquer, et l'on croyait qu'aucun poisson n'osait s'en approcher ni qu'aucun oiseau puisse la survoler.

Bien qu'il n'y ait eu aucune frontière naturelle entre l'Égypte et le Soudan, l'Afrique noire commençait là où les eaux blanches du Nil s'arrêtaient ; soudain, tout changeait. De grands boulders ponctuaient le fleuve, le désert jaune se transformait en un ensemble de rochers et de montagnes rouge sombre, les Noirs à la peau luisante d'huile de ricin se substituaient aux Égyptiens. A partir de là, on découvrait des caravanes chargées d'ivoire, de léopards et de grands félins transportés dans des cages à dos de chameau, ainsi que d'innombrables petits temples édifiés au temps des pharaons. Il y avait plusieurs jours de navigation jusqu'à Abou Simbel, l'apogée de ce qui était certainement le plus parfait des voyages que l'on puisse imaginer.

Le désert de Nubie est aujourd'hui englouti sous le lac Nasser, ses temples conservés sous les eaux ou dans les musées étrangers, seul le temple d'Abou Simbel ayant été sauvé en totalité, déplacé au-dessus des rives du lac artificiel. Comme par le passé, un rayon de lumière pénètre toujours l'obscurité de son sanctuaire à la mi-octobre, pour marquer l'anniversaire du règne de Ramsès. Les voyageurs privilégiés du passé ont disparu, les dahabiehs ont été remplacées par une rapide excursion en avion dans la journée, mais les mystères de l'Égypte antique n'ont rien perdu de leur force.

L'île de Philae, peinte par David Roberts (1796-1864). Philae, qui partagea avec Abydos le statut de tombe d'Osiris, était appelée «Ile Sainte». On ne pouvait accoster sans autorisation dans ce lieu de pèlerinage qui était l'équivalent antique de la Mecque. Sous la domination grecque, puis romaine, l'île devint le siège d'un collège sacré et la forteresse d'une puissante hiérarchie. On y venait du monde entier, apporter des présents de prix. Edifié vraisemblablement par le dernier des pharaons indépendants, Nectanebo II (361 av. J.-C), c'est l'un des sites les plus enchanteurs d'Egypte.

DE L'AUTRE CÔTÉ DE LA MARE

«Goodbye, On The Mersey»,
par James Tissot,
collection Forbes Magazine,
New York.

"Dites, quand est-ce que cette ville sera à New York ?"
Béatrice Lillie

De nos jours, la traversée de l'océan Atlantique est essentiellement une expérience négative, que les millionnaires éludent et raccourcissent grâce à la vitesse supersonique du Concorde, pourvu que leur point d'arrivée ou de départ soit Londres ou Paris. Le Concorde permet d'arriver à destination frais et dispos, sans que les conditions mêmes du voyage aient une quelconque incidence. Sa clientèle huppée reflète bien les différences de classes ainsi que le prestige qui était naguère l'apanage des paquebots transatlantiques. Mais pour le commun des voyageurs américains, le voyage en Europe implique une courte nuit sans sommeil à l'aller, puis une longue journée accablante d'ennui au retour.

Jusqu'à ce que l'avion rende obsolète le *liner*, la traversée de l'Océan représentait souvent la partie la plus sensuelle et la plus mémorable d'un voyage à l'étranger. L'Atlantique est une sublime et mystérieuse étendue d'eau, l'une des merveilles de notre planète, d'humeur et de couleur inconstantes, allant du bleu scintillant au gris en passant par le blanc, sa surface sculptée par des vents et des vagues sans cesse en mutation. Une brise vivifiante et tonique souffle sur ses flots qui peuvent se creuser vertigineusement, et menacer les navires les plus puissants qui affrontent les hauteurs terrifiantes de ses vagues. Dans les premiers temps des traversées transatlantiques, maints bateaux à voiles, maints vapeurs à aubes ou à hélice unique disparurent corps et biens en un clin d'œil, victimes de la tempête, d'icebergs, d'un feu à bord ou d'une banale avarie mécanique. Et l'on ne compte pas les paquebots les plus considérables sévèrement ballottés par des vagues pouvant atteindre trente mètres de haut. Il n'y a pas si longtemps encore, en 1966, le *Michelangelo*, un paquebot de 275 mètres appartenant à une ligne italienne, affronta une mer déchaînée qui détruisit sa passerelle de commandement, tua trois passagers et endommagea à tel point sa coque que jamais plus il ne put naviguer à pleine puissance.

Mais la malédiction la plus commune, c'est le mal de mer qui, bien que relativement bénin, peut transformer en enfer le plus merveilleux navire, et le passager le plus

*Salon de première classe et proue de l'*Imperator*, de la HAPAG, ainsi nommé en hommage à Guillaume, empereur d'Allemagne. Surnommé* «Limperator» *(to limp en anglais, signifie claudiquet) par les Anglais, en raison de son effroyable roulis, vaisseau amiral de la compagnie, il avait été décoré par Mewès dans un style pseudo Louis XV. La grande innovation fut de répartir les prises d'air de la chaudière, jusqu'aux cheminées, sur les flancs du navire, plutôt que de les regrouper au centre, dégageant ainsi l'espace pour le salon de 30 mètres de long* (ci-dessus) *qui pouvait accueillir les 700 passagers de première classe. L'aigle encombrant* (ci-contre) *était une astuce pour surpasser l'*Olympic *de la White Star.*

IM

élégant en pauvre diable pathétique n'aspirant plus qu'à la mort pour échapper à ses souffrances. Ce sombre tableau dura jusqu'à l'invention de la dramamine, après la Seconde Guerre mondiale. En dépit de tous ces risques, la traversée de l'Atlantique resta une aventure excitante, et le plaisir de plusieurs générations de voyageurs fortunés qui naviguèrent dans des conditions de confort et de luxe jamais égalées.

Comme Alice au Pays des Merveilles, on pénétrait dans un grand *liner* par une étroite passerelle qui reliait le navire au quai. L'entrée n'était qu'une ridicule ouverture percée dans l'imposante cloison d'acier noir riveté, délimitant l'univers clos qui serait celui du passager durant les cinq jours à venir. Accueilli par un groupe de stewards en uniforme irréprochable, le passager de première classe était accompagné dans la grande descente ou l'ascenseur manœuvré par des chasseurs impertinents vers sa cabine ou son appartement de luxe, délicieux de confort et souvent réservé des mois à l'avance.

Le choix du navire ne se faisant pas à la légère, les grandes compagnies se livraient une concurrence féroce pour attirer leur clientèle. Port d'arrivée, qualité du service, splendeur des salles publiques, confort des cabines de luxe, vitesse, noblesse du bâtiment, qualité de la nourriture, personnalité et renommée du capitaine, date de lancement du navire ou pavillon national n'étaient que quelques-uns de ces critères sur lesquels le passager se fondait pour se décider entre le *Mauretania* ou l'*Imperator*, l'*Ile-de-France* ou le *Queen Mary*. La fidélité envers un paquebot particulier n'était pas moins importante, car les passagers réguliers nouaient des relations d'amitié avec l'équipage attentionné qui était, à dessein, toujours affecté au même *liner* par la compagnie exploitante. Les barmen n'attendaient pas qu'on leur passe commande : le gin-angustoura ou le whisky sour arrivaient automatiquement à la table du client au moment même où il s'asseyait. Le choix d'un paquebot était également question de mode : le commun des mortels était attiré comme un papillon de nuit par l'éclat des millionnaires américains, des représentants de la Couronne d'Angleterre, ainsi que par les feux du monde littéraire ou de la scène. Lord Duveen et les joueurs professionnels ne traversaient la «grande bleue» que pour s'accrocher aux basques des nantis, et si le prince de Galles avait réservé sur un *liner* de la Cunard, il ne restait plus la moindre couchette disponible. En fait, la première lecture sur laquelle on se jetait dès l'embarquement, c'était la liste des passagers qui était glissée avant le départ sous la porte de toutes les cabines.

Ci-dessus. *Entrée dans le port de New York du* Lusitania, *de la Cunard, en septembre 1907, après sa traversée inaugurale de l'Atlantique. Il fut suivi trois mois plus tard par son* «sister-ship», *le* Mauretania, *qui conserva pendant 22 ans le Ruban bleu. Le* Lusitania *entra dans l'histoire le 7 mai 1915 jour où il fut coulé au large des côtes irlandaises par un sous-marin allemand . Ci-contre : l'appareillage d'un navire était souvent l'occasion d'une grande fête, moment de rupture entre ceux qui se risquent sur les mers et ceux qui restent sur le quai. Ici, le départ de l'*Ormonde *de Sydney pour l'Europe.*

B O N V O Y A G E

Les célébrités et les passagers d'importance trouvaient en entrant dans leur cabine de grands bouquets de fleurs et des paniers de fruits, des friandises, des confitures et du champagne offerts par leurs amis. Les jeunes chasseurs, arborant fièrement leur uniforme aux boutons de cuivre soigneusement astiqués, transportaient ces cadeaux jusqu'aux cabines, à travers les coursives encombrées, suivis par des stewards ou des débardeurs chargés de valises et de malles de transatlantique. Une joyeuse confusion régnait ; partout on apportait des plateaux, le champagne coulait à flots et on remplissait les verres des amis venus dire au revoir. Lors de certains départs à minuit du port de New York, passagers et visiteurs en habits et robes du soir dansaient jusqu'à ce que la cloche les chasse. «*All ashore that's going ashore*» («Que ceux qui doivent descendre à terre descendent»), criaient les chasseurs des navires anglais. «*La nave e in partenza*», annonçaient les stewards des lignes italiennes. Le navire lançait alors sa longue et sourde plainte dans l'air froid de la nuit, qui s'insinuait entre les gratte-ciel du plus grand port du monde, et qui disait à ceux qui l'entendaient que l'un des Béhémoth des mers glissait lentement vers le large. E.B. White écrivit à cette occasion : «Un soir de minuit, j'ai entendu la sirène du *Queen Mary* qui m'a rappelé la longue histoire du départ, de l'attente et du manque.»

Tradition ancienne, la fête du «bon voyage», datait du temps où la traversée de l'Atlantique était encore une entreprise périlleuse. On venait dire adieu et partager les derniers moments d'angoisse, dans l'éventualité plus que probable où le bateau serait englouti par les flots, ou que les passagers ne survivent pas à la traversée, victimes du scorbut et d'autres maladies. Si, durant l'âge d'or des transatlantiques, rien n'était plus éloigné des préoccupations du voyageur, rien n'était cependant la plupart du temps aussi proche de la réalité. Car il faut se rappeler que les paquebots, à leur grande époque, représentaient l'*unique* moyen de passer d'un bord de l'Atlantique à l'autre. Les grands *Stratocruisers* Boeing, dérivés des bombardiers B-29, ne seront mis en service que des décennies plus tard, leurs vols interminables se prolongeant par des escales techniques tout aussi ennuyeuses à Gander, en Terre-Neuve, ainsi qu'en Irlande, à l'aéroport de Shannon où furent inventées les boutiques en *duty-free*. Cela signifiait donc qu'on naviguait toute l'année, quelle que soit la saison. Les gigantesques navires en partance n'étaient plus si gigantesques que cela quand la violence de la mauvaise saison les chahutait vicieusement.

Par mauvais temps, il n'était pas rare que certains passagers s'enferment dans leurs cabines durant tout le voyage, avec un seul souhait, celui de mourir, et même les insensibles au mal de mer pouvaient prendre de mauvais coups, au sens littéral du terme. C'est par expérience que les compagnies maritimes faisaient clouer au sol la plupart

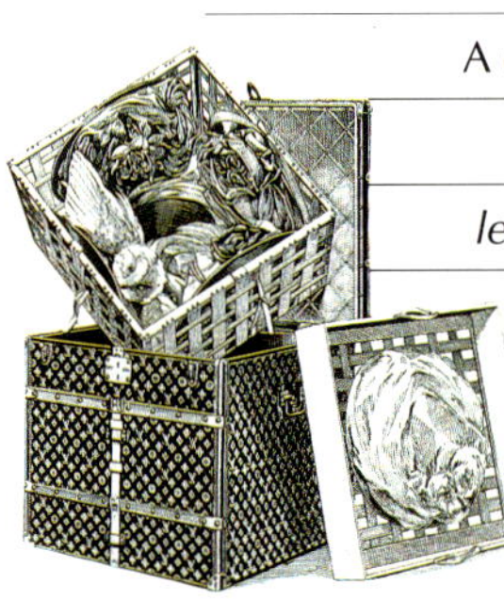

Ci-dessus. *Cabine de deuxième classe du* Macedonia*, de la P. & O., en 1904.*

A droite. *Capitaine et passagers de première classe à bord du* August Victoria*, de la Harburg-Amerika, vers 1900.* Ci-contre. *Malles-cabines Louis Vuitton. Au début du siècle, les traversées transatlantiques, en particulier sur les navires les moins importants et les trajets les plus longs, offraient un mode de vie et une intimité qui aura disparu quelques années plus tard. Il n'y avait pas non plus, à l'évidence, de limitation au nombre de bagages que l'on pouvait embarquer.*

Pages suivantes*: Salons du* Laos*, de l'*Atlantique*, salle à manger et vue du* Cordillère.

PHOTO-FÉLIX
PARIS

G52

Remington Noiseless

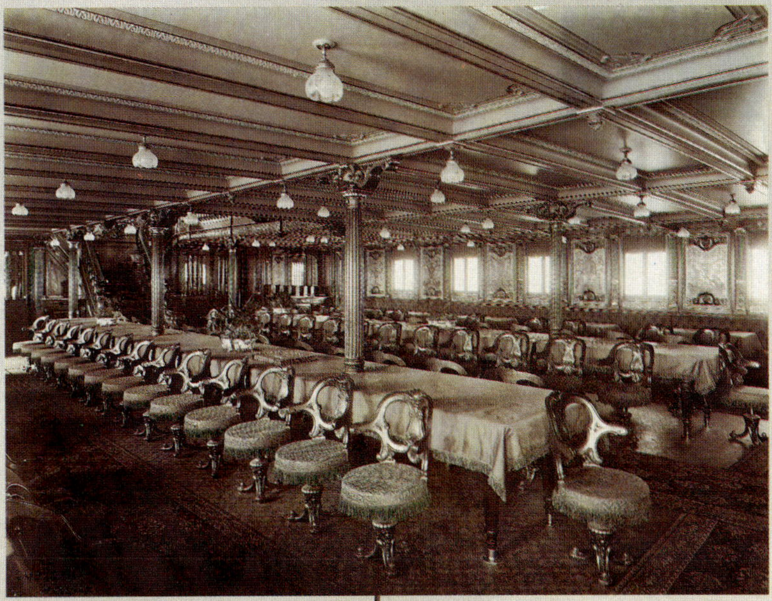

du mobilier, en particulier les pianos, mais les passagers ne l'étaient pas, et les médecins du bord, quelle que fût leur compétence, n'utilisaient principalement leurs talents que pour panser plaies et bosses, après avoir tenté de soulager les crises de mal de mer.

Les risques inhérents au mauvais temps se trouvaient décuplés par les navires eux-mêmes, dont certains montraient une tenue en mer des plus imprévisibles. L'imposant *Kaiser Wilhem der Grosse* n'était colossal qu'au mouillage : son comportement en mer l'avait fait surnommer «Rolling Billy» (Billy le Roulis). Le *Normandie* était décrit, avec un brin d'arrogance française, comme «un navire résistant»,

Ci-dessus. *Jardin de palmes du* Rotterdam *où les passagers prenaient le thé.*
La décoration navale du début du siècle imitait l'apparat des grands hôtels ou des gentilhommières, sans mÈme chercher à créer une atmosphère maritime. Lucarnes de verres, colonnes corinthiennes et utilisation intensive du stuc, tous ces détails étaient conçus pour que les passagers se sentent en sécurité comme sur la terre ferme, du moins jusqu'à la première grosse vague.
En-bas le Mauretania.

mais s'il encaissait le roulis, il faisait entendre à la dernière seconde un craquement de très mauvais augure. Les constructeurs du *Queen Mary*, parfaitement convaincus de la stabilité du paquebot, ne prirent pas la peine de poser des mains courantes dans ses salles publiques ; or le flot le ballottait avec une telle facilité qu'il «cassait de la vaisselle comme une harengère en colère». Et bien plus que cela en fait : lors de ses premiers voyages, il était accueilli à son quai new-yorkais non seulement par les foules d'amis et de parents, mais également par des ambulances. Finalement, on se décida à installer sur le *Queen Mary* et sur d'autres *liners* des stabilisateurs Denny-Brown dont l'efficacité mit un terme aux fructueuses activités de l'assistance médicale à quai.

Mais par beau temps, loin de meurtrir les sens, la traversée de l'Océan les flattait. Quiconque a eu la chance de voyager à bord d'un *liner* se rappellera toujours certaine odeur, certain goût ainsi que certaines expériences tactiles. L'odeur de cire et d'antiseptique des coursives des paquebots de la Cunard, celle, constante, de la peinture fraîche, l'explosive douceur d'un cake servi avec du thé noir, les douces mains d'un steward de pont enveloppant de couvertures ses protégés, le goût soudain du sel à l'instant où l'on ouvre une lourde porte d'acier pour faire quelques

A gauche. *Samuel Cunard, fondateur d'origine canadienne de la ligne à la fiabilité légendaire, n'aurait certainement pas approuvé l'opulence du salon du* Rotterdam, *ou celle de la cabine de luxe de première classe* du Statendam, ci-dessus. *L'ameublement de ses premiers transatlantiques se caractérisait par une certaine austérité, car son seul but était que le courrier soit distribué à horaires réguliers, le transport des passagers étant accessoire.*

Ces «Croquis de la P. & O.», qui proviennent d'un carnet d'aquarelles et de dessins à l'encre de l'illustrateur William Whitelock Lloyd, illustrent la vie à bord d'un paquebot de la P. & O. durant la longue traversée de Londres aux Indes, vers 1890. Ces œuvres étaient vendues aux passagers en souvenir de leur périple. Lorsque le navire entrait dans les eaux de l'Océan Indien, passagers et matelas montaient sur le pont pour fuir la chaleur étouffante (deuxième rangée, page de droite).

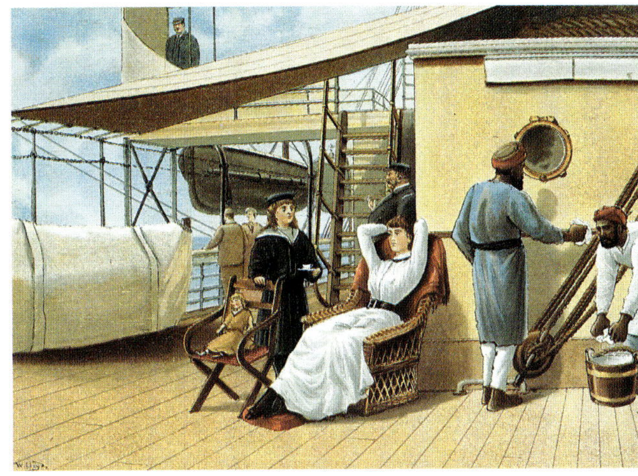

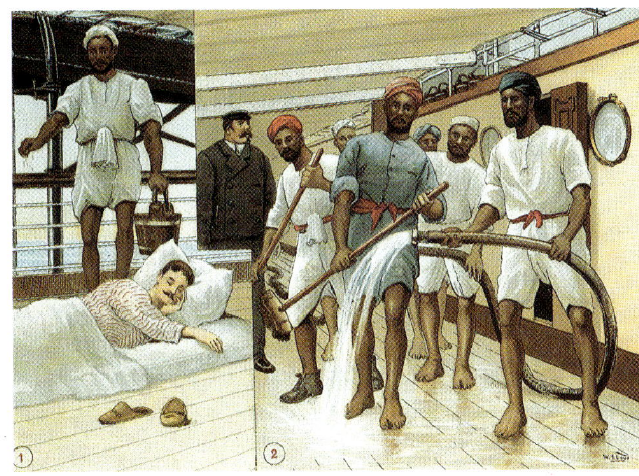

Ces paquebots transportaient généralement des fonctionnaires britanniques, aussi mornes que fades, à moins qu'un maharajah voyageur et sa suite, n'apportassent un peu de romanesque à la traversée. Feu le maharajah de Jaipur emportait de grandes urnes d'argent, remplies d'eau du Gange, destinées à ses ablutions, et n'oubliait jamais de jeter à la mer quelques bijoux pour que le voyage se passe dans dommage.

pas sur le pont, la vibration toujours présente des machines et le bouillonnement blanc du sillage s'étirant à l'infini. Il y avait aussi le changement de couleur et d'humeur de la mer, à mesure qu'on se rapprochait des côtes. Et ce magnifique et solennel sentiment d'espace qui réveillait les énergies cachées, vous élevait l'âme et vous donnait l'impression d'être un peu plus sage et un peu plus civilisé. Traverser l'Océan à bord d'un transatlantique de légende, c'était l'union parfaite du naturel et de l'artificiel qui engendrait des instants magiques, favorisait les idylles, et invitait les passagers à se rencontrer un bref instant, avant que le jour brutal de la côte les sépare à nouveau.

LA TRAVERSÉE

De tous les événements qui ponctuaient la vie en mer dès les premières traversées, certains se perpétuèrent jusqu'au déclin des transatlantiques dans les années 60, et même jusqu'à nos jours à bord des navires de croisière.

L'un d'eux était le petit déjeuner au lit qu'apportait un steward souriant, mais que dédaignaient toutefois certains passagers préférant s'aventurer dans les profondeurs du navire vers la salle à manger. Il est rare aujourd'hui de trouver encore des tables à roulis munies de leur violon de mer, que l'on sortait par mauvais temps et qui formaient comme une barrière de protection entre les convives et leur

La plus grande partie de la vie à bord se passait sur le pont. Les chaises en bois avec des passagers enveloppés de couvertures sont celles d'un transatlantique tandis que les fauteuils en rotin (ci-contre) appartiennent au S.S Doric de la Cunard qui faisait la traversée Honolulu-Yokohama en 1905.

remuante vaisselle. Ou les seuils surélevés des salles de bain, pour éviter que l'eau inonde le tapis (dès le second jour, on avait appris à ne plus trébucher par-dessus), mais les mains courantes sont toujours omniprésentes (on en a même finalement installé à bord du *Queen Mary*).

On passait la matinée en mer à se promener sur le pont, à jouer aux palets ou, allongé dans une chaise longue, à lire un volumineux roman tout en sirotant une tasse de bouillon. L'attribution des chaises longues ainsi que celle des tables de la salle à manger étaient des affaires de la plus haute importance. Les stewards acceptaient souvent de confortables pourboires de la part des passagers qui souhaitaient être bien placés. Les ambitieuses mères américaines s'efforçaient d'installer leurs filles à proximité immédiate d'un lord anglais ou d'un prince italien ; les hommes d'affaires s'obstinaient à se frotter aux gros bonnets de la finance et du commerce ; les joueurs tâtaient le terrain qui les rapprocherait de pigeons potentiels, mûrs pour se faire plumer lors d'une partie amicale ; les arrivistes saisissaient la moindre occasion de rencontrer Mrs. Astor ou la duchesse de Marlborough, et comptaient beaucoup sur la convivialité temporaire qui régnait à bord ; lord Duveen n'avait qu'une idée en tête : réciter à d'éventuels clients la liste des chefs-d'œuvre qu'il possédait. On ne s'étonnera pas dès lors que les riches et les puissants préfèrent réserver de grandes suites, où ils s'installaient en famille pour toute la traversée, avec leurs domestiques particuliers, à l'abri des pirates des temps modernes. Vie privée, exclusivité et différences de classes étaient des composantes essentielles de la vie à bord.

Les premiers transatlantiques se composaient de deux classes : la première, où les passagers vivaient dans le sublime, et l'entrepont où régnait le sordide. Les ponts étaient disposés de telle sorte que les nantis pouvaient observer d'en haut les indigents et se divertir à les regarder danser, chanter et accomplir leurs divers rituels d'émigrants européens. Sur certains *liners* était affiché un avis demandant aux passagers de première classe de s'abstenir de jeter de la nourriture à ceux de l'entrepont, et les

Par temps chaud, on allait sur le pont, comme le montrent ces photographies de sports de plein air, jeu de palets, escrime et boxe, prises sur des navires de croisière des années trente. On pouvait également s'adonner à d'autres distractions, comme la lutte à la corde et même le tennis, sur les larges ponts dégagés du Normandie. *La pêche pratiqué par ces dames, quasi-impossible en haute mer, les élégantes chaussures à deux tons de l'un des boxeurs, ainsi que les hauts talons de l'un des escrimeurs — sans parler des personnalités stéréotypées des joueurs de palet — montrent qu'il s'agit ici de photographies publicitaires certainement réalisées à quai.*

BERMUDA
BERMUDA

stewards déployaient des trésors d'ingéniosité pour empêcher les jeunes gens qui tentaient d'échapper à l'ennui des mondanités de leurs riches parents d'aller s'encanailler en dernière classe. En mer comme à terre, l'espace vital constituait un important critère de ségrégation des classes sociales. C'est-à-dire qu'à l'entrepont, il n'y en avait point. Sur l'*Olympic*, lancé en 1911, la salle où les passagers de première classe se rafraîchissaient après leur bain turc était une fois et demie aussi vaste que la coquerie de troisième classe où l'on préparait les repas de mille personnes, et offrait la même superficie qu'un dortoir où s'entassaient quarante-deux stewards. Le supplément exigé pour un seul repas au restaurant Ritz-Carlton de l'*Imperator* équivalait au billet plein tarif d'un passager de dernière classe.

Ci-dessus. *Baigneurs dans la piscine carrelée de faïence de Delf du* Statenbaum, *de la Holland-America.*

Ci-contre. *Passagers en tenue de soirée, posant sur l'escalier de l'*Albert Ballin, *de la HAPAG, petit paquebot baptisé du nom de l'entrepreneur qui fit l'exceptionnelle renommée de sa compagnie, en raison de son attention méticuleuse aux moindres détails et de son flair pour le luxe.*

L'ENTREPONT

Si choyer et dorloter leurs passagers privilégiés procurait bénéfice et prestige aux compagnies de navigation, l'essentiel de leurs affaires se faisait sur le transit des immigrants. Les pogroms de Russie, de Lituanie et de Pologne, le massacre des Arméniens en Turquie, la famine en Irlande, et la pauvreté en général, contraignirent plusieurs générations de déshérités, d'exploités et de persécutés à traverser l'Océan en quête d'un avenir meilleur.

Dans les premiers temps des traversées, ce fut dans des conditions aussi déplorables que celles des taudis de Liverpool ou des *shtetls* de Lituanie qu'ils fuyaient que les émigrants voyagèrent à bord des *liners*. On les entassait les uns sur les autres dans des couchettes en bois ; on leur fournissait une assiette en fer et une cuillère, et on leur donnait du gruau deux fois par jour ; ils devaient acheter leurs matelas de paille que la vermine infestait rapidement, et qu'on jetait par-dessus bord avant que le navire entre dans le port de New York. Jusqu'au milieu du XIXe siècle, maladie et mort voyageaient dans l'entrepont.Une compagnie maritime avait ordonné à ses capitaines de «décourager toute communication entre les passagers de première classe et ceux d'entrepont, car si les services de santé venaient à connaître de telles relations lors d'un voyage où surviendraient des maladies contagieuses ou infectieuses, les premières classes seraient probablement soumises elles aussi à la quarantaine».

Ce fut l'armateur William Inman qui, le premier, améliora le sort des immigrants. Pour la somme de trente dollars, en plus du transport, il les nourrissait convenablement (*arrow-root,* porridge et mélasse au petit déjeuner ; bœuf pour le déjeuner ; thé et gruau au souper) et leur offrait des conditions sanitaires sinon rudimentaires, du moins supportables. La ligne HAPAG créa, en 1906, un village de transit où se regroupaient les candidats à l'immigration qui étaient examinés et douchés avant l'embarquement. Cela permettait de gagner du temps et d'éviter bien des ennuis plus tard. Très vite, on se passa le mot : les navires allemands offraient la meilleure traversée vers la nouvelle vie, y compris trois repas complets par jour servis par des stewards. Les immigrants ne disposaient, par ailleurs, que de peu d'éléments sur lesquels fonder leur choix d'une compagnie, si ce n'était la puissance des navires considéré comme un gage de sécurité. Les bateaux dotés de trois cheminées paraissant plus sûrs que ceux qui n'en possédaient que deux, ce sont les pauvres immigrants illettrés qui inspirèrent les *liners* à quatre cheminées. Ainsi donc, durant des années, les transatlantiques eurent plus de cheminées que nécessaire, l'une étant souvent factice et servant quelquefois de chenil aux animaux des passagers de première classe, comme sur le *Normandie*.

Mais ce fut dans le domaine des soins médicaux qu'eurent lieu les plus grands progrès au bénéfice des déshérités, dès que les compagnies cessèrent de traiter leurs passagers d'entrepont comme du bétail. Les femmes enceintes embarquaient souvent à date proche de leur délivrance, dans l'espoir d'accoucher à bord. Les soins étaient gratuits et de bien meilleure qualité que ceux qu'elles auraient pu espérer à terre. Quand tel événement heureux sur-

Ces deux superbes photographies réalisées respectivement en 1905 et 1911 par Lewis Hine, ci-dessus, *et Alfred Stieglitz,* ci-contre, *résument parfaitement les lamentables conditions de voyage qui attendaient les émigrants au début du siècle. La différence de traitement des riches et des pauvres n'était jamais aussi évidente que lors d'une traversée à bord d'un transatlantique. Mais en fait, comme c'était sur le transport des pauvres, plutôt que sur celui des riches, qu'un paquebot dégageait sa plus grande marge bénéficiaire, les compagnies maritimes se disputaient âprement ce marché. Quand cette activité se raréfia après la crise de 1929, les compagnies durent transformer les surfaces dévolues aux passagers d'entrepont en «classe touriste».*

venait, on le commémorait en donnant officiellement à l'enfant le nom du navire : si d'aventure vous rencontriez une dame dont le prénom se composait de *Berengaria*, par exemple, vous pouviez en conclure qu'elle-même, ou l'une de ses ancêtres, était d'origine immigrée, née quelque part en mer entre le Vieux Continent et le Nouveau Monde.

LES OCCUPATIONS À BORD

La séparation réglementaire des classes était partiellement redoublée par la ségrégation des sexes. Fumoir et bar constituaient une enclave masculine, jardin d'hiver et salle de lecture le domaine des dames. Si une célibataire souhaitait rencontrer un célibataire, cela lui était impossible durant le dîner, car le chef steward les regroupait toutes et leur assignait une table ghetto réservée aux dames seules. Ce qui n'empêchait cependant pas les aventures galantes de fleurir à bord, mais sans que les compagnies maritimes jouent les Cupidons. Pendant les quelques jours de la traversée, tenter sa chance était une façon comme une autre de s'occuper.

A part cela, il y avait le jeu, les interminables parties de poker, de whist ou de gin-rummy, pour lesquelles certains joueurs se privaient de sommeil. Les plus obsédés sautaient les repas et se faisaient servir des sandwichs à leur table de jeu. Quand le *Titanic* heurta son fameux iceberg, alors qu'on tentait de convaincre les passagers de se rendre sur le pont avec leur gilet de sauvetage, de nombreux gentlemen restèrent accrochés à leurs fauteuils, continuant comme si de rien n'était à battre les cartes. Le soir, on organisait des courses de chevaux avec des pions en bois déplacés sur un tapis de feutre selon les chiffres tirés aux dés, des lotos et des paris sur la cagnotte du navire, dont l'enjeu était le nombre de milles parcourus en un jour donné. On pariait sur tout et n'importe quoi, sur le vainqueur des luttes à la corde aux combats de boxe organisés entre les membres de l'équipage. On s'adonnait également au jeu de palets, au ping-pong, au ball-trap, au squash, au tennis et autres promenades au pas de gymnastique sur le pont ; on jouait au golf sur la poupe et on envoyait les balles à la mer ; on nageait dans les piscines (couvertes ou découvertes) et on pédalait sur les vélos de santé ; on montait les chevaux et chameaux électriques installés dans la salle de gymnastique – le prélat qui tomba de l'une de ces machines à bord d'un navire de la Cunard pouvait se vanter d'être l'unique archevêque de Canterbury à avoir été désarçonné par un cheval en plein milieu de l'Océan.

Les plus sédentaires assistaient aux concerts et aux spectacles de théâtre d'amateur, regardaient des films, mais profitaient également de la possibilité qui leur était offerte de manger et de boire sans interruption. On prolongeait le petit-déjeuner sur le pont par le bouillon de onze heures, avant d'attaquer les cocktails servis dans tous les bars, salons et fumoirs, et qui précédaient le plantureux déjeuner. Vers le milieu de l'après-midi, on installait les tables pour le

Ci-dessus. *Au cinéma, dans le salon du* New York, *de la HAPAG.* Ci-dessous. *L'heure du thé, à bord du* Cap Arcona, *en 1927. La vie à bord, surtout par mer calme, était une agréable succession de divertissements, du petit-déjeuner pris au lit, au bal qui ne s'achevait que tard dans la nuit.*

thé, également servi aux chaises longues sur le pont. Puis on se retirait quelques instants, afin d'endosser ses habits de soirée, et on attaquait derechef bars et salons pour quelques *long-drink* en apéritif. Ensuite, on dinait puis conversait et dansait jusqu'aux premières heures du jour et on allait se coucher, non sans avoir fait un petit détour auprès d'un copieux buffet.

Il existait en première classe plusieurs traditions gastronomiques. L'une d'entre elles précisait qu'il fallait toujours faire honneur au menu : si parmi dix plats proposés tout le monde choisissait une sole florentine, on ne pouvait perdre la face en proposant de servir un autre plat. Une autre stipulait que le chef devait être capable de préparer les plats les plus exotiques et les plus extravagants que commandaient les clients dans le seul but de tester ses compétences. Comme en haute mer il n'y avait aucun moyen de faire son marché chez Hédiard, il était nécessaire de prévoir un approvisionnement considérable, tant en variété qu'en quantité. Au dîner, le caviar était de rigueur et servi à volonté. On défournait quotidiennement le pain. Tout ce qui n'était pas consommé était jeté par-dessus bord et le gâchis était stupéfiant, mais on envoyait cependant, en guise de compensation, les meilleurs restes aux chauffeurs qui suaient sang et eau dans les salles de machines.

L'habillement était ritualisé. La tenue de soirée était de rigueur, sauf lors de la première et de la dernière nuit, puisqu'il fallait ouvrir les malles géantes de transatlantique et refaire ses bagages. Ces dames et ces messieurs préconisaient le tweed jusqu'au déjeuner ; les hommes portaient généralement des knickerbockers et une casquette assortie. A l'heure du thé, les personnes du beau sexe optaient pour une tenue plus diaphane et plus séduisante. Mais on réservait toutefois les plus beaux ensembles et les parures les plus riches pour le dîner du capitaine qui avait lieu l'avant-dernier soir. Le menu en était plus raffiné qu'à l'accoutumée, et les gentlemen assis à la table du capitaine arboraient souvent leurs décorations sur leurs habits de cérémonie. Suivait un spectacle de gala au profit des œuvres de bienfaisance des gens de mer, qui donnait aux passagers la possibilité de montrer leurs nombreux talents. Le programme d'une telle soirée eut été inconcevable ailleurs : le récital de Mischa Elman ou Jascha Heifitz était

Bal à bord de l'Imperator, en 1914. Les habits que portent les hommes, ainsi que les robes longues des dames indiquent qu'il s'agit ici de la réception donnée lors du dîner du capitaine, la soirée la plus distinguée d'une traversée transatlantique. Il en va de même pour ce personnage tout droit sorti d'une gravure de mode, à gauche, sur cette affiche de la C.G.T. exécutée par Georges Devambez, même si le haut-de-forme n'était pas de rigueur lors de la dernière réception d'importance.

Le gigantesque salon du paquebot allemand était transformé chaque soir en magnifique salle de bal.

suivi de la prestation d'un ventriloque ou d'un professeur de piano de Manchester ; après celui de Paderewski, un prestidigitateur amateur faisait sortir des lapins de son chapeau. (Le capitaine de l'*Ile-de-France* fit même stopper les machines et répandre de l'huile autour du paquebot afin que la divine Pavlova puisse danser *La Mort du cygne* sans risquer de se blesser.) On consacrait également une soirée particulière à un bal costumé : les passagers se déguisaient avec ce qu'ils trouvaient (et souvent avec l'aide des stewards astucieux) dans l'espoir de gagner un prix.

AVENTURES GALANTES

Le prestige de la traversée, associé au fait d'être coupé du reste du monde sans rien avoir à faire de bien précis, voilà qui constituait un stimulant idéal pour la libido. Et plus particulièrement après la Première Guerre mondiale, quand la jeune génération se piqua de voyages d'agrément et d'aventures. L'histoire d'amour à bord d'un *liner* constituait la matière première de nombreux films, romans ou pièces de théâtre, et bien des passagers faisaient la traversée plus souvent au lit que sur le pont. Souvent, les rencontres à bord avaient tout du coup de foudre, et on ne comptait plus les jeunes mariés qui préféraient le transatlantique aux chutes du Niagara ou à Venise. Avant même d'emprunter la passerelle d'embarquement, certains jeunes gens se rendaient en reconnaissance à la gare maritime pour évaluer le potentiel galant du prochain voyage.

C.W. Winter, qui fut employé de longues années sur le *Queen Mary*, a écrit qu'on découvrait tard dans la nuit des couples enlacés, plus ou moins dévêtus, jusque dans les canots de sauvetage et les chaises longues. En ces temps où les bonnes manières avaient encore toute leur signification, et où les relations sexuelles se faisaient plus discrètes, les garçons s'en retournaient dans leur cabine avant de proposer aux filles de passer la nuit avec elles. Comme les célibataires partageaient souvent leur cabine avec des inconnus, les arrangements pour la nuit n'allaient pas sans soulever quelque problème, et s'accommoder d'un(e) ami(e) de chambrée amoureux(se) était source soit d'amusement, soit de désagrément. La configuration idéale, c'était que deux garçons d'une même cabine se languissent de deux jeunes filles partageant elles aussi une même cabine. Mais ce cas relevait plutôt du rêve car, en pratique, il n'était pas rare qu'une jeune fille délurée partageât sa cabine avec une douairière, ou qu'une étudiante logeât en compagnie d'une très vieille dame. L'amour l'après-midi, ou «tous aux canots», constituait alors la seule alternative viable.

Le placement arbitraire de plusieurs inconnus dans une même cabine était potentiellement explosif. A la moindre occasion, les passagers se disputaient ; place occupée dans les penderies, habitudes de toilette, propreté, tabagie, ronflements, heures tardives, tout était bon prétexte ; certains proposaient même à leur compagnon de chambrée horrifié les pratiques de la Grèce antique. Tout de suite après la Seconde Guerre mondiale, quand l'espace vital sur

Ci-dessus. *Interprétation artistique de la satisfaction des passagers de première classe après avoir dégusté le menu servi par la C.G.T. à bord d'un charmant petit paquebot Art déco, le* Mariette Pacha, *en 1926.* A droite. *Programme d'un concert donné sur le* Bremen, *de la Norddeutscher Lloyd. Si à bord d'un liner de luxe, on donnait souvent un concert après le dîner, un ensemble à cordes accompagnait toujours l'heure du thé. La C.G.T. était particulièrement renommée pour la qualité de sa nourriture qui souvent surpassait celle des meilleurs établissements parisiens. C'était sur ses lignes que l'on s'amusait le plus, surtout entre les deux guerres, à bord des* Paris, France *et* Normandie.

les *liners* faisait tant défaut, ma mère fit la traversée sur le *Queen Elizabeth* en compagnie d'une dame aussi pénible que souillon. Sa vie fut un enfer, jusqu'à ce que l'inconnue l'ait vue dîner avec Cary Grant et Marlène Dietrich. A partir de cette nuit-là, la cabine fut impeccable et la salle de bain d'une propreté immaculée, la robe de chambre de ma mère soigneusement disposée sur son lit préparé pour la nuit ; la tigresse s'était métamorphosée en agneau.

Mais inévitablement, les aventures romanesques en mer se présentaient aussi sous un angle plus professionnel. Les courtisanes, bien trop élégantes pour qu'on puisse les désigner comme prostituées, exerçaient régulièrement leur profession à bord des *liners*. Elles se distinguaient généralement des épouses légitimes par leur air bien plus avenant, leur brillante personnalité, ainsi que par le chic de leurs atours vestimentaires et de leurs parures de bijoux. Puisque leurs clients avaient tendance à préférer tel navire en particulier, elles évitaient les rencontres embarrassantes en changeant sans cesse de transatlantique, se rendant à New York à bord du *Bremen* ou du *Queen Mary* et retournant en Europe, après quelques jours de shopping, sur le *Normandie* ou le *Conte di Savoia*. L'arnaque traditionnelle consistait à attirer au lit un gentleman, puis de demander à un «époux» jaloux de faire irruption dans la cabine et de congédier l'infortuné avec un sentiment d'indignation tel que seul le chantage aurait pu l'apaiser.

Quand pareil scandale survenait, il était généralement étouffé par les officiers de bord toujours aux aguets. La grande confrérie des tricheurs professionnels posait des problèmes du même ordre. Un capitaine s'était rendu célèbre par l'habitude qu'il avait de recevoir dans sa cabine, pour un petit entretien privé, les joueurs peu scrupuleux dénoncés par un tuyau du commissaire de bord. La discussion était brève et amicale, le capitaine assis d'un côté du bureau, le mécréant de l'autre, et l'énorme pistolet du capitaine entre les deux. Si les officiers de bord avaient toujours un petit mot d'avertissement à la disposition des personnages louches qu'ils reconnaissaient, on ne pouvait cependant rien faire avant qu'un acte délictueux fût commis : il n'y avait aucun moyen d'empêcher un filou de réserver une cabine.

Nouer une idylle constituait l'une des principales activités de la jeunesse à bord ou de cette "vamp" légérement vêtue dans sa cabine.. Ce couple amoureux sur le pont, à droite, illustration tirée d'une revue des années vingt, paraît soulever l'indignation d'un passager plus âgé, à moins qu'il ne soit simplement envieux. Les commissaires du bord et les médecins des paquebots étaient généralement préparés à affronter les avances amoureuses des femmes, mais on peut se demander quelles sont les intentions réelles de ce vieux matelot de la Cunard, à gauche, représenté dans une affiche datant de 1925 et intitulé «Atlantic Summer Holidays».

LE RUBAN BLEU

La lutte continuelle pour le prestige qui faisait rage dans l'Atlantique trouvait son expression la plus forte dans le Ruban Bleu, symbole de la traversée la plus rapide faite par un *liner* entre Bishop Rock en Angleterre et Ambrose Light à New York, distants de 2 907 milles. Le Ruban Bleu était un objet des plus curieux, car il n'existait pas matériellement et nulle cérémonie de remise du prix au vainqueur n'était organisée (même si quelquefois les compagnies maritimes faisaient accrocher une longue banderole bleue à la tête du mât d'un transatlantique sur le point d'établir un nouveau record de vitesse). Et à l'instant où un navire remportait le titre, il était à prévoir que jamais plus il ne naviguerait à pareille vitesse : si le coût de la consommation supplémentaire de combustible était astronomique, atteindre une telle allure était de plus superflu, sinon malvenu. Car, dans l'hypothèse où un bâtiment tenterait à chaque traversée de conserver son record, cela aurait désorganisé les horaires soigneusement établis des autres *liners*.

De surcroît, aucune compagnie n'aurait jamais avoué qu'elle cherchait à remporter le prix, en dépit des fortunes et des efforts qui y étaient consacrés. La compétition pour le Ruban Bleu qui commençait sur la planche à dessin affectait à de nombreux égards la conception des transatlantiques concurrents. Elle alimentait à l'infini la spéculation navale, sous-entendait un marché publicitaire colossal, et engageait l'honneur et la fierté des puissances occidentales, en particulier l'Allemagne et l'Angleterre.

Mais personne ne faisait appareiller un navire et sonner la cloche de pleine vitesse en annonçant haut et fort «devant Dieu et les hommes»: nous courons pour le Ruban Bleu.

Les Anglais et les Allemands se repassaient le prix. Les Français le conservèrent quelque temps grâce au sublime *Normandie*, les Italiens le remportèrent une fois avec le *Rex*, et les États-Unis s'enorgueillissaient de deux champions transatlantiques. Le plus célèbre était le *United States*, qui établit un record de légende en effectuant la traversée en trois jours, dix heures et quarante minutes, en 1952. Il avait gagné dix heures sur le *Queen Mary* et filait comme un véritable pur-sang, fendant les flots au sens propre du terme, la mer ayant effacé la peinture de sa ligne de flottaison. En fait, il aurait pu aller plus vite, mais destiné à servir de transport de troupes en cas de guerre, le gouvernement américain souhaitait que sa vitesse de pointe restât secrète. Mis à la retraite depuis vingt ans, il est toujours détenteur du Ruban Bleu et aucun challenger n'est en vue.

Toutes les nations ne participaient pas à la compétition, ni toutes les compagnies : la Cunard détenait le Ruban Bleu pour l'Angleterre, tandis que la White Star Line offrait confort supplémentaire au lieu de vitesse supérieure. Ce prix était convoité non seulement par les compagnies, mais aussi par les gouvernements pour qui gagner la compétition transatlantique était une question de prestige national. Peu de *liners* étaient conçus pour vaincre des records : ce qui importait, c'était le confort. Du reste, un seul cheval de bataille suffisait à une compagnie, car le vainqueur engrangeait assez de gloire pour tous les autres navires battant même pavillon.

Le coût de la victoire et le prix exigé pour défendre le titre étaient considérables. Quand, au début du siècle, la vitesse moyenne s'élevait à vingt nœuds, chaque nœud *supplémentaire* coûtait autant que les vingt premiers. Mais les victimes du Ruban Bleu, ce n'était pas les têtes pensantes des bureaux de direction, c'était les chauffeurs qui alimentaient en charbon à la tonne les foyers des chaudières. Pauvres et souvent illettrés, ces grands buveurs toujours à chercher la bagarre étaient suffisamment désespérés et costauds pour travailler comme des démons en enfer. Quand le capitaine sonnait la cloche pour augmenter la vitesse, l'ingénieur en chef donnait un nombre qui dictait le travail des chauffeurs. Le nombre 7 signifiait qu'ils avaient sept minutes pour casser la houille grasse, faire tomber les braises des grilles du foyer et pelleter une nouvelle fournée de combustible, avant que la cloche

Ci-contre. *Le* Bremen, *salué à son arrivée dans le port de New York, en juillet 1929, après avoir repris le Ruban bleu au* Mauretania *qui l'avait détenu durant vingt-deux-ans. Le nouveau record était de 4 jours et 17 heures, une victoire particulièrement douce au cœur des Allemands, après la défaite et l'humiliation imposée par les grandes puissances au lendemain de la Première Guerre mondiale. Le remorqueur* Macon *portait la banderole, ainsi que le commissaire de police Grover Malden.* Ci-dessus. *Le* Normandie, *qui remporta également le ruban bleu lors de son voyage inaugural le 3 juin 1935, à une vitesse moyenne de 29,6 nœuds, traversant l'Atlantique en 4 jours, 3 heures et 2 minutes.*

MACOM
MACOM
NEW YORK

retentisse à nouveau, leur donnant l'ordre de répéter l'opération. Torses nus, ils ruisselaient de sueur et leur peau brûlait sous les flammes. Malgré des gants épais, leurs mains n'étaient qu'ampoules ; ils avaient les pieds brûlés en dépit de leurs sabots à haute semelle en bois, supposés les protéger des cendres et des braises qui jonchaient le sol. Dans le vacarme insupportable des machines, ils devenaient sourds et progressivement fous.

Plus le nombre était petit, plus vite ils devaient travailler, et plus grand encore était le danger. Sous le roulis et le tangage en haute mer, les morceaux de charbon rouge tombaient des grilles de foyer. Un malheureux brusquement déséquilibré risquait d'être aspiré dans la fournaise par le puissant courant d'air provoqué par le feu. Le répit qu'apportait un nombre plus élevé n'était que de courte durée, car cela ne faisait que reporter à plus tard d'autres souffrances, quand le navire devait regagner le temps perdu.

Les conditions barbares qui régnaient dans la chaufferie n'étaient pas le fait de la seule course pour le Ruban Bleu. On les retrouvait sur tous les *liners* express qui faisaient de gros bénéfices sur des traversées rapides respectant l'horaire prévu. Ce n'est que lorsque le mazout remplaça le charbon que les conditions d'existence dans les salles des machines passèrent de l'esclavagisme à une vie presque aussi civilisée que celle que connaissaient les ponts supérieurs. Mais cela signifiait également que le sort du chauffeur n'avait fait qu'empirer : il se retrouvait désormais au chômage.

Le Ruban Bleu était souvent remporté lors d'un voyage inaugural. Ainsi, la traversée d'un nouveau challenger attirait, en plus de la clientèle régulière, toutes sortes de passagers venus dans le seul but de participer à un événement exceptionnel, aussi passionnant que le lancement d'une fusée spatiale ou le premier vol du Concorde. Quand à bord chacun avait eu connaissance de l'enjeu, l'atmosphère vibrait d'excitation et la cagnotte du navire atteignait des sommets vertigineux. A l'instant où la proue du nouveau champion pénétrait dans les eaux calmes d'Ambrose Light, les passagers hurlant de joie se prenaient par la taille pour se lancer dans une conga effrénée, et noyaient cette victoire historique sous des flots de champagne.

L'ALIMENTATION DU MONSTRE

Avant même que le paquebot arrive à destination, on se préparait déjà au prochain départ : l'horaire devait être respecté, et les navires mouillant à leur embarcadère payaient des droits de port considérables que ne compensait aucune recette immédiate. On empilait des montagnes de linge sale destinées à la blanchisserie, on dressait les inventaires, on vidait les water-ballasts et on préparait les soutes à combustible. Les premiers passagers commençaient à peine de débarquer que, déjà, des files de camions de ravitaillement se regroupaient à l'embarcadère. Au port d'attache, les responsables de la compagnie montaient à bord, les bras chargés de dossiers administratifs, accompagnés de toutes sortes d'artisans venus faire les réparations nécessaires. L'avitaillement était une opération

La salle des chaudières d'un paquebot vers 1910 ne permet pas de se faire une véritable idée des conditions inhumaines qu'enduraient les chauffeurs, qui pelletaient tous les jours des tonnes de charbon pour faire avancer le navire.

complexe que les chargés de relations publiques des compagnies adoraient décrire à la presse, avec les détails les plus impressionnants tant sur les vivres que sur les vins et toutes les fournitures nécessaires à la traversée.

De par son caractère transatlantique, le ravitaillement d'un *liner* était international. On préférait généralement les pommes de terre de l'Idaho aux patates européennes farineuses, les homards du Maine à ceux de Bretagne, la sole de Douvres au flet de Long Island. Vins et fromages provenaient de France. Des deux côtés de l'Atlantique, on chargeait le caviar par barils, les côtes de bœuf (certains préféraient le steak américain à l'entrecôte française), sans oublier les faisans d'Écosse, les jambons de Smithfield ni les tonnes de légumes frais.

L'avitaillement en carburant fut facilité quand le mazout remplaça le charbon, car «charbonner» était auparavant un véritable cauchemar : un *liner* moyen de 30 000 tonneaux brûlait 300 wagons de charbon lors d'une seule traversée, et quand il venait d'être «charbonné», une suie noire souillait tout le bâtiment. Une fois les hublots et les portes verrouillés, les stewards houssaient les meubles et passaient le faubert de fond en comble. Lors des préparatifs de départ, les membres d'équipage étaient pour la plupart consignés à bord ou sur le quai, à l'exception des chauffeurs qui se saoûlaient d'alcool et de violence dans les bars du port, pour oublier misère et frustrations. Ceux qui ne finissaient pas en prison étaient souvent ramenés à bord en brouette. Les équipages, qui sacrifiaient tout à leur métier, retrouvaient leur famille quelques semaines par an seulement, travaillaient jusqu'à des heures impossibles, dormaient dans des quartiers surpeuplés, et n'avaient souvent pour salaire principal que des pourboires.

LE SERVICE

Vitesse, innovation technologique et décoration intérieure prestigieuse étaient des conditions nécessaires pour établir la renommée d'un grand *liner*, mais non point suffisantes. En tout état de cause, c'est le service qui faisait la différence, car c'est du service que se souvenaient les passagers. Il s'agissait d'un art véritable, exécuté du sommet à la base d'une stricte hiérarchie, depuis le capitaine jusqu'au matelot.

Ci-dessus. *Grooms promenant les chiens des passagers sur le* Queen Mary *en 1939.*
Les bêtes, qui étaient aussi bien traitées que leurs maîtres, étaient opportunément
placées sous la responsabilité du boucher du navire. Sur le Normandie, *le chenil était installé*
dans l'une des cheminées et sur le pont se trouvait une bouche
d'incendie factice pour encourager les chiens à ne rien perdre de leurs bonnes habitudes.
Conversation entre le commissaire de bord du Champlain *et des passagers.*

Le capitaine d'un *liner* devait posséder des compétences techniques très étendues, faire preuve d'une vaste expérience et d'un sens élevé du commandement et non moins développé des mondanités. Le skipper du navire amiral de la Cunard, qui portait le titre de commodore, était anobli par la Couronne d'Angleterre pour ses bons et loyaux services. Chaque capitaine devait être aussi habile à charmer l'épouse d'un chef d'État que la coqueluche du moment, et devait présider le service divin avec la même autorité que sur la passerelle de commandement.

Les capitaines se dévouaient corps et âme à leur navire. Sir James Charles mourut à son poste alors qu'il commandait la manœuvre d'entrée du *Berengaria* dans le bassin de Southampton, et sir James Netley décéda dans sa cabine à bord de l'*Aquitania*, entre Cherbourg et Southampton. Ils savaient tous deux que c'était leur dernière traversée avant la retraite et ils sont morts, disait-on, le cœur brisé.

Les passagers ne s'intéressaient que peu à la hiérarchie du bord. Il leur suffisait de savoir que le capitaine était tout-puissant, «seul maître à bord après Dieu» selon la définition officielle de leur licence de commandement, et se seraient livrés aux pires exactions pour être acceptés à sa table. Le chef steward assumait en pratique les fonctions de directeur d'hôtel, et il était toujours recommandé d'être dans ses bonnes grâces car c'est lui qui contrôlait l'attribution des places à la salle à manger. Quant au commissaire de bord, on pourrait le comparer à un arbitre mondain : c'est lui qui attribuait les cabines, supervisait l'arrivée et le départ des passagers, mettait leurs bijoux en lieu sûr, et recevait les plaintes diverses, bref, c'était un hôte remarquable qui avait quelquefois affaire à des personnalités très désagréables. Un «navire heureux» dépendait pour beaucoup du commissaire de bord.

Le plus célèbre de tous, et le plus apprécié, fut Henri Villar, commissaire de l'*Ile-de-France* et du *Normandie*. Il apportait aux *liners* toute l'élégance, la gaieté et le raffinement parisien, avec une connaissance encyclopédique des cercles mondains, politiques et financiers de

Cette coupe transversale du Normandie, *paquebot de 313 mètres et 79 280 tonneaux donne une idée précise de l'aménagement du plus luxueux des liners. On remarquera entre autres (références numérotées sur le schéma) : pont supérieur : 3, 4, suite de luxe et terrasse privée. Pont d'embarquement : 21, café-grill et piste de danse. Pont-promenade : 34, terrasse ou cabine-véranda, 36-41, grande descente, fumoir des premières classes, grand foyer, galerie salon, hall supérieur et ascenseurs, théâtre. 46, jardin d'hiver avec ses gigantesques volières en bronze. Pont principal : 55,*

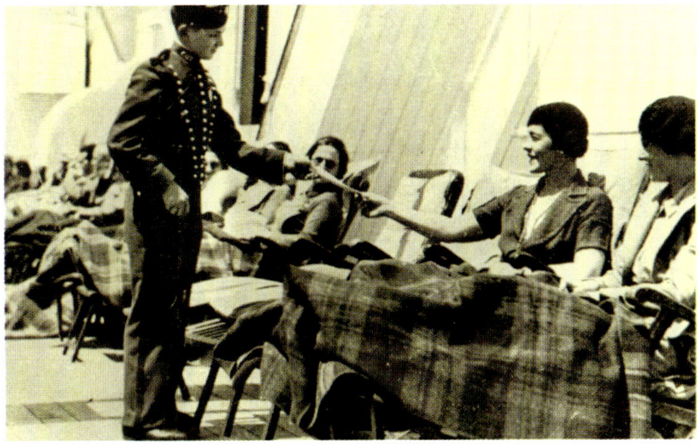

nombreux pays. Lorsqu'on racontait qu'un homme politique d'envergure avait été placé par inadvertance à la même table que l'amant de son ex-épouse, en aucun cas cette mésaventure n'avait pu arriver sur un *liner* où officiait Henri Villar.

Les Anglais offraient certainement le service le meilleur et le plus complet. Et les Américains le pire. Le personnel dévoué de la Cunard et de la White Star savait se comporter de la plus extraordinaire des manières, faisant assaut tout à la fois de civilité, de bienveillance et de respect qui charmaient les passagers. Ils incarnaient le pur produit d'une société hiérarchisée que nulle révolution n'avait déstabilisée, un indéfectible souci d'humanité et la discipline navale. Les Français semblaient ne jamais pouvoir trouver le bon équilibre entre la servilité et la dignité personnelle, les Allemands se montraient bien trop guindés et rigides, et les Yankees ne se laissaient pas marcher sur les pieds. Leurs ancêtres n'avaient pas fait la traversée de l'Atlantique comme passagers d'entrepont pour qu'eux puissent accepter d'être les subalternes des puissants. Quant aux Italiens, ils étaient toujours les premiers à se précipiter vers les canots de sauvetage à la moindre alerte. En haute mer, il était préférable de garder son flegme plutôt que de décocher des œillades de séducteur.

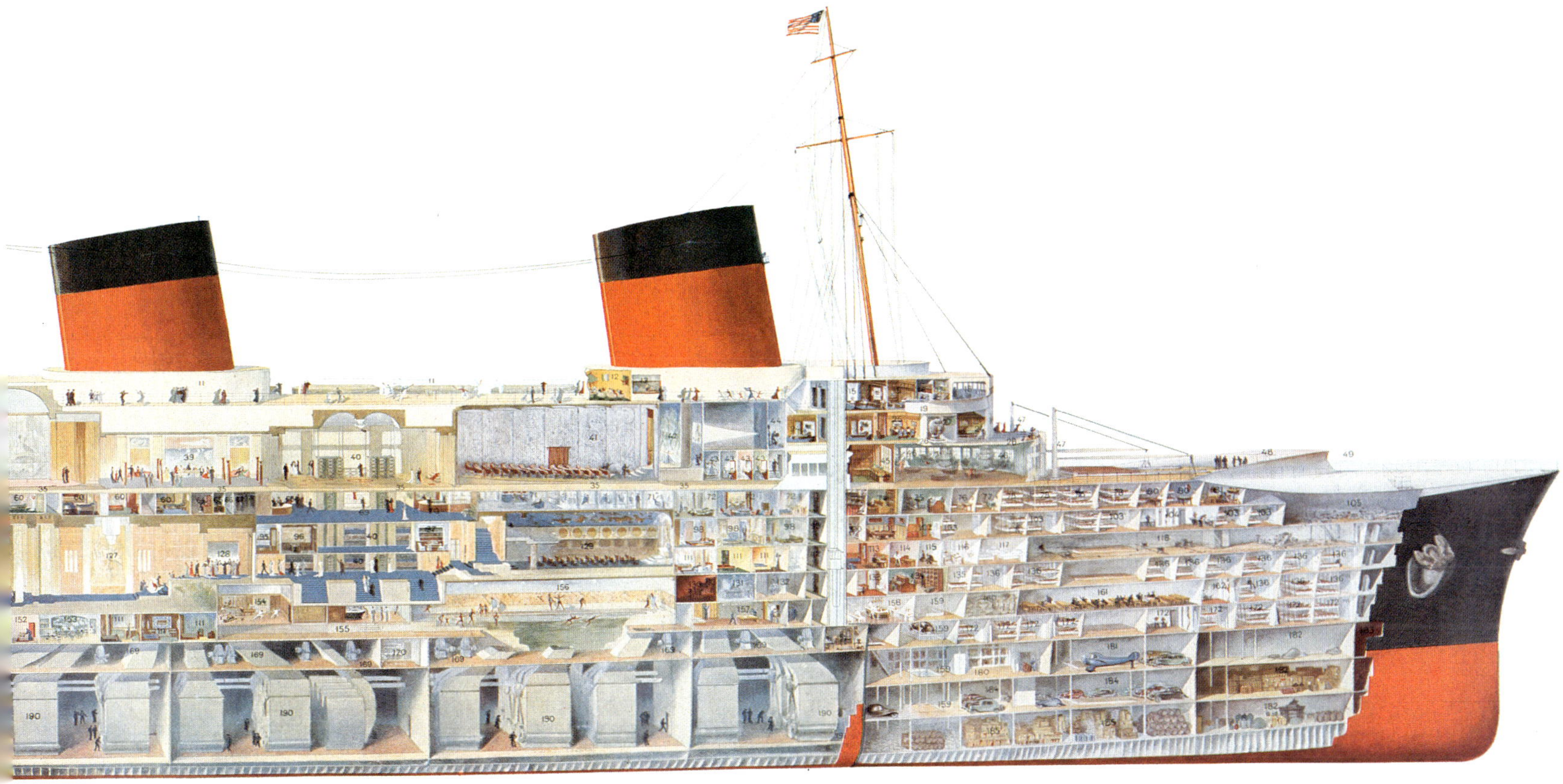

*salle de lecture des deuxièmes classes, 56 salon des deuxièmes classes, 71, salon de coiffure. Pont B : 113-117, infirmerie. Pont C : 127, salle à manger des premières classes, 129, chapelle. Pont D : 141-150, cuisines et cambuse, 154, salle de gymnastique, 155, 156, piscine et bar, 159, embarquement des automobiles et ascenseurs. Pont F : 173-175, blanchisserie, 176-179, chambres froides, 180, soute à bagage, 181, garage. En bas : 186, arbres d'hélices, 187, salle de 4 turbines électriques, 189, salle des turbo-alternateurs et des auxiliaires, 190, chaudières.En haut. Remise d'un radiogramme à un passager sur le pont-promenade de l'*Ile de France.

QUEEN MARY

DÉPRESSION ET CRÉPUSCULE

Le Queen Mary*, à quai en mars 1936 à Southampton Ce paquebot de légende, appartenant à la Cunard, qui fut conçu et construit durant les années qui suivirent la Crise de 1929, incarnait tout l'espoir de l'époque pour un futur meilleur.*

La Première Guerre mondiale marqua la fin de la Belle Époque. Rien ne serait plus comme avant. La fleur de la jeunesse européenne gisait, bafouée, dans les tranchées, la Russie impériale était renversée par une révolution, le Kaiser exilé aux Pays-Bas et le crépuscule tombait sur l'empire des Habsbourg. Le charleston supplantait la valse et, pour la première fois dans l'histoire, une Europe ruinée et dévastée se tournait vers les États-Unis, en quête de leadership. Woodrow Wilson dicta ses quatorze points du traité de Versailles et les alliés victorieux imposèrent à une Allemagne anéantie des réparations irréalisables, jetant ainsi les bases d'un conflit plus dévastateur encore que celui dont on venait à peine de sortir.

Cette nouvelle situation se traduisait par un commerce accru vers les États-Unis, nation victorieuse et indemne où, accompagnant l'irrésistible expansion du marché boursier que connut Wall Street sur une période de douze ans après la guerre, un nombre sans précédent de nouveaux hôtels de luxe se construisait à New York pour accueillir le flux des visiteurs. Parmi les plus remarquables, on citera l'Ambassador, le gigantesque Roosevelt et ses 1 100 chambres, le Drake, le Barclay, le Park Lane, le Ritz Towers, le Sherry Netherland, le Governor Clinton, le St. Moritz, le Essex House, le Hampshire House, et enfin le sublime hôtel Waldorf Astoria, avec sa gare particulière pour les wagons de chemin de fer privés, ses luxueuses tours et sa merveilleuse décoration Art Déco. Conçus durant le tourbillon des années vingt, certains de ces hôtels qui furent inaugurés en pleine crise économique des années trente, connurent de graves difficultés financières.

Sur l'Atlantique, c'est une nouvelle répartition de l'espace qui fut significative de ces années-là. Du jour où les États-Unis instituèrent des quotas d'immigration, de vastes superficies au préalable destinées aux passagers d'entrepont se trouvèrent soudainement inoccupées. La question fut résolue par la création de deux nouvelles classes, la classe «cabine» (ou deuxième classe) et la classe «touriste», souvent présentée dans la publicité des liners comme la classe «Rive gauche», destinée à attirer une clientèle de jeunes avides de plaisirs mais qui n'avait pour tout budget que quelques dollars par jour, à une époque où néanmoins un dollar pouvait durer assez longtemps. Les classes cabine et touriste accueillaient également les anciens immigrants ainsi que leurs enfants, qui retournaient vers le Vieux Continent pour parader et étaler leur nouvelle richesse sous les yeux de leur parenté pauvre et oppressée, restée au pays.

Les anciens navires allemands naviguaient désormais sous de nouveaux pavillons. Réarmé par la Cunard, l'*Imperator* était devenu le *Berengaria*, et son célèbre restaurant Ritz-Carlton transformé en salle de bal. Le *Vaterland* fut rebaptisé *Leviathan* par la United States Line, et le *Bismarck* devint le *Majestic* sous le pavillon de la White Star. Les nouveaux propriétaires ne se donnèrent même pas la peine de changer les plaques qui indiquaient en allemand le sens d'ouverture et de fermeture des robinets. Les autres liners saisis à l'Allemagne rouillèrent lentement dans la baie de Chesapeake. Le *Mauretania* reprit du service pour la Cunard, de même que l'*Aquitania*.

Ci-dessus, *L'*Imperator *quittant Hambourg lors de son voyage inaugural.*

Ci-contre, *Les* Europa *et* Bremen,

fleurons de la ligne de la Norddeutscher LLoyd flanquent le Colombus

dans cette magnifique affiche

où l'accent est mis sur la puissance et la vitesse de ces bateaux qui furent conçus pour remporter

le Ruban Bleu et affirmer la technique allemande.

V I V E   L A   F R A N C E

La grande nouveauté, c'était l'ascension d'une ligne française, la Compagnie Générale Transatlantique (C.G.T.), dont le premier coup d'éclat fut l'*Ile-de-France* lancé en 1927, qui acquit très vite la réputation de paquebot le plus racé de l'Atlantique, offrant la chère la plus exquise ainsi que les passagers les plus divertissants issus des cercles littéraires et artistiques.

A la veille de la guerre, la C.G.T. lança un magnifique paquebot, le *France*, qui incarnait dans toute sa splendeur le sens typiquement français de la grandeur, comme si la C.G.T. avait eu l'intention d'accueillir à bord Louis XIV, Louis XV, la Pompadour et Marie-Antoinette ensemble. Il fut très rapidement surnommé «le château de l'Atlantique», car ce n'était que courbes, voussures et dorures, sous les portraits du Roi-Soleil et de ses favorites à Versailles. La descente de la salle d'embarquement s'inspirait de l'escalier de la Bibliothèque nationale, et les colonies étaient représentées par le salon mauresque où des nègres en culotte servaient le café après le dîner.

Le *Paris*, qui entra en service en 1921, fut le liner le plus rentable ayant jamais navigué sur l'Atlantique. Il n'avait pas la prétention du *France*, mais montrait la volonté affirmée d'être de son temps, sans nostalgie pour le passé. De par sa conception, c'était un intermédiaire entre le paquebot en tant que musée flottant et le paquebot en tant qu'expression du goût et de la sensibilité de son époque. Le *Paris* incarnait la disparition d'un monde suranné. Il s'affranchit définitivement du passé en 1929 quand, à la suite d'un incendie, ses salles publiques furent réaménagées selon le style promu par l'Exposition internationale des arts décoratifs de 1925.

Cette exposition légendaire, qui inspira si parfaitement la mode de son temps, dicta la décoration de l'*Ile-de-France*, le premier navire à refléter intégralement le goût de son époque. John del Piaz, le brillant président de la C.G.T., ayant décrété que «Vivre, ce n'est pas copier, c'est créer», révolutionna la conception des liners. *L'Ile* était un navire destiné aux jeunes filles délurées, un paquebot moderne quoique confortable, élégant et amusant, même s'il y régnait une certaine froideur due à un excès de verre et de marbre dans la lignée de l'Exposition de 1925. Les *Paris*, *France* et *Ile-de-France* furent rapidement considérés comme les meilleurs liners de l'Atlantique. Ils étaient plus petits que les dinosaures allemands, américains et anglais, et présentaient à bien des égards une moins bonne navigabilité, mais ils avaient du style, ce fameux «style paquebot» qui fut plus tard également l'apanage du *Normandie*, le bâtiment le plus parfait qui ait jamais navigué.

U N   M O N D E   N E U F

Ces navires français exprimaient à la perfection les bouleversements sociaux que connurent les années de l'après-guerre, quand progressivement les hasards de la naissance durent céder place au talent. La vieille aristocratie était sur son déclin. A Paris, la noblesse russe conduisait des taxis, le prince Youssoupov vendait des vêtements, et le grand-duc Mikhaïl poursuivait Coco Chanel de ses assiduités. En Allemagne, tout comme en Autriche, une aristocratie ruinée avait de grandes difficultés à joindre les deux bouts. Hollywood était en plein essor, ses nouveaux rois et ses nouvelles reines se faisaient construire des palais sur le boulevard du Crépuscule. Les héros du jour qui s'appelaient Charlie Chaplin, Douglas Fairbanks et Mary Pickford étaient devenus, à bord des transatlantiques, les personnalités les plus entourées. La pompe du grand monde avait été supplantée par un style plus décontracté, incarné par un nouvel et maigrichon héritier du trône d'Angleterre, qui snobait les conventions et passait ses soirées à l'Ambassador, où il devint dès lors possible de «danser avec celui qui a dansé avec celle qui a dansé avec le prince de Galles». Nick et Nicole Diver représentaient la génération perdue, la vacuité de ces Américains expatriés qui cherchaient à l'étranger leur propre vérité. Aux États-Unis, le «Volstead Act» promulgué en 1919 avait institué la prohibition, et poussé les buveurs confirmés à parcourir les mers ; on les retrouvait nombreux accoudés aux bars des transatlantiques. Nul besoin de préciser que les affaires périclitèrent pour le *Leviathan* qui resta un navire «sec».

Durant les années vingt, quand Wall Street bâtissait sur le crédit facile sa prospérité, il semblait que rien ne pouvait arrêter cette dernière. Chauffeurs de taxi ou de voitures de maîtres empruntaient de l'argent et boursicotaient sur les tuyaux dont parlaient leurs clients, de gigantesques hôtels particuliers se faisaient construire, on commandait des flottes de Rolls-Royces, et l'euphorie avait des airs de démence collective. Ces années-là marquèrent le dernier

épanouissement de l'âge d'or des voyages : de nouveaux liners furent mis en chantier, dont beaucoup ne seront lancés qu'au cœur de la crise économique, ou immédiatement après.

L'Allemagne fut la première nation à sauter sur l'occasion en armant de nouveaux et puissants transatlantiques, véritable démonstration de la force teutonne, le *Bremen* et l'*Europa* lancés tous deux à quelques jours d'intervalle en août 1928. Merveilles de design, ces deux navires se caractérisaient par des lignes pures et profilées, ainsi que par deux cheminées élancées couleur moutarde. Bas sur l'eau, ils naviguaient avec une sorte d'acharnement affairé, comme s'il s'agissait de prouver que *Deutschland* était toujours *über alles*. Lors de son voyage inaugural, le *Bremen*, en juillet 1929, ravit le Ruban Bleu au *Mauretania* en établissant un record fabuleux qui gagnait dix heures sur le précédent. En mars 1930, l'*Europa* améliora de dix-huit minutes la traversée. A l'image de l'*Ile-de-France*, leur décoration intérieure était aussi moderne que pensée dans les moindres détails. «On a évité le luxe ostentatoire des époques passées... en mettant l'accent sur la beauté de la ligne ainsi que sur la qualité supérieure des matériaux. L'architecture du *Bremen* permet de nous émanciper d'une époque qui n'est plus la nôtre, et nous montre le chemin vers la grandeur de notre temps», comme l'écrivait leur architecte, Fritz August Breuhaus de Groat. La ligne qu'il leur avait donné, simple et économique, les surfaces sans artifice aucun, le mobilier Bauhaus et l'absence totale de fioriture concouraient à créer une atmosphère froide et sévère. Après la Seconde Guerre mondiale, l'*Europa* navigua pour le compte de la C.G.T., sous le nom de *Liberté*, complètement réaménagé et redécoré.

VIVA L'ITALIA

Les lignes transatlantiques italiennes n'étaient, quant à elles, pas le moins du monde désireuses d'oublier le «luxe ostentatoire des époques passées». Connues depuis 1922 et 1923 pour leurs deux petits transatlantiques, le *Conte Rosso* et le *Conte Verde*, elles firent sensation en confiant leurs navires à une société de décoration intérieure, «La Casa Artistica» de Trieste et de Gênes, une création des très talentueux Coppedé qui comptaient parmi leurs clients J.P Morgan, les Rothschild ainsi que la famille royale d'Italie. Les Coppedé conçurent un salmigondis de styles historiques agglutinés de stuc doré, bien dans l'esprit des extravagantes salles de cinéma de l'époque, ou du Caesar's Palace de Las Vegas. Pas la moindre surface unie où l'œil puisse se reposer ; pas même au plafond où ce n'était qu'emprunts disparates à la Rome antique ou à l'Alhambra de Grenade que téléscopaient des éléments de style Liberty ou Arts déco en vogue à cette époque. C'était comme si des machinistes de théâtre pris de confusion avaient installé simultanément plusieurs décors d'opéra sur une même scène. Assez curieusement, cette formule eut du succès et il fallut désormais compter avec la ligne italienne qui, comme la C.G.T. ainsi que la Norddeutsch Lloyd, donnait bien du fil à retordre aux Anglais toujours aussi collet monté.

Affiche signée Riccobaldi (1927) d'inspiration futuriste à la gloire des paquebots de la compagnie italienne Lloyd Sabaudo.

Si nous n'avons jusqu'à présent parlé que des paquebots qui empruntaient les routes maritimes de l'Atlantique nord, il ne faudrait cependant pas oublier le trafic important que connaissait l'Atlantique sud, et plus particulièrement entre Naples et Gênes et l'Amérique du Sud, trajet qu'empruntèrent tant d'émigrés italiens vers les riches pampas argentines ou les jungles du Brésil. L'itinéraire sud promettait des mers calmes, un temps magnifique, et une vie à bord très différente. Les *Saturnia* et *Vulcania*, datant de 1927, regorgeaient de meubles en rotin ; nombreuses étaient leurs cabines de luxe qui bénéficiaient de terrasses enchanteresses agrémentées de treillages, où il faisait bon prendre des bains de soleil. Ces deux liners, eux aussi théâtralement décorés par les Coppedé, possédaient deux salles de bal Louis XIV identiques, pastiches des plus ineptes que l'on puisse concevoir d'un style d'époque, véritable rêve de mafioso. Ils s'enorgueillissaient de piscines couvertes, stupéfiantes reconstitutions de l'antique Pompéi, ainsi que des premières piscines à ciel ouvert construites sur le pont d'un paquebot géant. Ces *pasticcerie* italiennes représentaient le dernier écho flottant d'un certain passé, et inspirèrent le style des actuels yachts de croisière, vestiges de l'âge d'or des voyages.

LA CRISE ECONOMIQUE

A l'époque même où les nouveaux transatlantiques et les hôtels construits durant la vague d'optimisme économique entraient en fonction ou se trouvaient sur le point d'être inaugurés, les premières fissures apparurent dans l'édifice financier fondé sur le crédit qu'avaient inventé les génies de Wall Street. Le 30 octobre 1929, ce dramatique Lundi noir dont chacun craint aujourd'hui la répétition, le château de cartes s'écroula. En quelques heures, alors que les cours du marché boursier s'effondraient, des millionnaires sur le papier se retrouvèrent sur la paille. Si certains spéculateurs purent se suicider en se jetant du haut des gratte-ciel, d'autres, passagers des lignes transatlantiques, durent se contenter de sauter par-dessus bord. Les anciens riches qui voyageaient en Europe avec famille et domestiques se pressaient dans les bureaux parisiens ou londoniens des compagnies maritimes, afin de prendre le premier bateau pour les États-Unis, pour y évaluer les dégâts.

J.P. Morgan n'était plus là pour sauver la mise, comme il l'avait fait par le passé en endiguant à lui tout seul la panique. Le monde financier s'effrita, les plus grandes industries américaines chancelèrent, le taux de chômage grimpa en flèche, et le gouvernement pensa trouver une solution en édifiant des murs de tarifs douaniers protectionnistes qui ne firent qu'accroître la crise. Cette dernière ne signifia cependant pas la fin des voyages de luxe. Les grandes fortunes étaient encore très riches et désormais, tout coûtait beaucoup moins cher. Tout le monde n'avait pas investi en bourse l'intégralité de son capital, et l'on connaissait même quelques vendeurs à court terme qui s'étaient fait un joli magot sur le malheur des éternels optimistes. Les stars de Hollywood gagnaient des fortunes, car les foules étaient toujours plus nombreuses à chercher l'évasion des salles obscures, les maharajahs percevaient toujours la dîme de leurs dociles sujets. Si les grandes fortunes capables de payer le prix des suites de luxe existaient toujours, le taux d'occupation des premières classes simples ainsi que celui des classes cabine et touriste tombaient en chute libre, et la concurrence entre les lignes

Lancement du Mariposa
en 1931. Seule la coque était construite et le reste du navire
était achevé à quai.
C'était un événement très spectaculaire
par son côté rudimentaire et émouvant où la bouteille
de champagne tenait un rôle symbolique.

délaissées par leurs passagers se faisait de plus en plus vive. La C.G.T. fut contrainte de mettre le *France* à la casse.

RÉSURRECTION

L'un des grands paradoxes de la crise économique, ce fut qu'elle connut la construction des trois plus énormes et luxueux paquebots transatlantiques qui aient jamais navigué, le *Normandie*, le *Queen Mary* et le *Queen Elizabeth*. Ce dernier n'appartient cependant pas exactement à la période de la crise économique, puisqu'il ne fut achevé qu'à temps (baptisé le 27 septembre 1938) pour entrer dans la Seconde Guerre mondiale comme transport de troupes. Il semblerait au premier abord plutôt curieux que des gouvernements aient financé ainsi les voyages de luxe réservés aux *happy few*, alors que l'ensemble de leurs administrés connaissait les plus graves difficultés dans leur existence quotidienne. Mais la réflexion des pouvoirs publics s'appuyait sur une étrange logique : les années de l'entre-deux-guerres ayant vu la montée de puissants nationalismes, le paquebot de luxe représentait un véhicule remarquable pour l'expression des sentiments patriotiques, en ce sens qu'il exprimait simultanément la puissance, la prouesse technologique et la culture nationale. L'homme de la rue avait désormais besoin de quelque chose qui puisse alimenter sa fierté, et la construction d'un paquebot géant satisfaisait parfaitement cette demande. Mais tout aussi important, un transatlantique signifiait du travail pour des foules de chômeurs, ouvriers sidérurgistes, soudeurs, riveurs, plombiers, menuisiers, peintres, tapissiers, mécaniciens, marins, cuisiniers, barmen, stewards, serveurs et autres laveurs de vaisselle. Le *Normandie* et le *Queen Mary* représentaient l'équivalent français et anglais des *Autobahn* hitlériennes ou des grands travaux lancés par le New Deal de Roosevelt ; de plus, leur potentiel en tant que matériel de guerre se montrait très séduisant, en ces années où le monde se dirigeait inexorablement vers un autre conflit majeur. Sans oublier qu'un ou deux grands navires étaient plus économiques à mettre en œuvre que toute une flotte.

Le *Normandie* et le *Queen Mary* furent conçus à peu près à la même époque, mais les Français s'y employèrent avec moins d'hésitation que leurs voisins d'outre-Manche, ayant moins souffert qu'eux de la crise économique, et les Anglais étant moins accoutumés aux subventions massives de l'État. C'est pourquoi le *Normandie*, lancé un an avant le *Queen Mary*, éclipsa ce dernier. En examinant les chiffres, on constatera que ces deux navires présentaient de grandes similitudes : le *Normandie* mesurait 313,6 mètres sur 36,2 mètres, et le *Queen Mary* 310,5 mètres sur 35,9 mètres ; ce dernier avait un poids supérieur de 12% au paquebot français, car son acier était plus lourd. Ils naviguaient presque à la même vitesse de croisière, leur temps de traversée ne différant souvent que de quelques minutes. Le *Normandie* remporta le Ruban Bleu lors de son voyage inaugural en établissant un record de 4 jours, 3 heures et 2 minutes, puis dut le céder à son rival anglais un an plus tard

Vue de la célèbre salle à manger de première classe du Normandie, *longue de près de 92 mètres. Elle s'élevait sur trois ponts et était illuminée par 38 appliques en verre, montant du sol au plafond, 12 fontaines lumineuses et plusieurs lustres de verre, tous dessinés par Lalique ; elle fut souvent comparée à la Galerie des glaces de Versailles. On y entrait en descendant un grand escalier, idéal pour la mise en valeur des merveilleuses robes haute couture. Avec ses 393 m3, c'était la plus vaste salle flottantes jamais conçue.* Ci-contre. *un hall bordé de boutiques du* Queen Mary, *au décor plus sobre que le* Normandie.

qui vainquit de 3 minutes la barrière des 4 jours. Les deux paquebots avaient leurs petits défauts : le *Normandie* vibrait, tandis que le *Queen Mary* avait du roulis, problèmes qui fut aplanis ultérieurement. Mais le *Queen Mary* bénéficiait du soutien d'un plus grand nombre de passionnés ; sa carrière se prolongea jusque dans les années soixante avant qu'il ne jette définitivement l'ancre à Long Beach, en Californie, où on peut encore le visiter de nos jours. Le *Normandie* fut cependant, sans aucun doute, le navire le plus élégant et le plus confortable qui ait jamais sillonné les mers.

Les moindres détails de ce paquebot, à commencer par son nom, avaient été longuement étudiés. En fait, c'est intentionnellement qu'on le baptisa *Normandie*, sans préciser son genre masculin ou féminin. Mais il serait impossible que l'on considère une créature aussi élégante et frivole, aux lignes aussi pures, autrement que comme «la grande dame de l'Atlantique». Adopter le nom de Normandie, celui d'une des plus belles régions de France, lieu de naissance de Guillaume le Conquérant, c'était de la part de la C.G.T. un spirituel coup de griffe contre la concurrence anglaise. Sa coque massive et révolutionnaire avait été conçue par un ingénieur russe expatrié, Vladimir Yourkevitch. A la suite du *Bremen* et de l' *Europa*, il la dota d'une proue bombée dont l'étrave semi-bulbeuse à carlingue épaisse facilitait assez curieusement la pénétration de

Dessin représentant le grand salon du Normandie*, par Jean Pages,*

au cœur d'un long défilé ininterrompu de salles qui traversait sur 215 mètres le pont-promenade :

le grand salon était ponctué par six canapés circulaires recouverts de tapisserie d'Aubusson.

Il suffisait de rouler le tapis pour le transformer en salle de bal. Les murs étaient gainés de panneaux de

verre à incrustations d'or, d'argent, de platine et de palladium,

représentant des scènes de l'histoire de la navigation, exécutés par Jean Dupas.

la coque dans les vagues. Yourkevitch débarrassa les ponts de tout le désordre qu'on y rencontrait jusqu'à présent, pour en faire de vastes boulevards reliés entre eux par l'élégante courbe d'un double escalier. Les 4 270 mètres carrés du pont furent réservés aux passagers de première classe, et la vaste superficie libre entre les seconde et troisième cheminées élégamment inclinées fut consacrée, pour la première et dernière fois dans l'histoire des transatlantiques, à un court de tennis de taille réglementaire. Le *Normandie* fut également le premier navire à être équipé d'un radar et d'une propulsion turbo-électrique grâce à laquelle il consommait moins de carburant à sa vitesse de croisière de 29 nœuds que l'*Ile-de-France*, pourtant de loin plus petit et plus léger, n'en consommait à 24 nœuds. Cette merveille des océans fut lancée en automne 1931, au cœur de la crise économique, sous les vivats de 200 000 spectateurs.

Il fallut deux ans pour terminer la décoration intérieure du paquebot dont le coût global atteignait quelque trois milliards de nos francs actuels. Sa supériorité technologique époustouflait les passionnés de la mer, comme elle inquiétait la Cunard-White Star, et son luxe était tout simplement renversant.

Bien que beaucoup moins prestigieux, le *Queen Mary*, ainsi que son sister-ship le *Queen Elizabeth*, régnèrent sur l'Atlantique durant l'après-guerre. Pour ceux qui n'avaient jamais connu le *Normandie*, le *Queen Mary* était d'une impressionnante élégance : ses cabines étaient aussi confortables que ses salles publiques étaient gigantesques. Malheureusement sa décoration reflétait une conception de la grandeur parfaitement dépourvue d'imagination, très petite-bourgeoise. Des boiseries exotiques remplaçaient les laques et le verre ; les sols étaient principalement revêtus de linoléum, et les tables de formica ; les chaises rembourrées étaient particulièrement laides, mais moins que les tapis à motifs. Le *Queen Mary*, à la décoration intérieure Arts déco ampoulée, n'avait simplement pas de panache ; car, hélas, nulle grande école de design ne brillait en Grande-Bretagne. Néanmoins, l'équipage faisait preuve d'un tel mélange de dignité et de gentillesse qu'on ne pouvait s'empêcher de se croire comme à un week-end dans un manoir de campagne où il fallait surveiller ses bonnes manières.

Le *Queen Mary* était cependant un véritable navire, dans lequel le moindre rivet rappelait aux passagers un long et prestigieux passé de navigation. Un Danois exprima parfaitement la différence qui existait entre les deux paquebots rivaux, en écrivant : «Les Français ont construit un merveilleux hôtel autour duquel ils ont mis un navire, tandis que les Anglais ont construit un merveilleux navire dans lequel ils ont mis un hôtel.»

Le grand salon du Normandie, *qui était le centre de la vie mondaine du navire, servait pour toutes sortes de divertissements. Ici, représentation d'acrobates, lors du dîner inaugural, au Havre. L'une des huits fontaines Lalique, ainsi que les vasques de métal projetant la lumière vers le haut, qui inspirèrent certains passagers à appeler le* Normandie, *«paquebot des lumières».*

A droite. La salle à manger des premières classes du Queen Mary *était une véritable symphonie de bois précieux. Le panneau mural décoratif permettait aux passagers de suivre la progression du navire. Mais l'endroit le plus chic où aller dîner était cependant la Véranda-Grill, à travers les baies vitrées de laquelle les dîneurs contemplaient le sillage du navire.*

L E C R E P U S C U L E

La grande époque de l'aviation commença quand Lindbergh fit atterrir son *Spirit of St. Louis* à Paris en 1927, après avoir survolé l'océan Atlantique. Cette même année, la C.G.T. avait fait installer un avion postal sur l'*Ile-de-France*, que l'on catapultait du pont la veille de l'arrivée du paquebot. Exercice quelque peu inutile, mais qui ne manquait jamais de divertir les passagers et de faire une excellente publicité au navire. L'année suivante, les Allemands tirèrent tout le bénéfice de l'expérience qu'ils avaient accumulé durant la Première Guerre mondiale, en lançant le *Graf Zeppelin*, le premier dirigeable commercial. Après 10 ans de service, il avait transporté 18 000 passagers entre Francfort et Rio sur une distance totale de 1 610 000 kilomètres sans le moindre accident. En 1933, le Boeing 247 fut présenté comme le premier avion de transport commercial, puis en 1936, ce fut au tour d'American Airlines d'ouvrir, avec le DC3 transportant 21 passagers, une ligne régulière entre New York et Chicago. Puis, après quelques hésitations, l'aviation commerciale s'implanta également en Europe, ce qui donna l'occasion au téméraire maharajah de Jaipur d'utiliser son terrain de polo préféré en s'envolant pour Londres qu'il rejoignit après neuf jours de voyage et d'innombrables escales. C'est en mai 1936 que l'Allemagne fit décoller un engin étonnant, le *Hindenburg* ; cet aérostat en forme de cigare, rempli de 204 000 mètres cubes d'hydrogène, pouvait soulever un poids brut de 236 tonnes et voler à la vitesse croisière de 130 kilomètres-heure durant cinq ou six jours d'affilée.

New York n'était plus qu'à 60 heures de Francfort alors que par la route maritime, il fallait compter 4 jours de Bishop's Rock à Ambrose Point. Si l'on ajoutait le temps de traversée de Brême à Bishop's Rock, cela signifiait simplement que le dirigeable avait réduit de moitié la durée

La plate-forme d'observation du Hindenburg, *jouxtant le salon principal de l'aéronef.*
Les logements étaient suspendus à l'intérieur du ventre du gigantesque dirigeable, monde clos qui comprenait 25 cabines de luxe, avec toilettes et eau courante chaude et froide (ci-contre).
Inspirées des wagons Pullman, les cabines s'avéraient suffisamment confortables pour les deux nuits que durait la traversée de l'océan. A travers la cloison percée de fenêtres, les passagers pouvaient contempler le paysage qui défilait sous leurs yeux..

du trajet en transatlantique. Il n'y avait pas que la crise pour menacer les routes maritimes. Du reste, si le *Hindenburg* se révélait infiniment confortable, c'est pour avoir copié de nombreuses caractéristiques des transatlantiques.

Le zeppelin semblait bien constituer la voie de l'avenir, jusqu'à l'explosion tragique du *Hindenburg*, peut-être à la suite d'un sabotage, le 6 mai 1937, au moment de son atterrissage à Lakehurst, dans le New Jersey. Le dirigeable se trouvant près du sol, de nombreux passagers et membres d'équipage purent échapper à la mort en sautant à terre, mais d'autres furent brûlés vifs, sous les commentaires d'un reporter diffusés en direct par la station de radio WLS de Chicago : «Il prend feu, il est en train de brûler complètement, il tombe... C'est l'une des pires... Quelle horreur... Et tous ces gens...» La compassion pour les victimes se trouvait mitigée par l'intense satisfaction que provoquait cette colossale défaite de la propagande de l'Allemagne nazie.

La reine Elizabeth baptisa son paquebot homonyme le 27 septembre 1938, au moment où Hitler se préparait à envahir la Tchécoslovaquie. L'occasion n'était pas des plus heureuses car c'est à cette époque que Chamberlain avait dû se rendre à Munich pour apaiser le dictateur. Quand il revint le 1er octobre, ce fut pour annoncer «la paix en son heure». En août 1939, Ribbentrop s'envola pour Moscou,

Ci-dessus. *Le* Hindenburg *en flammes, en 1937, à Lakehurst dans le New Jersey. Ce dramatique accident, probablement un acte de sabotage, qui mit fin à la carrière des dirigeables en tant qu'alternative aux traversées transatlantiques, fit naître dans les esprits l'idée erronée que ce type de transport était dangereux.*

A droite. *Embarquement des passagers à bord d'un clipper de la Pan American.*

pour sceller le pacte germano-soviétique. Les dés étaient jetés. Le 1er septembre 1939, l'Allemagne nazie envahit la Pologne et la guerre fut déclarée. Cette fois-ci, les Allemands s'étaient assurés qu'aucun de leurs transatlantiques ne se trouverait bloqué dans le port neutre de New York. Le *Normandie*, qui y avait jeté l'ancre le 28 août, ne devait jamais revoir la France. Il fut placé sous la responsabilité de l'U.S. Navy qui devait l'aménager en transport de troupes ; un ouvrier négligent, chargé de démonter l'une des fontaines lumineuses de Lalique qui ornaient le grand salon, laissa tomber une gerbe d'étincelles sur un tas de kapok goudronné qui prit feu. L'incendie se propagea rapidement à tout le navire. Il s'agissait certainement d'un sabotage, et le navire aurait pu être sauvé sans l'incompétence, la stupidité et l'arrogance des Américains. Complètement inondé par les pompiers, le *Normandie* roula définitivement sur le flanc, et ne fut plus qu'une masse aussi encombrante qu'impossible à restaurer.

La Seconde Guerre mondiale et la disparition du *Normandie* marquèrent la fin de l'âge d'or des voyages. Alors que les sous-marins infestaient l'Atlantique, la Pan Am faisait voler ses clippers confortables de Lisbonne à New York. Le duc de Windsor, accompagné par la duchesse et ses carlins, était aéroporté sur Nassau *via* New York, pour y prendre ses quartiers de gouverneur. L'Europe en flammes et l'ex-roi d'Angleterre régnant sur un récif de corail en compagnie d'une divorcée de Baltimore, voilà qui montrait bien la disparition définitive de l'ordre ancien. La guerre terminée, les transatlantiques reprirent leurs traversées, les trains de luxe retrouvèrent leurs rails, et les étoiles étaient toujours dans le ciel, mais cette fois les stars voyageaient en avion.

Ci-dessus, *un hydravion. La traversée de l'Atlantique en avion commença à concurrencer sérieusement les paquebots à la veille de la Seconde Guerre mondiale, et durant le conflit il était plus sûr d'emprunter le Flying Clipper de la Pan Am qui desservait la ligne Lisbonne-New York, que de zigzaguer dans l'océan afin d'éviter les sous-marins allemands. Assez curieusement, ces avions lents étaient bien plus confortables qu'aujourd'hui, comme pourrait le confirmer cette séduisante dame,* ci-contre, *se préparant à se coucher à bord d'un avion des American Airlines sur un vol New York-Los Angeles à la fin des années 30.*

AMERICAN
AIRLINES
AMERICAN
AIRLINES
E-5557

CUNARD
WHITE STAR
FRENCH LINE
Roosevelt Raceway

ÉPILOGUE

Durant la Belle Époque, quand deux gentlemen riches et titrés se rencontraient, ils parlaient généralement de leurs maîtresses et de leurs chevaux ; entre les deux guerres, quand la fortune eut plus de prestige que la naissance, ils parlaient affaires ; aujourd'hui, le principal sujet de conversation des plus riches, ce sont leurs avions privés, comparant à l'infini les mérites respectifs des *Gulf Stream, 707* et autres *Mystère 20*, vitesse de croisière, consommation de kérosène (comme si cela avait une quelconque importance), sécurité et rayon d'action. Si le jet privé est devenu l'équivalent des voitures de chemin de fer particulières, il subsiste toutefois une différence principale : le wagon privé était généralement accroché à un train public, même si le convoi s'arrêtait tout spécialement au profit de ses quelques passagers privilégiés. Le jet privé, qui est quant à lui littéralement aussi libre qu'un oiseau, reflète en cela l'évolution de la conception du véritable voyage de luxe, qui est passée de l'ostentation de la fortune à une jouissance plus discrète du super-luxe.

Les grands hôtels existent toujours et sont, dans un certain sens, plus confortables qu'ils ne l'étaient. Les Ritz, que ce soit à Londres, Paris ou Madrid, ont été rachetés par des propriétaires consciencieux, ils ont été modernisés et équipés de tous les gadgets qui auraient enthousiasmé le plus blasé des voyageurs de la Belle Époque. A Monte-Carlo, l'Hôtel de Paris, magnifiquement restauré, est plus splendide que jamais. On peut en dire autant du Brenner's Park à Baden-Baden ou de l'Hôtel Palace de Saint-Moritz. Leur seul problème, c'est qu'ils ne sont plus aujourd'hui le lieu de rendez-vous du beau monde, même si l'on y trouve encore quelques élégants, mais sont réservés par des clients simplement riches, ou par des hommes d'affaires sur notes de frais. Sur les tables, les bilans ont remplacé les pronostics des courses, l'attaché-case le carton à chapeau ou l'écrin en cuir. Le Claridge reste l'un des derniers bastions où se retrouvent les têtes couronnées et les chefs d'État ; jusqu'à l'année dernière, la note des clients était encore écrite à la main.

Le véritable luxe est devenu affaire privée : c'est généralement dans de somptueuses villas qu'on rencontrera désormais les voyageurs fortunés. La question n'est plus aujourd'hui de savoir *où* vous vous rendez, mais *chez qui*. Les invitations les plus recherchées dans le sud de la France se font chez les Harding Laurence du Texas et de New York, chez Paul-Louis Weiller à la Reine-Jeanne près de Hyères, ou chez les David Weill à Cap-d'Antibes. A Saint-Moritz, chez les Agnelli, Stavros Niarchos et les Georges Livanos ; et à Gstaad, chez Valentino et les Roger Moore. Ni les hôtes, ni leurs invités ne descendront jamais dans un hôtel, et s'ils décident d'aller dîner au restaurant, tout l'établissement sera réservé pour la soirée. L'île privée représente aujourd'hui le *nec plus ultra* du luxe, et plus particulièrement en mer Égée où des armateurs comme Stavros Niarchos font venir invités et caviar à bord d'escadrilles d'hélicoptères qui, autour de Spetsai, empêchent souvent de dormir le commun des touristes. Les invités prestigieux s'attendent non seulement à être logés et blanchis, mais également à voyager gratuitement, ce qui ne pose aucun problème à Donald Trump et aux Forbes qui possèdent leur propre Boeing 707 destinés précisément à transporter leurs amis new-yorkais et européens. Si les grands yachts existent toujours, certainement en plus grand nombre que jamais auparavant, bien peu dépassent les 90 mètres, à l'exception de *l'Atlantis* de Niarchos et du *Princess* de Trump qui combleraient les rêves les plus fous des premiers plaisanciers. En été, ces yachts mouillent côte à côte dans les élégants ports de Monte-Carlo, Cannes, Porto-Cervo, Portofino ou Vouliagmeni ; des armadas de palaces flottants encombrent dès la nuit tombée les ravissantes criques turques, que polluent les ordures qu'y jettent les équipages, sous le regard indifférent des propriétaires et de leurs invités. Il sera cependant difficile de rencontrer aujour-d'hui sur un navire de plaisance des passagers de la classe du duc de Westminster et de sa maîtresse Coco Chanel, qui lança à la mer un fabuleux collier d'émeraudes sous le prétexte qu'on ne pouvait pas l'acheter avec quelques pierres.

De même, si les *liners* n'ont pas disparu, ils ont le plus souvent été transformés en navires de croisière que prennent d'assaut des passagers âgés, désintéressés de tout, à l'exception de leurs déductions d'impôts et de la révision permanente de leur testament. Deux petits *liners* illustrent bien le désir d'une plus grande intimité : le *Sea Goddess I* et

Ci-contre. *Le* Liberté *arrive à quai dans le port de New York.*
*Ce merveilleux navire n'était rien d'autre que l'*Europa*, de la* NorddeutscherLloyd*, lancé en*
1929 et «Sister-ship» *du* Bremen. *Les Français l'avaient saisi à*
l'Allemagne vaincue, au lendemain de la Seconde Guerre mondiale, tout
comme les Anglais et les Américains avaient confisqué le gros de
la marine marchande allemande à la déclaration de la Première Guerre mondiale.

le *Sea Goddess II* accueillent moins de cent passagers et ne sont affrétés qu'à de rares occasions. Une héritière anglaise, pour le cinquantième anniversaire de son fiancé, en loua un pour une croisière de dix jours. Ses invités furent transportés en avion charter jusqu'à Venise où les attendait ce merveilleux navire, au large du palais des Doges. On fit venir de New York tout un orchestre, et pour les repas, les convives étaient placés par ordinateur, afin d'éviter monotonie et incompréhensions. Le navire fit route vers la Turquie, pendant que d'autres invités arrivaient ou partaient à bord de jets privés plus petits. On disait même qu'il se trouvait sous la protection rapprochée d'un sous-marin, afin de prévenir toute tentative d'attentat.

Dans une veine tout aussi luxueuse, Malcolm Forbes conviait ses amis à se mesurer aux moustiques et aux piranas d'Amazonie à bord de son Highlander parfaitement climatisé et Ann Getty affréta une splendide felouque pour remonter le Nil en compagnie d'une trentaine d'amis.

Aujourd'hui, on voyage dans des conditions à certains égards plus luxueuses que naguère, plus facilement et vers des destinations plus diverses, grâce à l'avion et aux chaînes d'hôtels qui ont rendu accessibles les destinations les plus exotiques. Si le commun des voyageurs peut atteindre sans difficulté majeure des régions du monde aussi singulières que Katmandou, les Seychelles, l'île de Pâques, l'archipel des Tonga ou Bali, une certaine homogénéisation a été imposée par souci de commodité, de sorte que le voyage y a perdu une grande part de son caractère aventureux. Ainsi que beaucoup de son prestige, sauf en ce qui concerne les très grandes fortunes et les personnalités bien nées. Je souhaite que les nombreuses et divertissantes illustrations de cet ouvrage, accompagnées de réminiscences quelquefois ridicules, feront renaître pendant un court instant la gaieté d'un art de vivre définitivement perdu.

Cheminées du France.

REMERCIEMENTS.

Il n'aurait pas été possible d'écrire *L'Âge d'or du voyage*, qui couvre un vaste territoire sur une longue période de temps, sans se référer à un grand nombre d'ouvrages, récits de voyage de l'époque ou compilations. A certaines de ces sources j'ai puisé à pleins seaux, mais à d'autres me suis contenté d'à peine un verre, regrettant le nombre d'informations remarquables que j'ai été contraint d'omettre. Je suis plus particulièrement redevable aux travaux de George Behrend sur les trains de luxe, à l'évocation du Grand Tour par Christopher Hibbert, au livre de Joseph Wechsberg sur les cures, au livre de Lucius Beebe consacré aux trains privés et aux magnats américains, à celui de John Malcolm Brenner et John Maxtone-Graham sur les paquebots transatlantiques, aux albums de Marc et Catherine Walter concernant les grands hôtels internationaux et les casinos, à John Rousmaniere ainsi qu'aux rédacteurs de *Time-Life* pour leur magnifique ouvrage sur les yachts de luxe, à Amelia Edwards et à sa description de l'Egypte au XIXème siècle, suivie de celle de Leonard Cottrell pour le XXème siècle, au splendide travail de Michael Shoemaker concernant le chemin de fer transsibérien, à Boris Ometev et John Stuart pour Saint-Pétersbourg, et enfin, naturellement, à l'impérissable M. Baedeker. Inestimables furent les souvenirs personnels de Mme John Barry Ryan et des voyages en compagnie de son père, Otto Kahn, ainsi que ceux du prince Naguib Abdallah et des jours heureux de l'Egypte au temps du khédive. Je voudrais également remercier Joanne Polster pour les recherches en bibliothèque, ainsi que Bernice Gelzer, sans la maîtrise informatique de laquelle les descriptions de Sibérie auraient pu se retrouver à côté de celles de la saison d'hiver à Palm Beach. Et bien sûr, à David Campbell qui m'invita à écrire ce livre et à François Robichon, Nicolas Law et Christopher Fagg qui en assuraient la rédaction.

BIBLIOGRAPHIE

About (Edmond), *De Pontoise à Constantinople*, Paris, Hachette, 1884.
Amory (Cleveland), *The Last Resorts.* New York, Harper, 1952.
Anderson (Roy), *White Star.* Prescot, Lancashire, T. Stephenson, 1964.
Andrews (Wayne), *The Vanderbilt Legend.* New York, Harcourt, Brace & Company, 1941.
Ardman (Harvey), *Normandy : Her Life and Times.* New York, Franklin Watts, 1985.
Aylmer (Gerald), *R.M.S. Mauretania* : The Ship and Her Record. Londres, P. Marshall and Company, Ltd, 1935.
Baedeker (Karl), *Austria-Hungary Including Dalmatia and Bosnia.* Leipzig, Karl Baedeker, 1905.
Russia : A Handbook for Travellers. New York, Arno Press, 1971. Reprint de l'édition de 1914.
Barbance (Marthe), *Histoire de la Compagnie Générale Transatlantique : un siècle d'exploitation maritime.* Paris, Arts et Métiers Graphiques, 1955.
Barber (Noel), *Trans Siberian*, Londres, 1942.
Barsley (Michael), *The Orient Express.* New York, Stein and Day, 1966.
Bates (Lindon, Jr), *The Russian Road to China.* Boston, Houghton Mifflin Company, 1910
Beaton (Cecil), *The Glass of Fashion.* Londres, Weidenfeld & Nicolson, 1954.
Beebe (Lucius), *Mansions on Rails ; The Folklore of the Private Railway Car.* Berkeley, CA, Howell-North, 1959.
Mr. Pullman's Elegant Palace Car. Garden City, NY, Doubleday, 1961.
The Big Spenders. Garden City, NY, Doubleday, 1966.
Behrend (George), *Luxury Trains from the Orient Express to TGV.* New York, Vendome Press, 1982.
The History of Wagons-Lits 1875-1955. Londres, Modern Transport Publishing Company, 1959.
Behrman (S. N.), *Duveen.* New York, Random House, 1952.
Belzoni (Giovanni Battista), *Narrative of the Operations and Recent Discoveries... in Egypt and Nubia.* Londres, J. Murray, 1821.
Benson (Edward Frederic), *King Edward VII.* London, Longmans, Green and Company, 1933
Berg (Lev Semionovich), *Les Régions Naturelles de l'URSS.* Traduction française de G. Welter. Paris, Payot, 1941.
Bibesco (Princesse), *Jour d'Egypte.* Paris, Flammarion, 1929.
Billings (Henry), *Superliners S.S. United States.* New York, Viking Press, 1953.
Blowitz (Henri), *Une Course à Constantinople.* Paris, E. Plon, 1884.
Bonsall (Thomas E.), *The Titanic.* New York, Gallery Books, W. H. Smith Publishers, 1987.
Brander (Bruce), The *River Nile.* Washington, D. C., The National Geographic Society, 1966.
Brinnin (John Malcolm), *Grand Luxe Transatlantic Style.* New York, Holt, Rinehart, Winston, 1986.
The Sway of the Grand Saloon. New York, Delacorte Press, 1971.
Brown (Arthur Judson), *The Mastery of the Far East.* New York, Charles Scribner's Sons, 1919.
Burton (Lady Isabel Arundlell), *The Inner Life of Syria, Palestine and the Holy Land.* Londres, H. S. King and Company, 1875.
Butler (Alfred J.), *Court Life in Egypt.* Londres, Chapman & Hall, 1887.
Carco (Francis), *Palace d'Egypte.* Paris, 1933.
Carter (Howard and A. C. Mace), *The Tomb of Tut Anh Amen.* Londres, Cassell and Company, Ltd, 1923-27.
Cecil (Lamar), *Albert Ballin : Business and Politics in Imperial Germany, 1888-1918.* Princeton, Princeton University Press, 1967.
Channing (C. G. Fairfax), *Siberia's Untouched Treasure.* New York, G. P. Putnam's Sons, 1923.
Collins (Perry McDonough), *A Voyage Down the Amoor.* New York, D. Appleton and Company, 1860.
Commault (R.), *Georges Nagelmackers.* Paris, 1966.
Corey (Lewis), *The House of Morgan.* New York, G. H. Watt, 1930.
Cottrell (Leonard), *Egypt.* New York, Oxford University Press, 1966.
Cowles (Virginia), *Edward VII and His Circle.* Londres, Hamish Hamilton, 1956.
Daney (Charles), *Le Transsiberien*, Paris, Herscher, 1980.
Davey (Richard), *The Sultan and His Subjects.* Londres, Chapman and Hall, 1897.
Daye (Pierre), *Leopold II.* Paris, A. Fayard, 1934.
Dekobra (Maurice), *La Madonne des Sleepings.* Paris, 1925.
Dethin (Jean), *Gares d'Europe.* Paris, Denoel,1987.
Dewindt (Harry), *Siberia As It Is.* Londres, Chapman and Hall, 1892.
Edwards (Amelia B.), *A Thousand Miles up the Nile.* Londres, G. Routledge & Sons, 1889.
Ellis (Cuthbert Hamilton), *Royal Trains.* Londres, Routledge and Kegan Paul, 1975.
Frost (Wesley), *German Submarine Warfare.* New Yok, D. Appleton and Company, 1918.
Gautier (Théophile), *Voyage en Russie.* Paris, 1866.
Goethe (Johann Wolfgang von), *Italian Journey ; 1786-1788.* Traduction américaine de.W. H. Auden et Elizabeth Mayer. New York, Pantheon Books, 1962.
Grant (Kay), *Samuel Cunard.* Londres, Abelard-Schuman, 1967.
The Graphic : An Illustrated Newspaper. Londres, 8 juin 1907.
Greene (Graham), *Stamboul Train.* Londres, Heinemann, 1959.
Gregory (Alexis et al.), *Grand American Hotels.* New York, Vendome Press, 1989.
Guillet (Edwin Clarence), *The Great Migration ; The Atlantic Crossing by Sailing Ship Since 1770.* Toronto, T. Nelson & Sons, 1937.
Halsband (Robert), *The Complete Letters of Lady Mary Wortley Montague.* Oxford, Clarendon Press, 1965-67.
Herling (Albert Conrad), *The Soviet Slave Empire.* New York, Wilfred Funk, 1951.
Hibbert (Christopher), *Grand Tour.* New York, Putnam, 1969.
Heckstall-Smith (Anthony), *Sacred Cowes or The Cream of Yachting Society.* Londres, A. Wingate, 1955.

Husband (Joseph), *The Story of the Pullman Car*. Chicago, A. C. McClurg & Company, 1917.
Kavaler (Lucy), *The Astors*. New York, Dodd, Mead, 1966.
Laver (James), *Edwardian Promenade*. Boston, Houghton Mifflin Company, 1958.
Lee (Charles E.), *The Blue Riband : The Romance of the Atlantic Ferry*. Londres, S. Low, Marston & Company Ltd, 1930.
Lehman (Ernst A.), *Zeppelin : The Story of Lighter-Than-Air Craft*. Londres, Longmans, Green, 1937.
Lewis (Wilmarth), *The Yale Edition of Horace Walpole's Correspondence*. New Haven, Yale University press, 1937.
Lichtervelde (Comte Louis de), *Leopold of the Belgians*. New York, The Century Company, 1929. Traduction américaine de Thomas H. et H. Russell Reed.
Lord (Walter), *A Night to Remember*. New York, Holt, Rinehart & Winston, 1955.
Maspero (Gaston), *Les Momies Royales de Déir el-Bahari*. Le Caire, Institut Français d'Archéologie Orientale, *Mémoire de la Mission du Caire*, Vol. 1, fasc. 4 (1887), pp 511-787.
Massie (Robert K.), *Nicholas and Alexandra*. New York, Atheneum, 1967.
Massingham (Hugh et Pauline). *The Englishman Abroad*. Londres, Phoenix House, 1962.
Maurois (André), *Edouard VII et son temps*. Paris, Les Editions de France, 1933.
Maxtone-Graham (John), *The Only Way to Cross*. New York, Macmillan, 1972.
Mead (William Edward), *The Grand Tour in the Eighteen Century*. Boston, Houghton Mifflin Company, 1914.
Meade (Martin), *Grand Oriental Hotels*. Londres, Dent, 1987.
Myers (Gustavus), *The History of Great American Fortunes*. New York, The Modern library, 1937.
Mooney (Michael), *The Hindenburg*. New York, Dodd, Mead, 1972.
Moore (George Greville), *Society Recollections in Paris and Vienna : 1879-1904*. New York, D. Appleton and Company, 1908.
Morton (Frederic), *The Rothschilds*. New York, Atheneum, 1962.
Noble (Celia Brunel), *The Brunels, Father and Son*. Londres, Cobden-Sanderson, 1938.
Normandie, *Le Géant des Mers*. Paris, Herscher, 1985.
Pares (Sir Bernard), *The Fall of The Russian Monarchy*. Londres, J. Cape, 1939.
Parks (Georges Bruner), *The English Traveler to Italy*. Stanford, CA, Stanford University Press, 1954.
Pecheux (Julien), *Age d'Or du Rail Européen*. Paris, Berger Levrault, 1975.
Pudney (John), *The Thomas Cook Story*. Londres, M. Joseph, 1953.
Quennell (Peter), *Byron in Italy*. New York, Viking Press, 1941.
Rey (J.), *The Whole Art of Dining*. Londres, Carmona & Baker, 1920.
Ritz (Marie Louise), *César Ritz. Host to the World*. Londres, 1938.
Rolt (Lionel Thomas Caswell), *Isambard Kingdom Brunel : A Biography*. Londres, Longmans, Green, 1957.
Rousmaniere (John), *The Luxury Yachts*. Alexandria, VA, Time-Life Books, 1981.
Sackville-West (Victoria), *The Edwardians*. Garden City, NY, Doubleday, Doran, 1930.
Salisbury (Harrison E.), *To Moscow and Beyond*. New York, Harper, 1960.
Shoemaker (Michael Myers), *The Great Siberian Railway*. New York, G. P. Putnam's Sons, 1903.
Sitwell (Sacheverell), *Roumanian Journey*. New York, Charles Scribner's Sons, 1938.
Spratt (H. Philip), *Transatlantic Paddle Steamers*. Glasgow, Brown, Son and Ferguson, 1951.
Steegmuller (Francis), *Flaubert in Egypt*. Boston, Little Brown, 1972.
Swinglehurst (Edmund), *The Romantic Journey : The Story of Thomas Cook and Victorian Travel*. New York, Harper and Row, 1975.
Theroux (Paul), *The Great Railway Bazaar : By Train Through Asia*. Boston, Houghton Mifflin Company, 1975.
Toland (John), *Ships in the Sky : The Story of the Great Dirigibles*. New York, Holt, 1957.
Tupper (Harmon), *To the Great Ocean : Siberia and the Trans-Siberian Railway*. Boston, Little, Brown, 1965.
Twain (Mark), *Innocents Abroad*. Hartford, CT, American Publishing Company, 1869.
Villes d'Eau en France, Paris, IFA, 1985.
Waldeck (R. G.), *Athene Palace*. New York, Robert McBride and Company, 1942.
Wall (Robert), *Ocean Liners*. Londres, Collins, 1980. (also New York, E. P. Dutton, 1977)
Wechsberg (Joseph), *Lost World of the Great Spas*. New York, Harper and Row, 1979.
Winter (C. W. R.), *Queen Mary : Her Early Years Recalled*. New York, W. W. Norton, 1986.

CRÉDITS PHOTOS

Archiv für Kunst und Geschichte, Berlin : 22 (haut), 162, 185, 192 (bas), 205. Asprey, Londres : 14. Baden-Baden Stadtmuseum : 37 (haut). Bettmann Archive, New York : 10, 16, 18 (centre), 19, 28, 29, 46 (haut et bas), 47, 49, 50, 51, 60, 61, 62, 63, 64, (bas), 67 (bas), 69, 174, 180 (haut), 181 (haut), 184, 186, 187, 188, 192 (haut), 195 (centre), 197, 209, 213 (bas/droite), 214, 216. Bibliothèque Forney, Paris : 84, 160, 195 (bas). Bowron Studios, New York : 206. Cahiers du Cinéma : 207. J. Calmann & King, Londres : 145. Chevojon : 15 (haut), 90, 171. Cinémathèque française : 118 (bas). Compagnie des Wagons-Lits : 46 (centre), 52 (haut), 55, 56, 58, 88, 98 (bas), 99 (haut), 114, 115, 116, 117 (haut), 118 (haut), 119, 120, 121, 122, 123, 124, 128 (haut et centre), 129 (haut), 131, 132 (haut), 134 (haut), 141 (bas), 147 (haut), 148, 150, 151, 154, 164, 215. Thomas Cook &Sons, londres : 13, 101 (centre), 112 (bas), 153, 158 (haut), 159, 168. Christies, Londres : 32. Deutsches Museum, Munich : 213 (bas/gauche). Michel Doerr : 138/139. Dunedin Art Gallery, Nouvelle Zélande : 40. Ecole Nationale des Ponts et Chaussées : 43. Edimedia : 68, 70/71 (Snark), 73 (haut). Giraudon : 24/25 (Bridgeman), 89 (Musée du Petit Palais), 107 (Bridgeman), 111, 169 (Bridgeman), 170 (Bridgeman). Lise Grenier : 30, 31. Hapag-Lloyd A. G., Hambourg : 172, 173, 189, 193 (haut), 204. Lewis H. Hine : 190. Hulton Deutsch Collection, Londres : 9, 17, 18 (haut), 22 (bas), 26, 27, 75 (bas), 158 (bas), 165, 181 (bas), 199 (droite), 202. L'Illustration/Sygma : 42, 44, 53, 72, 175, 194 (haut), 198, 201 (haut), 208. Luftschiffbau Zepelin Gmbh : 212, 213 (haut). J. Massey Stewart, Londres : 139, 143, 144. Ministère de la Culture, Paris/photo F. Kollar : 11. Musée des Arts décoratifs, Paris/photo Sully-Jeaulmes : 82. Musée d'Orsay, Paris/photo Alfred Stieglitz : 191. Musée de la Publicité, Paris : 91 (bas). Musée Romboli-train, Rambouillet : 136/137. New York Public library : 34, 194 (bas). A. P. Novosti : 147 (bas), 149. Owen Edgar Gallery, Londres : 8. P & O, Londres : 176 (haut), 182/183. Popperfoto, Londres : 64 (haut), 75 (haut), 101 (haut), 117 (bas), 125 (bas), 180 (bas), 211 (haut). Public Record Office, Crown Copyright: couverture. Roger-Viollet : 23, 32, 35, 36, 38, 87, 91 (haut), 93, 103, 104 (haut), 125 (haut), 126, 127 (haut), 128 (bas), 141 (haut), 142, 156 (bas), 176 (centre), 195 (haut), 199 (gauche), 217. Royal Commonwealth Society, londres : 1, 2/3, 4/5, 6/7, 65, 66. Sirot-Angel : 45,52 (bas), 74, 129 (bas), 135, 146, 178/179. Société de Géographie, Paris : 150. La Vie Rail : 59, 140. Louis Vuitton A. A. : 21, 137, 176 (bas), 177. Coll. Walter : 12, 15, 18 (bas), 20, 37 (bas), 39, 41, 54, 67 (haut), 73 (bas), 76, 77, 78, 79, 80, 81, 83, 85, 92, 94, 95, 96/97, 98 (haut), 99 (bas), 100, 101 (bas), 102, 104 (bas), 105, 106, 108, 109, 110, 112 (haut), 113, 127 (bas), 130, 132 (bas), 133, 134 (bas), 152, 155, 156 (haut), 157, 161, 163, 166, 167, 193 (bas). Droits réservés : 48, 91 (bas), 196, 200/201, 210, 211 (bas).

Traduction de l'anglais : Christian-Martin Diébold

Imprimé en Italie par Arti Graphiche Motta, Milan.

Dépôt légal : 280 - novembre 1990

ISBN : 2.85108.641.3

34 / 0804 / 4